法哲学学术译丛

城邦与国家

——政治哲学纲要

[德] 吕迪格尔·布伯纳◎著

高 桦◎译

Polis und Staat:

Grundlinien der Politischen Philosophie

人民出版社

目　录

Contents

导　论

如同其他众多学术专业一样，政治学（Politologie）已经从哲学的管辖中解放了出来。哲学系曾一度包括的东西涉及了神学、法学和医学三者全部的认识领域，而这些领域如今处于这三个“较高级系科”的关注之下。心理学与教育学，社会学与文学，以及化学与物理学，都从哲学系古老的、并不严格按各学科编排的研究和讨论语境中产生。关于政治原理的知识正襟危坐于各种意见、活动和斗争等日常事务之上。为什么这一知识不能获得作为理论的独特地位呢？

同时显而易见的是，政治原理的问题——比如，政治自身的观念，关于法与正义的规范认识，统治与服从法律的角色作用，以及人们就公共福利的形态进行意见交换的持续性媒介——，不能完全托付给各类专家。一个哲学家不能是教育学家或者文学专家，虽然这两者在面对青年们、学生们和广大公众时有所助益。但如果一个哲学家，至少是一个在实践哲学领域内工作的哲学家，对政治无所关注且不把这种缺失看作缺陷的话，那么他就脱离了哲学问题伟大的传统线索。

因为，自古希腊肇始，**政治**（*Politik*）就是哲学的一个中心主题，与智者的理智运动相对，政治定义了那种向智慧的人所表示的公开敬意。梭伦（Solon）“重新竖立起”雅典人的各种关系，因此他是第一个代表。传统都把他看作文化奠基者阶段的“七哲”之一。众所周知，在柏拉图的对话作品中**政制**（*Politeia*）处于中心地位。直到 18 世纪欧洲，在实践问题中，柏拉图的批判者亚里士多德都伴随着理论构建的整个基础。康德主义首先凭借其严格的反对幸福论的立场和普遍的现代性激情（Modernitätspathos）终结了这个传统，它使得国际性的讨论持续具有吸引力。与此相对，自 20 世纪早期开始，先是在海德格尔及其后学那里，随后在社群主义学派中，我们可以看到一种对于亚里士多德的思索。人们总是面对着这样的局面——由柏拉图到亚里士多德的概念变化不只存在于实践的事物之中,并且还以一种显著的方式,通过对内在冲突的彻底清楚的讨论,使我们看到思想劳作是如何得以发轫的。

与回忆这些开端相比,如今的思考将表明:虽然我们并不具有完全得到承认的政治事物的概念,但一切事物皆可以在某种作为“政治相关的”(politisch relevant)意义上得到把握。婚姻、家庭、性别角色、儿童教育和培养,这些曾经属于私人范围的东西被政治化了。文化听从于天赋与专长的独特规则,其一度自主的维度必须考虑到各政治表态和所应对的攻击。而一度不具有责任的自然,在很大程度上成为一个有政治意义的事物(Politikum),在一个全球的层面上,人们借由对于环境保护的关切而谈论自然。

在那些曾经似乎与政治无涉的领域中,政治所管辖的范围正在扩大。令人感到惊讶的是,与此相应的却是一种对政治理解的模糊性。这种对政治的理解,从权力中心和配以权威的机构那里出发,进入公众的注意、关切和福利国家经济援助的所有模式之中。19 世纪的自由主义有意系统区分的私人领域和政治领域逐渐互相转变。另一方面,有关 20 世纪极权主义的各种经验,使得一种对于国家向个体提出任何过度要求的强烈敏感具有其价值。在社会福利国家思想凯旋的队伍之中,自由主义对个人发展可能性的解放消失了。国家极权主义式的误入歧途将通过公开运作的预警系统而得到遏制。真正说来,似乎方向相反的两种趋向有助于使政治的在场处处可见,而我们没有看到拟选一种政治事物之概念的努力,这一概念对应于现代的各种现象,允许我们分类整理那些复杂的类型。

这就是**政治学家们**(*Politologen*)的盛期。凭借充分坚决地达到科学性这个理想,政治学家可以被解释为一个妥善定义的学科中的专业者。但他们都作为顾问,作为人们乐意倾听的关于一切具有深远意义的事件的专家、评论家,作为一切公共领域公共关系中被选出的研究者、讲究形象的人、代理人而嬉闹着。借助那项有充分准备的、要求推迟数周进行裁决的辩驳策略,2000 年最近一次举行的美国总统选举①演示了罕见的、关于旧式体系的社会科学之思考。政治学家以频繁被使用且反应迅速的智识类型来服务于对复杂社会进行解释的需求,这种需求出于客观的理由而不断增长着。作为真正的裁判员,政治学家们应该站在技术上臻于完善的媒介宇宙(Medienkosmos)的中心

① 这篇导论写于 2002 年。——译者注

点上,而这个媒介宇宙由一个可靠的信息部门成长为有关世界观的全面积极的组织机关。

与政治学相似,各种可供比较的科学以**社会学**(*Soziologie*)和**历史学**(*Historie*)等形态存在着,这些科学始于那些方法论上得到确定、在对象关系中清楚竖立起来的研究方向——如19世纪的历史学,20世纪的社会学。而一种以真正认识的名义登场的民众启蒙的任务和重担就被立刻分配到了这些科学之上。没有一个历史学家和社会学家会表示,他只提供这样的意见:这些意见与其他在大众中流传的、由变换着的经济情况所决定的意见处于自然竞争中。毋宁说,在期待深思熟虑的洞见时,人们询问专业人员并严肃地对待他们。这首先说明,对于每个内容方面的问题我们已能够提出众多的材料,因为这个习惯于量化的信仰科学的时代想要看到:通过这些辅助手段去支持甚或完全建立起实质性的争论和具有实践约束力的决定。没有相关的数字基础,社会学者就不能够使自己的观点为人所知。

尽管如此,依然有效的是:即使在音乐会中,或者更糟糕,即使在一堆能清楚听见的表达意见的杂音中,专家也只发出一种声音。在有其他更强的力量发生作用的地方,专家从未能实现他的观点和建议。虽然援引合理性或者说援引专家作为一种升级的斗争武器而出现,但围绕日常政治事务中抉择的争执却很难给予清楚明白的理性以优先权。朴素地援引著名的政治明智的榜样,援引习俗或精英、阶级或民族的特定的传统,这是无处可行的。

在政治科学化的阶段之前,经过漫长时期的欧洲文明恰恰沿着这些道路行进。如一切历史的事物那样,它的成功是没有把握的。首先要以史为"鉴",这一相应的信条始终享有很高的地位。翻译为科学理性主义会产生较好的结果,这是有益于政治学平步青云的希望。然而很明显,这种希望是个假象。相关的怀疑早就属于公开进行的争论之标准的保留剧目。

从科学方面说来,专家卷入意见交流,卷入那围绕着对于一切相关者来说正确或最佳的事物的争执之中,是承担现实功能的另一面;科学不会自我满足地沉湎于研究及获取知识,而是希冀成为决断过程中一位受人尊敬的参与者。在此期间,广泛存在的**错觉**(*Täuschung*)之侧翼呈现了出来,它有意无意地,既指向专业的听众或者行家,也存在于基本见解之普遍性中。这里笼罩着各种权谋的危险。在考虑权衡的过程中,这种危险表现为事实的知识与决断的理由的混淆。部分的数据——我们并不具有其他数据——要求对于其他的相互关联具有说服力。关于选择性准备数据和使这些数据在应用问题上变得可信这个方面,存在着不可避免的解释工作。它包括了整个统计的技艺,这就像一个没人能够取下的画框。数据无解释则盲——虽然我似乎并不确定,在对康德知识理论的一句名言稍作改变的情况下,我们是否能说解释无数据则空。最后人们会怀疑,在不去消除理论与实践之间或者规划与转化之间鸿沟的情况下,从被储存着的数据和由电脑支持的各种程序中推导出来的行动是否合乎逻辑性。

如果现在哲学家要求发言,但可能规定立场的所有方面早就由专家管理着,并且似乎没有人发觉丢失了什么本质性的东西,那么对于[哲学家的]干涉进行论证的理由显然必须涉及理论的现状。无论如何,如果这种说服力从一开始就是微弱的,人们就只想要求一种分离出来的、并且实际上确定的事物之看法,并由外部向持续的讨论表达这一看法。毋宁说,在进行运思中必定变得明白的是,哲学能够作出贡献,但这些贡献原则上无法化为个别科学的阐明。

这就预设了,哲学反思出于自身的能力而遇到了原则性问题,而真正的政治学却忽视了这些原则性问题,或者对其只作不充分的阐明。乍看之下,专业者之所以不会把此间涉及的问题和分歧当作主题,是因为他为了自己的研究活动而不加考察地假定了这些问题和分歧。正如物理学家通常不会去阐明自然在非生命体之因果作用的表面下到底是什么,生物学家不把他所研究的有生命物的概念当作问题那样,通过预先区分对象领域,一切专门的科学在与其他专门的科学似乎不言自明的划界中展开。

亚里士多德早已看到了这个问题。他断定①,科学为了支配现实事物,似乎截取现实事物的某一方面,而进一步给出相关的汇报却并不是科学的事务。为了如此这般掌握业已选出的现实事物的片段,并由此表达与这种预先专门化相对立的普遍现实科学(Wirklichkeitswissenschaft)的构想,科学需要哲学。正如亚里士多德慎重地给其命名的那样,这门他"所寻求的科学"在近代早期获得了**存在论**(*Ontologie*)这个学术名称。

但这个问题超出了这样的基础性困难:一种并不特意论证且在原则上没有得到讨论的现实之窄化(Wirklichkeitsverengung)或对象之限制(Gegenstandsbegrenzung);这一困难把哲学家叫来帮忙。在对于各门科学来说绝对必要的专门化的过程中,总是产生这样临时性的决定,而没有专门化,即总是继续进

① 《形而上学》,第四卷,第1章。

行的专门化，我们就不能获得科学知识。依此，这个问题只能具有不可否定的事实的重要性，它处于一切与城邦相互关联的概念种类的导向之中，必然把哲学提出进行讨论。另外，每个理智之人必然懂得这种逻各斯（Logos）。

在这个方面，如今产生影响的是长久以来与现成知识相关的知识。作为驱使的动力，哲学史的教导并不因此最终与一种关于政治的深入反思告别。通常对此的批评是，这只涉及意见的集汇（Doxographie），而对于过去学说的古旧兴趣根本无用。对这种批评的回应是，即使可能成功地被表述出来，给予我们进一步帮助的并不是对过去理论的原状恢复，而仅仅是经典哲学的意义及宏大秩序对于当下的保证。鉴于实际理论的丰富产物，一种放弃的撤退战术也许根本是不恰当的。我们必须完全在反面指出，在书写文化领域对于甚至较远时距之释义学的克服中，如今的我们可通达一种原则性反思的表达与结果。在这种反思中，相较继续发挥作用的理念实体，历史性（Historizität）沦为无关紧要的东西。这个出发点对于接下来的论述至关重要，并且我们无论如何都不应该减弱它的明晰性。

一个相近的考察试图对其进行阐明。**是与应当**（*Sein und Sollen*）、事实断定与一切规范优先性设定的评价之间的差别通常构成了这一战场，原理的争论在其中得到澄清。与其他关涉经验的研究一样，经验性的社会科学明白自己并不仅仅注意各种是的存有（Seinsbestände）。恰恰是在中性描述范围内的适用因素引导了这种看法，因为社会的事实情况总是受规则引导并与价值相关。历史学曾把自己视为直面这些问题的第一科学。它力求一种无关意识形态的对于历史情况的断定，而恰恰因此并不回避对于各种价值的尊重。中世纪的王国就是当时秩序神圣化的中心。近代的革命促成了法律，而现代的各成文宪法并非碌碌无为地说明一份基本法律的目录，而是建立了法治国家的成就。总而言之，关于在其效用和影响中的规范意识根本上属于恰当理解历史诊断的一部分。

这一问题首先在**新康德主义的价值判断的讨论**（*neukantianischen Werturteilsdiskussion*）中蔓延开来。由于没有足够的民意测验调查、选举决定的评估和机构的功能性描述得到采纳，用以说明为什么大众社会（Massengesellschaft）带来忠诚，为什么会发起国际层面上的战争，以及为什么处于争论范围内的最高法院的命令至少获得所有同时代人的承认，所以这一问题回转到政治学的领域中。我想以这些事例——恐怕还能为此举出许多其他的事例——指出这种约束性特征，它被算作可观察的外部世界中的确定事件。

新康德主义者们所考虑的效用(Geltung),或依照释义学家们的说法在历史理解中得以实现的意义(Sinn),或黑格尔主义者们在历史中由到处存在的瞬息的事件提升为现实之支配性塑造力的精神(Geist)——所有这些都是理论建议,阐明这些理论建议的动机是:在一种关于社会历史现实的总体观点中为规范性环节开辟空间,而不以草率的党同伐异(Parteigänertum)损害正确的认识。

政治事务之哲学理论必然迫切要求被安置在各种制度之上,这些制度为社会生活——即在有秩序的相互关联中无数个体的行动——铺平道路并对其继续进行掌控,给出附属的概念形式。制度使一种并非首先旨在冲突的共同生存,在活动者之已有的多元性中得以可能。这些所要求的组织工具必须广泛地铺设开来,以维持历史的过程。因此,它们接受那些要求重视的客体存在的地位,历史学家、社会科学家以及具有哲学视角的理论家无法轻视这些客体。价值无涉性的预设根本就搞错了。

伊斯顿①的著名论点认为政治涉及的是"权威性的价值分配"(authoritative allocation of values)②。如果我们偶尔在脚注栏中把这一论点当做社会科学研究中普遍接受的政治定义,那么在这种描述中几乎一切都成问题。权威如何实现?什么东西区分了分配与正义?财富或价值究竟为何必须得到指派、分发或安排?财富和职位的分配是否真正构成了政治的本质?如前所述,为了借助各种被认为自明的前提而迈向关于它们所感兴趣的细节问题的准确研究,各类专门的学科通常满足于勉强答复那些原理问题。各类定义把自明的东西聚集到了一起。人们也许并不会对我提出异议:[伊斯顿的]这一引文由于作者本人及学科的进展已变得陈旧过时。恰恰是所有人都能援引且今后也会援引的陈词滥调反映了各种前理解(Vorverständnisses)都是空洞的套话(Gemeinplätze)。

与这一类行业的习以为常相对,如列奥·施特劳斯(Leo Strauss)③或于尔

① 大卫·伊斯顿(David Easton,1917-2014),出生于加拿大多伦多。政治科学家,曾任美国政治科学协会会长。——译者注

② 大卫·伊斯顿:《政治的体系》(*The Political System*),1953 年第一版,1971 年第二版,第五章。——分配(Allokation)——配给(Zuteilung),指派(Zuweisung)——作为专业术语源于帕森斯(Talcott Parsons):《社会的体系》(*The Social System*),1951 年,第 114 页末:"本质上是一个经济的概念"。伊斯顿后来从多方面谈论了权威者。

③ 也许《什么是政治哲学?》(*What is Political Philosophy*?)(芝加哥,1959 年,第 12 页)这一讲座可用作一个例子:"政治的事物依其本性就从属于同意与反对、选择与拒绝、赞美与责备。它们本质上就不是中立的,而要提出关于人的服从、忠诚、决定或判断的主张。如果一个人没有以好或坏、正义或不义这样的思想方法来严肃判断显白或隐微的主张,也就是说,如果一个人没有用某种好或正义的标准衡量该主张的话,他就不理解它们作为政治的事物究竟是什么"。

根·哈贝马斯(Jürgen Habermas)[①]这些作出不同论证的著者已经做了通告:要在正确理解社会政治科学的旨趣中,重视原初对法律的忠诚或一种无条件接受的"规范性"观点的各个组成部分。没有相应的前提,社会的形成就拒绝给予考察者以所期许的说明。为了这个目的,施特劳斯已经在他的工作中恢复了自然法的名誉。这也许会作为保守的偏见而遭到人们的痛斥。在哈贝马斯这一边,他渴望一种解放的看法。在这种看法中,社会科学的各个对象第一次真正发出声音。针对学术专业潜在的实证主义而作出的这种进步的辩护,首先赋予哈贝马斯式的分析以穿透力。

另外,一个重要的思考与政治学所宣称的**经验性的**(*empiristischen*)处理方法相抵牾。我们可以确定的是,现如今政治科学简直可以说就等同于**民主制理论**(*Demokratietheorie*)。对这样一种偏爱的强调并不总是清楚地表达出来的。很自然地,它直接植根于那些新近关于独裁体系的经验[②]。虽然在人世间的任何地方都不可能存在教科书上的那种民主制,而且与此相对,一种多方面的混合形式扩展了开来,但是没有人再会捧起古老的政体表了:君主政体、贵族政体和民主政体,连同它们的变体:僭主政体、寡头政体和平民政体。这些在德性和恶习目录的意义上作出的划分曾经属于口口相传的知识水平。弗里德里希·克里斯托弗·达尔曼(Friedrich Christoph Dahlmann)[③],受黑格尔哲学影响,在晚年出版了一本关于政治(*Politik*)的著作(1835年)[④]。在这本书中,他仍一再重复古典的划分。至少19世纪时兴的戏剧还围绕着"君主立宪制"(konstitutionelle Monarche),它是革命时代之后理性宪法领域里君主制王朝的继承者。

在其仍然存活下来的地方,君主制只具有符号的特征。贵族的意义已经一再遭到剥夺。如今我们不再谈论封建的残留而是谈论职务上的精英。与此相

---

① 一个早期的文本是1958年的《论政治参与的概念》(*Zum Begriff der politischen Beteiligung*)的导论,它在哈贝马斯与其他人一同出版的研究著作《学生与政治》(*Student und Politik*)(诺伊维特,1961年)中成为20世纪60年代所谓的学生运动的奠基性行动。在那里哈贝马斯写道:"政治科学逐渐放弃了由原则出发寻求民主制的根源,这对于古典社会哲学和古老的国家法学说来说一度流行;它用公共机构组织抽象的规定替换其客观的意义。政治科学不再根据法治国家状态和人民主权的原理进行演绎,而是通过民主制实际的机关来定义它。"刊于哈贝马斯:《文化与批判》(*Kultur und Kritik*),美因河畔法兰克福,1973年,第9页。

② 比较M.G.施密特:《民主制理论》(*Demokratietheorie*),第三版,奥普拉登,2000年,前言。

③ 弗里德里希·克里斯托弗·达尔曼(Friedrich Christoph Dahlmann,1785-1860),德国历史学家和政治家。——译者注

④ 这部著作由曼弗雷德·里德尔(Manfred Riedel)重新编辑(美因河畔法兰克福,1968年)。

对,民主制得到广泛称颂,据说它是现代性的内在目的(Telos)。**西方的模式**(*westliche Modell*)在世界范围内受到器重。富裕与民主制似乎是一对长久未被认出的姐妹。谁寻求富裕,谁就欢迎民主制。在当下,西方的模式表明是国际性的驱动力。

虽然政治学的研究关心的是多方面系统的比较,但没有一种系统的比较打算与人种学,以及人种学对欧洲以外关系的爱好、给予"异己者"与"他者"以优先权这种做法相匹敌。"第三世界"顶多引起了同情——尤其在"第二世界"垮塌之后。但大多数情况下这种同情产生的动机是人们出于人道的考虑而清除各种现存的差异。尽管存在一些多元文化的弦外之音,西方模式的霸权地位仿佛被嵌入到了专业文献之中。另一方面,这一点也证明了近来对于结构性**体系更迭**(*Systemwechsel*)的增强的注意力,这一体系更迭铸就了 1989—1990 年之际时代转折①之后的欧洲图景。这一更迭遵照西方模式的方向并失去了所有激发的潜力(Erregungspotential),在此之前,这种激发的潜力围绕着一次真正革命的种种冒险的变革,在这当中没有旁观者能够知道事情将如何发生②。

然而,自引起国际恐慌的 2001 年 9 月 11 日之后,我们看到自己正面临着一种**文明的冲突**(*clash of civilizations*),塞缪尔·亨廷顿(Samuel Huntington)在 1996 年对此就已有所预言了③。但是,自那些事件之后,得到启发的人们相信亨廷顿所说的东西必然存在激烈的矛盾。西方模式的支配地位感受到了来自伊斯兰文明的恐怖主义式的反对,没有人预见到这一反对,至今也没有人领会这一反对。因此,从这一反对中会发展出什么东西也仍然处于完全的晦暗不明之中。

无论如何,有一点似乎是明确的。在当今各信仰教条下的一种基本人道的相互理解之上(汉斯·昆),西方关于文明对话的观念具有其基础;但这一观念遭到了驳斥,因为某些信仰的教条存在于一种不听从启蒙运动驾轻就熟的宽容命令的状态之中。与此相对,对进一步启蒙的呼吁显然根本起不了什么作用,因为各种流血攻击以恨意对抗的恰恰是这种呼吁。不愿见到这一点,即不接受一种由最外在的进攻性所宣称的敌意,意味着我们完全不理解任何东西并变得没

---

① 这里指的是 1989 年 11 月 9 日柏林墙倒塌及随后东西德重新合并的这一系列事件。——译者注

② 请比较克劳斯·冯·拜默(Klaus von Beyme):《东欧的体系更迭》(*Systemwechsel in Osteuropa*),美因河畔法兰克福,1994 年;沃尔夫冈·默克尔(Wolfgang Merkel):《体系的转变》(*Systemtransformation*),奥普拉登,1999 年。

③ 《文明的冲突》,德译本,慕尼黑,1998 年。

有行动能力。因此，欧洲中心主义将表明是一条值得捍卫的道路，恰恰这样且之所以这样，是因为世界的各个部分强烈地拒绝屈服于它。

历史的驯化（*Domestikation der Geschichte*），对它的繁荣与萧条、充满希望的正道直行与一意孤行的无法预测的忽视，在最发达的社会科学那里达到了一种令人惊异的程度。我们或可提到一篇来自尼克拉斯·卢曼（Niklas Luhmann）遗稿的文本，它表明：就像所有的鲜活血液从政治理论中消失那样，在旧欧洲的意义上，它在围绕着共同善的集体努力中流动，它的知识、教育、维持以及传播的动力在社会化中流动。

卢曼写道："我们看到，各部分系统都受到整体系统运作方式的指导。由此而来，各部分系统通过运作参与到整体系统的再生产之中。也就是说，政治交往造就了社会。由此，例如国家与社会或政治与社会这样的表述失去了意义。现在涉及的并不是那些人们可以使其相互对比彼此排除的事态。从系统理论上说来，它也并不涉及系统与周围世界的关系。政治系统把社会划分为政治系统与周围世界。……但是那么说来，社会就是以下这两者：政治系统及其内在于社会的周围世界。政治系统的内部与外部都要发生交往。这就引导到了这样的一个问题：……政治的特性究竟如何与其他社会性的交往区别开来。"①

在下文中我将作如下的处理，即**从历史的起源提出政治的特性**（*Spezifik der Politik aus den historischen Quellen*）。而历史的起源为我们领会社会生活方式这一组织的问题提供了一切文化上的基础。于是，一开始在古希腊人那里就产生了政治概念的组成部分。在其中，没有道路能够通往我们一向所知或自以为所知的关于其他文化中历史条件的东西。而我们可以考虑的是，去理解与城邦联系在一起的古希腊哲学诸问题及其不间断的持续影响。试图否定这一点或从计算中取消这一负担，似乎都是毫无希望的。这一尝试也并不预示着我们将获得任何知识。

在古风时期②的前奏（archaischen Präludien）后，在柏拉图和亚里士多德之间实质性的辩论中产生了完全展开的政治理论。虽然我们可以说，对于整个欧

① 卢曼：《社会的政治》（*Die Politik der Gesellschaft*），A.基泽林（A.Kieserling）编辑，美因河畔法兰克福，2000 年，第 16 页末。

② 古风时期，一般指的是公元前 8 世纪到公元前 480 年这段时期的古希腊历史，又称古朴时期、远古时期。它是古希腊先于古典时期的一个历史时期。这个定义最早出现在 18 世纪。在对古希腊艺术的研究中学者们发现这个时期出现的特有的艺术风格和后来的古典时期差异颇大。因为这些艺术风格也反映了希腊的古典艺术风格所以称为"古风"。——译者注

洲政治思想来说，直到康德理性批判中哥白尼倒转这一分界线为止，亚里士多德主义一直在场，甚至在新近的争论中构成了一个根据点；然而人们必须承认，这些紧迫的问题首先出现在柏拉图与智者们围绕着希腊精神的斗争中。换句话说，政治哲学的诞生与苏格拉底这一形象联系在一起。

从历史上看，近代按照科学理性标准安排的政治理论的观念离我们更近一点。**城邦**（*Polis*）的生活问题对于古代人所意味着的东西，今后将支撑着**国家**（*Staates*）这一组织机构。霍布斯在利维坦这个神话中召唤出了国家。自此之后，一条令人难忘的[对霍布斯进行]原则性回应与修改的山脊线（Kammlinie）出现了。在[对霍布斯国家概念]多方面断断续续的反应中，带有黑格尔烙印的国家概念表达了出来；它至少在意义上重新接续了伦理性的生活世界。于是，针对古代的各项预先规定，同样重要的现代精神的反应渐渐显露了出来。本研究的第二部分致力于研究这一发展的各项基本特点。

总体上说，就我看来，这里涉及的根本不是观念史，并不是对于某项研究进行博物馆式的纹饰；而这一研究只能富有成果地与现实紧密结合。在一幅同时泛滥着廉价的政治谈论之修辞学的图景中，我们一开始就概略地叙述了一种实质上得到领会的政治概念的空白；这种空白推动着我们重新在原理维度中开始思索。我们应该从历史上和系统上理解这里摆出的提纲，而不用看出此二者间真正的沟壑。

我试图再次概括一下本书的旨趣。当我们虽然经常谈论政治但在概念上不能完全兑现自己所意谓的东西时，我们就把目光转向欧洲的起源，这些起源把一种不可推导的合法性观念与城邦的秩序和统一性结合起来。这是一种存在论的结合。当近代国家一开始展开一种理性的个人生活并由主体性原则来定义其公民的时候，这种结合逐渐松开了。如今稳定与自由此二者处在一种需要中介的对立之中。到了近代的晚期，这两条路线再次相互靠拢。以个体主义名义的自由的冲动迫切需要一种客观上迁就于它的世界形态。于是自由主义显露了出来。

如果我们通观整个思想谱系，我们就不会停留于一种解决办法的建议，而且我们会更好地明白什么是政治，因为我们在一个变化的政治的语境中认识到一种对基本需求的阐释。

附录与预览

克劳斯·冯·拜默(Klaus von Beyme)写道,“政治科学在其诞生时就是毫无创见的”,他必定明白这一点①。几十年前,于尔根·冯·坎普斯基(Jürgen von Kempski)表达过完全类似的不满:所谓的政治的科学涉及的是一种来自观念史,法学的国家学说,经验的和系统的社会学,比较的组织机构的知识,当代史和简单的民意测验等方面的融合②。对于分析当代更加复杂的社会来说,这样一种各门学科、各类知识、各种方法的联合也许是不可避免的。但事实上大多数研究者——而且与有影响的大众传播和政策咨询的情况相同,这样的研究者在各个大学和大学之外的机构中并不少——致力于所选择的专业,一名科学家将因该专业而出名。于是他被视为其专业学科中的权威,并且在其领域方面总是一再接受问询和雇佣。

这种专业化长久以来固定了下来,而只有很少的人觉察到这项尤为艰难的、对一切所谓的利益与学科进行汇集比较的综合工作。在极端情况下,这种汇集比较颇有成效,但其代价却是一种最外在的抽象,它无差别地对待一切对象。直到逝世前,尼克拉斯·卢曼③在越来越迅速出版的著作中苦苦钻研它的系统功能论的宇宙,它展示的完全是重复的空虚。卢曼以一种可见的理论家之讽刺伴随着标准化商品的大量生产,这是为了由此另外来说明:对于系统学的一切高级的要求与“古欧洲的”诸种优点相联系,而我们实际上能赶超这些优点。

---

① 《二十世纪的政治理论》(*Theorie der Politik im 20. Jahrhundert*),美因河畔法兰克福,1996 年第三版,第 357 页。

② 《所谓的政治的科学》(*Wissenschaft von der Politik-sozusagen*),《水星》(*Merkur*)杂志 1969 年第 20 期。

③ 请比较一项较早的研究:吕迪格尔·布伯纳:《科学理论与系统概念:论尼克拉斯·卢曼的立场及其来历》(*Wissenschaftstheorie und Systembegriff. Zur Position von Niklas Luhmann und deren Herkunft*)。刊于《辩证法与科学》(*Dialektik und Wissenschaft*),美因河畔法兰克福,1973 年,第 112 页末。

在肇始于美国、整合欧洲思潮的专业文献的汪洋大海中,一个令人不安的关于学术专业**基础**(*Grundlagen*)及其下属各部分秩序的问题显露了出来。在与其他许多同类流派的对立中,某个特殊的流派完成了自我定义。谁想在这片汪洋中遨游,同时为了勘明大陆板块,他就不应该牺牲灵活性;无论如何,大陆板块环拥着这片汪洋。

我们必须以另外一种方式驱使自己迈过给定范式之自明性,虽然在该范式的范围内,我们完成了明显有益的日常工作。因为真正说来,这一步骤成功地使一切被认为不言自明的东西向回铺展了开来,得以挺进到我们已与之长久作别的出发点。正是科学史家托马斯·库恩(Thomas Kuhn)意义上的**常规科学**(*Normal Science*)构成了一片非常宽阔的地带,在其中几乎不存在任何对于单纯继续推进的不满。将业已建立的学科专业似乎头脚倒置①的决心预设了一股勇气,通常的研究文献均没有为这股勇气做好准备。我只想提及一些例子。

依照法学的训练,威廉·亨尼斯(*Wilhelm Hennis*)出版了一篇执教资格论文(Habilitationsschrift)。这篇论文想把这门新的政治科学放回到来自于亚里士多德实践哲学的这一古老的基础之上②。这篇论文指出了一种进展:通过近代启蒙和革命运动,通过君主立宪制和对法学上重新编纂法典的关注,人们认为这种进展已经完结了。当他的同行们并不成群结队赞同他的时候,对于哲学家们来说,亨尼斯的描述却当然具有吸引力。一个平行对应的例子证明了他并不是一个怪人。

汉斯·迈尔(*Hans Maier*)在他的研究中赞同古老的国家治理学(*Polizeiwissenschaft*)③,从字面上看,它应回溯到亚里士多德的**共和政体**(*Politie*)④。在古旧的语言用法

① 此间出版了一项极富学识且全面广泛的研究,它胜过所有先前的研究:威廉·布雷克(Wilhelm Bleek):《德国政治科学史》(*Geschichte der Politikwissenschaft in Deutschland*),慕尼黑,2001年。

② 《政治学与实践哲学》(*Politik und praktische Philosophie*)(1963),重印于亨尼斯:《论文集》(*Abhandlungen*),第一卷,图宾根,1999年。

③ 国家治理学(Polizeiwissenschaft 或者古旧德语写法 Policeywissenschaft),指的是从18世纪30年代至19世纪中叶,德国学术界盛行的一门关于共同体内部秩序的学说。其研究内容包括广义的国家内务行政。——译者注

④ 德语 Politie 的词源是希腊语 politeia,这个词的通常意思是"政体"或"政制"。柏拉图《理想国》这篇对话的题目即是 politeia。而亚里士多德《政治学》中对这个词的用法略有些复杂。它既可以指一般意义上的政体或政制(见1279 a22,1279 b3等处),又可以(而且更加重要、更加常见地)指亚里士多德政体表中六种政体的一种,中译文一般译作"共和政体"(民主制的变体):"当多数民众为了共同的最善而执政时,我们就用一切政体共同的名称来对其命名:共和政体(Politie)"(1278 a36-38)。为了区分这同一个希腊文单词的两种意义,《政治学》德文译本通常将前一种政体共名意义上的 politeia 翻译为 Verfassung,而将后一种专指共和政体意义上的 politeia 翻译为 Politie。因此这里译作"共和政体"。——译者注

中,Politie 意味着好的公共秩序和社会救济。"国家治理学被视为德国古老的领土国家(Territorialstaat)①的政治科学以及各个大学政治理论传统中的一员……国家治理学的中心问题域——关于公民幸福和富裕、'好的生活'和为此需要的国家机构的问题——现在应该从其后来的各门学科的视角出发得到更好的解释。这些学科'方法上的纯粹性'恰恰归功于这样一种境况,即它们从一开始就放弃了对这些问题的阐明"②。

在这个地方我要提及三个人的名字,他们在战后时期相当于行会式的政治科学中,如零星的灯塔那样发挥作用。他们不单单在学科专业内部提醒本学科记住它的来历以及先行者们的各个发展阶段,虽然这种教导使得一门臆想为独创的学科专业之尖锐的自我反思相对化了。因为处于统治地位的是这样一种信念:多亏政治从哲学中解放出来而最终达到了一门科学的地位,完全按照奥古斯特·孔德(Auguste Comte)的预言的话,科学会产生"实证"的结果。凭借孔德和 20 世纪的新实证主义,诅咒式的判决理所当然地指向了传统哲学与形而上学和神学之间不幸的结合。形而上学与神学此二者名义上以意识形态的方式歪曲了我们现今想要效劳的、所意图的"现实科学"(Wirklichkeitswissenschaft)。柏拉图之后,亚里士多德主义的**实践的**(*praktische*)哲学首先将"现实科学"定位于远离形而上学和神学之处,这一点仍没有得到考虑。哪一个现代主义者会花很大力气去进行长远的回顾?如果他这么做了,他就会注意到,伦理学、经济学和政治不仅无须形而上学和神学也能过得去,而且它们恰恰是通过针对此二者的帝国主义式的扩张而建立起来的——为了能够有理地反对那种判决,人们必须知道这一点③。

---

① 领土国家,指的是中世纪盛期以来的一种国家形式,在这种国家内,执政者即领土君主的统治权遍及一个确定的领土及其上的居民。——译者注

② 汉斯·迈尔:《德国古老的国家学说与行政学说》(*Die ältere deutsche Staats-und Verwaltungslehre*)(1980 年,慕尼黑 1986 年第二版)。一个突出的例子是约翰·海因里希·戈特洛布·冯·于斯蒂(Joh.Heinrich Gottlob v.Justi)。1760 年——也就是康德早年时——他在哥尼斯堡发表了《关于国家权力与幸福感的基本保障;或对总体(国家治理学)的详细介绍》(*Die Grundveste zu der Macht und Glückseligkeit der Staaten; oder ausführliche Vorstellung der gesammten Policey-Wissenschaft*)。这意味着,在"市民社会(bürgerliche Gesellschaft)"这一新现象流传开来的情况下,它的基本思想明显是亚里士多德式的:"国家治理(Policey)是一门科学,它以这样的方式建立起国家内部的宪法,即各个家庭的福利与普遍的善持久地存在于一个确定的结合和相互关联之中"(第二节)。在康德和黑格尔那里,公共福利意义上的"国家治理"只是非常次要地出现了(比较康德:《道德形而上学》,A185 页末;黑格尔:《法哲学》,第 230 节末)。国家的基本保障长久以来表现的是另外一个样子。

③ 恰如此般,亨宁·奥托曼(Henning Ottomann)首先提出一种诸多承诺,巨大投入,并且对于没有专业团队的孤独学者而言要求苛刻的,对于统领性研究活动的尊重。他所计划的这一四卷本著作名为《政治思想史》(*Geschichte des politischen Denkens*),已出版的第一卷中第一和第二章是"古希腊部分"。汉娜·阿伦特,列奥·施特劳斯和埃里克·沃格林被视为基准点(该书前言)。

海德格尔的女学生,汉娜·阿伦特(*Hannah Arendt*),在流亡美国的时候名声大噪、青云直上。最近她又更加强烈地吸引人们从一些社会学家和政治学家转而注意到她本人。我们应该提到她的主要著作《积极生活》(*Vita activa*)①。本书中,在用到海德格尔生存分析洞见的情况下,伦理和政治得到了逾期交付(nachgeliefert)。此二者在《存在与时间》(1927年)中的缺失向来受到人们的控诉②。对于阿伦特来说,人类的社会和秩序来自行动(Handeln)和言说(Sprechen)。这一点早就通过海德格尔对于"共在"(Mitsein)的细微观察而被传递了出来③。共在仅仅在日常与诸事物的打交道中作为伴随的事实(Begleitfaktum)得到承认,而不是作为本己身份的构型任务(Gestaltungsaufgabe)而得到把握的。早在1932年,阿尔弗雷德·许茨(Alfred Schütz)就想要以他的"社会世界中的意义建构"(Sinnhaften Aufbau der Sozialen Welt)为单单处于"现成在手性"(Vorhandenheit)和"当下上手性"(Zuhandenheit)之间的物的世界之存在论,提供一种现象学上的对应者。汉娜·阿伦特与跟随许茨思想轨迹的现象学社会学最终相会在位于纽约的"流亡者大学"(Emigrantenuniversität)新社会研究学院(*New School for Social Research*)。

汉娜·阿伦特把她的政治构想工作建立在人类实现本质的基本样式上,建立在行动和言说上。我们会在亚里士多德那里了解到这个基本样式在政治上的重要性。阿伦特清楚明白地定义道:"在人身上,他与一切存在者分有的特殊性(Besonderheit),和他与一切生命体所分有的差异性(Verschiedenheit)成为他的唯一性(Einzigartigkeit);并且人的复数性(Pluralität)是一种众多性(Vielheit),它具有那种悖谬的特点,即其中每一个成员就他的性质而言都是独一无二的。言说和行动都是活动(Tätigkeiten),而唯一性在活动中呈现出来。人们积极地在言语和行动中互相区分开来,而并非只是有差异地存在着;它是这种样式,人的存在自身在其中表露了出来。与人经由本性而在世界中的显象(Erscheinen)不同,原则上唯一的本质积极地在显象中出现(In-Erscheinung-Treten)是以一种人自身掌握的主动性(Initiative)为基础的"④。

① 英文版原名是:《人的条件》(*The Human Condition*),1958年。德文版译本,慕尼黑1967年,第214页、第251页末。

② 例如,赫尔伯特·马尔库塞(Herbert Marcuse)很早就以社会(作为资本主义批判)的视角进行了控诉。"论具体的哲学"(*Über konkrete Philosophie*),《社会科学和社会学档案》(*Archiv für Sozialwissenschaften und Soziologie*),1929年,第62页。

③ 《存在与时间》,第26节。

④ 《积极生活》,第214页。

经由海德格尔的解释出发，“被抛性”（Geworfenheit）的生存者层面上的此在（Das existentielle Dasein）被扩展为关于政治秩序形式的存在论奠基。“一个显象的空间（Erscheinungsraum）产生了，而在这种空间中人们总是在行动和言语上互相打交道；这个显象空间本身位于明确的国家建立和国家政体的面前，它在这二者中分别得以形成和组织。显象空间并不比其产生的过程之现实性更长久，而是消失不见了，似乎消散于虚无之中。这一点使它有别于其他东西。权力是这样的东西，它从根本上将行动者和言说者之间公共的区域、潜在的显象空间召唤出来，并将其保留在此在之中”①。

我们不用继续推进解释而在此已可确定的是，生存论上对于**权力**（*Macht*）这一历史现象的阐明采取了一种原则上**民主的**（*demokratische*）色调，并在这里忠实地跟随着亚里士多德的开端。与此彻底相对的是，通常说来，权力须由事实的非对称性来得到说明。从智者派赞扬强者开始，经过对历史中一切僭主制和暴力的揭发，直到韦伯关于统治的人际间的定义，关于权力作为一个“找到服从命令的机遇”的非对称性的说明已经足够了。某个人或某些人表明自己在一个自然的语境中较强，或更确切地说，在一个合法性的相互关联中具有优势。而这种角色的非对称性被费力地表述为成功发布命令的权力，而这种命令到达了处于劣势的接受者那里。与此相对，汉娜·阿伦特看到，一种言说和行动二者之间互动的压缩和聚集并不在于各参与者之间具体化的“间域”（Zwischenraum）。这种压缩的稳定产生了权力的现象，而权力是一切政治秩序的起源。然而，这种稳定并不是参与者们经由强制性地指派不同角色而获得的外部决定的因素。它是完满实现的（entelechiale）自身现实化，是人独一无二的本质在显象中出现，人在说话和行动中登上了历史的舞台②。

列奥·施特劳斯（*Leo Strauss*）肯定属于另一个庞大的行列，这涉及他对政治学的影响以及政治学这一边与他进行争夺的对抗③。他同样也是海德格尔的学生，在流亡美国期间展现了[自己思想的]全部意义。他开始时的特征是一种

---

① 《积极生活》，第 251 页。

② 关于阿伦特的一般情况请参看：S.本哈比伯（S.Benhabib）：《汉娜·阿伦特的不情愿的现代主义》（*The Reluctant Modernism of Hannah Arendt*），伦敦 1996 年（德文译本 1999 年）。

③ 请比较彼得·格拉夫·基尔曼斯埃格（Peter Graf Kielmannsegg）（及其他人编辑的）：《汉娜·阿伦特与列奥·施特劳斯：德国移民与二战后的美国政治思想》（*Hannah Arendt and Leo Strauss. German Emigrés and American Political Thought after World War II*），剑桥 1995 年——此间还有非常规的比较研究，比如克莱门斯·考夫曼（Clemens Kauffmann）：《列奥·施特劳斯和罗尔斯：政治的哲学困境》（*Leo Strauss und Rawls.Das philosophische Dilemma der Politik*），柏林，2000 年。

对于犹太律法牢不可破的忠诚(斯宾诺莎、迈蒙尼德)①。1936 年于牛津以德文写成的卓越的霍布斯书(Hobbes-Buch)②将存在主义的奠基带入与近代自然法第一位经典作家的辩论之中。

在美国这样一个更深地受到各种社会科学影响的氛围中,施特劳斯数十年来代表了一种强硬的"自然法"(Naturrecht)的立场。他有意地借助对于伟大著作独到的读法来将这一立场渗透到海德格尔(à la Heidegger)那里③。上帝的旨令最终在自然法超时间性的有效性中得到表达,这种有效性必须针对近代相对主义的历史主义,也要针对占统治地位的社会科学家申明无罪的操作策略进行辩护。

"根本上说来,现代自然法或者现代政治哲学的危机,只因最近数百年中哲学充分的政治化而成为一种哲学本身的危机。哲学源始地就是那种使人合于人道要求的对于永恒秩序的寻求。由此,哲学就是一种关于各种人道动机和努力的纯粹来源。自 17 世纪开始,哲学变成了一种武器,也即一种器具……也就是说,哲学的政治化恰恰在于,知识分子与哲学家之间的区别——先前人们把这种区别一方面当作有教养的人与哲学家之间的区别,另一方面又当作智者或演说家与哲学家之间的区别而加以认识——被模糊了并且最终消失了"④。

后来,差不多是在施特劳斯逝世前十年,他以同样的意思写道:"科学不能教导智慧。总是还有人相信,如果社会科学和心理学有朝一日达到如物理学和化学一样的高度的话,这种弊端就会得到解决。这种信念完完全全是非理性的,因为尽善尽美的社会科学与心理学终究只是科学,并且最多使得人类的权力得到进一步的提升。它们使人们能够比以前任何时候更好地操纵人。它们就像物理学和化学那样不能教导人们如何在人与非人的事物上利用他们的权力。抱有

---

① [施特劳斯的]《著作全集》(*Gesammelten Schriften*)自 1996 年开始出版,由海因里希·迈尔(Heinrich Maier)负责。建议参阅迈尔的研究:《列奥·施特劳斯的思想运动》(*Die Denkbewegung von Leo Strauss*),斯图加特,1996 年。

② 这里指的是施特劳斯 1935 年在牛津写成的德文著作《霍布斯的政治科学》(*Hobbes' politische Wissenschaft*)。不过此书的英译本却首先出版,英译本的题目为:《霍布斯的政治哲学:其基础及起源》(*The Political Philosophy of Hobbes: Its Basis and Its Genesis*, trans.by Elsa M.Sinclair, Oxford: Clarendon Press, 1936)。本书的德文版于 1965 年才出版并随后收录在 2001 年出版的《著作全集》第三卷中。——译者注

③ 请比较施特劳斯在一篇关于库尔特·里茨勒(Kurt Riezler)的纪念演说中对于海德格尔无限的信奉(新社会研究学院,1956 年)。刊于《什么是政治哲学?》,芝加哥,1988 年,第 246 页。

④ 《自然权利与历史》(*Naturrecht und Geschichte*),斯图加特,1956 年,第 36 页(英文原版是 1953 年)。

这样希望的人们没有理解事实与价值之分的重要性”①。

第三位在美国引起轰动的说德语的流亡者是埃里克·沃格林(*Eric Voegelin*)。我并不涉及他多卷本的主要作品《秩序与历史》(*Order and History*),而只提及纲领性的著作《政治新科学》(*The New Science of Politics*)(1952 年)。在慕尼黑教学活动期间,凭借这部书的德文译本(1959 年),沃格林在自己的身边聚集了一大批坚定的学生。这本著作的基本论点挑衅意味十足。为了在读者面前赢得善意(Capatio benevolentiae)②,在该书德文版的开头,沃格林就提及了维柯(Vico)及他写于 1725 年的《新科学——关于各民族共同的本性》(*Nuova Scienza: intorno alla comune natura delle nazioni*)③。与近代“批判的”精神相对,虽然他表达的标题听起来具有革新性,维柯却想使文化传统的古老真理继续有效。美国的听众们对这批首先在芝加哥举行的系列讲座的历史导引期望过高了。[以下]这个通告本来就足够古怪的了:

“与占统治地位的实证主义的方法相对立,这里所呈现的讲座是一次在经典意义上重新恢复政治科学的尝试”④。在驱除柏拉图和亚里士多德后,紧随而来的是闻所未闻和完全非经典的中心论点。按照这些论点,妨碍政治理解的近代意识形态统统都是古代晚期诺斯替派(Gnosis)的继承人。一段尼采的引文可提供这样的赞同意见:“精神的死亡乃是进步的代价”。

“人们不断犯下对诺斯替派的谋杀,人们献祭了文明之神。人们越是强烈地将所有人类的精力通过世界之内的行动投入到这一解救的伟大事业中,那些在这一研究中共同发挥作用的人们就会离精神的生命越远。并且由于精神的生命是人类和社会中秩序的来源,所以恰恰在诺斯替文明的成果中存在着其衰落的原因”⑤。

福尔克·格尔哈特(Volker Gerhardt)注意到这样的后果:“我们完全想不出政治哲学可产生出什么东西,人们在《政治新科学》上投去了差不多与《正义论》(*A Theory of Justice*)一样多的注意力。罗尔斯的构想似乎具有更大的实践—政

---

① 《城邦与人》(*City and Man*),芝加哥,1964 年,第 7 页。

② 拉丁文 Capatio benevolentiae,字面意思是“获取善意”,通常指的是一种演说术的技巧。其目的是在一场演讲或者布道活动的一开始就抓住听众的善意。——译者注

③ 维柯这部名著的完整名称应该是:*Principi di Scienza Nouva d' intorno alla Comune Natura delle Nazioni*,即《关于各民族共同本性之新科学的原理》。——译者注

④ 引自《政治新科学》德文稿(1959 年)。

⑤ 同上书,第 185 页。

治的重要性:1968 年后,当马克思主义的'挫折'对于知识分子们来说变得明显之时,人们寻求一个对于社会问题的新回答。罗尔斯提供了一种解决方案,它并不抛弃不平等性而只在秩序中使不平等性得到平衡,在政治上使其成为正当的。……沃格林的《政治新科学》更多地从原则上接受了这些方面。而且这还说明,为什么这位理论家没有受到人们广泛的注意"①。

就我看来,这一点很正确。功利主义(Utilitarismus)在欧洲中心(Zentraleuropa)不具有很重要的意义,罗尔斯对功利主义的清算只能在英语范围内产生有说服力的影响;而在这片先验哲学的诞生地上,浅尝辄止地回忆康德主义很难使人保持清醒。功利主义与先验哲学此二者是接受罗尔斯[思想]的入手点。这一成果之背景性的动机倒不如说是存在于社会良知中(im sozialen Gewissen),它经由罗尔斯的原理学说而被灌输到取得"文化胜利"的自由主义中。由此,[自由主义]就赢得了一块领土,即欧洲战后时代无所不在的马克思主义于[二十]世纪末开始放弃的这块领土。

① 《政治与生存:埃里克·沃格林对于我们自身中秩序的寻求》(Politik und Existenz. Eric Voegelins Suche nach der Ordnung in uns selbst),《哲学评论》(*Philosophische Rundschau*),2001 年第 48 期,第 184 页。

第一部分　作为生活形式的城邦

在19世纪的一本关于古代城市的有影响力的书中，福斯特·德·古朗热(*Fustel de Coulanges*)①明确决定反对亚里士多德。福斯特由未奠基于宗教和道德上的家庭结构出发，用以说明城市的形成。家庭出现在城邦之前，因此**城邦不是最先者**(*Polis nicht das Erste*)，并非如亚里士多德主张那样，它在政治上将各个家庭及其集合包含于各个村落之中。福斯特的论点从属于社会史和宗教史研究的语境，凭借这些研究，两个世纪前的人们想要论证或者完全销蚀自然法传统。家园的中心就是促成一体的神庙，对于祖先的崇拜保存着关于过去诸时代的记忆，而且"氏族"(gentes)的宗族同一性保护了血统之根源，这些东西第一次赋予了制度以其价值②。

福斯特的论点根本没有立刻昭然若揭，它经由涂尔干(Durkheim)而影响了社会学。它属于它那个时代的科学关联整体(Wissenschaftszusammenhang)③。如果没有政治上稳固的城市和国家的统一从一开始就保护宗教崇拜的老巢免受外部危险的话，那么经过一段漫长的时间，炉火如何能熊熊燃烧着，家神(Hausgötter)如何能支配、统治着呢？因此，家庭对于城邦的优先地位仍是有待商榷的④。但福斯特的动机并不指向一个有价值的目标。由家庭基础出发，**国家在宗教方面形成的关联**(*religiös gestaltete Kohärenz des Staates*)得到了说明。

---

① 全名是努玛·丹尼·福斯特·德·古朗热(Numa Denis Fustel de Coulanges，1830-1889)，法国历史学家。主要作品《古代城市》(*La Cité antique*)(1864年)。——译者注

② 福斯特·德·古朗热：《古代城市》(1864年，德文译本斯图加特1981年出版)，尤其是第二和第三卷。在结尾处有几句哲学家式的痛斥(第六卷第一章)。

③ 关于这个问题可以参看A.莫米利亚诺(A.Momigliano)：《进入古代世界的若干条道路》(*Wege in die Alte Welt*)，美因河畔法兰克福，1995年，第271页以下。

④ 对此的一些反应：古代语文学家、尼采的朋友埃尔温·罗德(*Erwin Rohde*)为福斯特提供了担保，但提醒他注意这样一种释义学循环(hermeneutischen Zirkel)，即人们只能在结尾之完全形态中探索作为部分的开端。因此，没有国家的家庭实际上是无法设想的。《古希腊人的心灵、灵魂崇拜和关于不死的信仰》(*Psyche, Seelenkult und Unsterblichkeitsglaube der Griechen*)，1894年，重印于达姆施塔特，1961年，第一卷，第166页末、第253页。

没有强制和契约，没有建设的动力和人为的社会技艺，作为一种生活形式存在着的国家得到人们的肯定与承认。

已然依其宗族记忆而分割开的各个家庭，必然不会比霍布斯的“自然状态”中自私自利的个人活得更长久，而这种自然状态也不能追溯到站在赤裸裸的自我保存动机另一面的宗教资源上。宗教并不提供权利的保护，它只是神化了各种财产关系，福斯特对这些关系赋予了重大的价值。因此，古代城市的宗教世界在哲学反思的压力下崩溃了。福斯特如此叙述古希腊文化内部的启蒙过程，即哲学家们肆无忌惮地将事情弄得颠三倒四。在这个方面，亚里士多德比柏拉图更糟糕。无论如何，古希腊精神主要显现在德国人的回顾中，福斯特书的结尾处以一种强烈的蔑视将古希腊精神的这一高峰搁置在一旁①。

但是，长久以来与福斯特的意向完全相对，我们相信**政治之哲学的认识**（*philosophische Wissen der Politik*）并没有突然打断真实的生命关联整体（Lebenszusammenhängen），而恰恰以一种敏锐的方式理解了古希腊城邦的伦理实体。在这种只能破坏不能重构的反思工作的假设中，显然引出了促成宗教的决定性的分界线。一个如古希腊城邦那样的生活形式（我并不考虑一下子共同成为主题的罗马城市这一类似的情况），绝不从预先想好的诸原理中生长起来，这一点在福斯特的抗议中毫无疑问是正确的。但是，诸原理却能够从概念上彻底说明历史的各种形态而不损坏它们的个性。不管怎样，这一情况存在于哲学思考的历史分析的抱负之中。

专业人士或许能决定，城邦的起源如何总是由于兄弟会与合作社（族盟[Phratrien]和家族联盟[Kurien]）②的存在而来自宗教的根源。如亚里士多德《政治学》所描述的各种关系那样，作为政治上行使自由之基础而得到冷静分析的**家庭共同体**（*Hausgemeinschaft*），为了下一代再生产和确保自足等目的，典型的情况是要在宗教上所强调的共同体构成中遇到竞争者。我们并不是因为纯粹的生命维持或对“好生活”的抱负而有所关联，而是家神及其普遍化了的自然神构成了我们所需要的社会黏合剂。在国家与城邦之间并不存在如亚里士多德

---

① “因为哲学出现了，而且它倒转了所有古老的政治规则”（Puis la philosophie parut, et elle renversa toutes les règles de la vieille politique）。（巴黎版，1984 年，第 418 页）

② Phratrie（族盟）来自希腊语 φρατρια，而 φρατρια 的词源是 φρατηρ“兄弟”。Phratrie 指的是古希腊社会中多个家庭组群的一种联合会。它大多从神话的祖先中推导出其共同的亲属关系和家世来源。一个族盟能在经济上共同协作，守护自己的宗教祭礼，作为政治统一体发挥影响，并可与其他族盟构成一个氏族或一个城邦国家的社会组织。Kurie 来源于拉丁语单词 Curia，指的是古罗马的家族联盟或古罗马元老院。后来一般指教皇机关或罗马教廷。——译者注

《政治学》中的“村落”(Dörfer)①那样有兴趣对其支持的居民共同体(Siedlungsgemeinschaft)居间中介,而是相反,是带有宗教色彩的各个家庭的联合(Zusammenschlüsse von Familien)居间中介。各个家庭在关于一个共同神祇的庆祝活动中联合起来,而这一神祇必然立于众家神之上。“正如在家庭中那样,在族盟中也存在一个神、一种崇拜、一种神职人员身份、一个司法机构、一个行政部门。这并不是一个严格模仿家庭的小社会”②。那么扩展为城邦的情况又如何呢? 由于福斯特对宗教而不是政治感兴趣,所以他在向城市过渡这一点上语焉不详了:“然而确定的是,这种新的联合的纽带又是一种崇拜”③。在这里,亚里士多德基于实践共同生活而建立的政治人类学的“动物”并没有出现。也许福斯特只是想打破那种关于ζῷον πολιτικ όν[希腊文:政治的动物]的教科书式简化且未经思考的表述。下文我们会回到这一点上。

针对福斯特的夸张做法,在承认他的出发点的情况下,克里斯蒂安·迈尔(Christian Meier)合理地提出了反对的意见:古希腊公民共同归属感的宗教基础“完全进入了政治生活之中,并随同它而改变。因此,这种宗教基础既不能说明向民主制的迈进,也不能说明政治身份之特殊性”④。如果政治的秩序架构唯独奠基于宗教的态度和崇拜行为之上这个想法明显是一种夸张,那么人们还是必然遇到另一种危险:把古希腊城邦特别是雅典民主制看作证实我们关于西方政治模式实际设想的先行者。存在着流行且完全表示同情的尝试,即将雅典置入现代的祖先的行列之中。这些尝试大概注定要失败。古代各种关系的异己性之所以不能充分得到强调,是因为我们随同这一直系谱系成长起来。为了使异己者保持其异己性而抛弃一切偏见,现在看来似乎是一个不可能的努力。流行的他者性(Alterität)范畴作为自身世界观辩证的对应物必然随同这个世界观起作用,用以笼统地否定这个异己性。

---

① 德文的Dorf是对希腊文 δημος 的翻译,意为“村落”或“村社”。亚里士多德在《雅典政制》中对雅典的 δημος 的情况有所介绍(参看第二十一章)。而在《政治学》中,亚里士多德认为,“当多个家庭为着比生活必需品更多的东西而联合起来时村落便产生了”,而“当多个村落为了满足生活需要,以及为了生活得美好结合成一个完全的共同体,大到足以自足或近于自足时,城邦就产生了”。因此亚里士多德认为村落是家庭和城邦之间的居间中介者,并且此三者都是自然天生的产物。参看《政治学》,第一卷,第二章。——译者注

② 《古代城市》德文译本,第 161 页。

③ 同上书,第 17 页。

④ 克里斯蒂安·迈尔:《古希腊政治之产生》(*Die Entstehung des Politischen bei den Griechen*),美因河畔法兰克福,1982 年,第 250 页开头。

对古代城邦世界的解释总是需要各个方面或者享有某些特征,这些特征迁就我们习惯的想法并对其提供支持。如果人们考虑到,我们文献上能掌握的民主制统治的证明要比这些证明所反映的现实情况出现得晚,那么这一解释的问题就变得更加尖锐了。真正说来,借由亚里士多德的思想,哲学才创造出了合适的概念。约亨·布莱肯(Jochen Bleicken)有能力十分明确地将这一处境说明清楚。对于理解人们力求或者经历的正确秩序,我们并没有同样正确的言辞。这一情况在引起令人不快回想的宣传部(Propagandadministerien)那里却总是相反的①。

布莱肯把古风时期的贵族世界经由庇西特拉图(Peisistratiden)②僭主制阶段的过渡描述为一种"明确扩展了的政治意识。因为关于这个时代我们知道得很少,所以我们只能够描绘一些轮廓。然后就此而言可以确定的是,在僭主制垮台之后,政治的新开端与**权利平等**(*Isonomie*)这个概念联系在一起。这个词是由 ison(平等)和 nomos(与动词 nemein 有关)人为构成的,并以此表达了法律的平等或法律上平等的部分。此间人们较少思考在理论上不管怎样都没有争论的法律面前的平等,而是由于涉及当时权力分配斗争而思考政治的权利平等(Gleichberechtigung)。作为一种政治标语的权利平等(Isonomie)明白无误地是由那些人新造出来的。他们自梭伦后,尤其是在僭主制垮台的那些年中获得了自我意识和力量"③。

在通常情况下,向不自由的关系告别、与旧秩序的断裂并不设想革命的动力。在法国的这个例子中,我们如在剧院中那般钦佩这股革命的动力。逐渐的变化使人们不用忍受震惊而可保持在他们的生活世界中,为此他们提供了新的条件以供使用。此间,像权利平等这样的标语可能有所帮助。在这些关系中行动者们现在共同活动,但是,变化了的各种关系在精神层面的渗透需要时间和距离。"民主制作为政治平等的政制并不单单,即并不一下子经由其规范的建构,而是首先经由公民内在参与政治事件而得到标明;这一内在参与开创了一种人们并无认识且没有在古代城邦中再次达到过的政治密度……由此,民主制始于伯里克利时代,且只在雅典存在这样一个民主制"④。伯里克利于[公元前]429

① 这里指的是纳粹第三帝国时期以宣传部长戈培尔(Paul Joseph Goebbels,1897-1945)为代表所施行的一系列舆论宣传政策。这是以"正确的言辞"去代替"正确的秩序"。——译者注

② 庇西特拉图,公元前600—前507年,古希腊雅典的僭主。——译者注

③ J.布莱肯,《雅典民主制》(*Die athenische Demokratie*),帕德博恩,1995年第4版,第66页。

④ 同上书,第75页。比较亚里士多德:《雅典政制》(*Verfassung Athens*),第27章末。

年逝世,苏格拉底于[公元前]399年死于官方命令,而亚里士多德于[公元前]384年出生。早期希腊思想首先完全是以另一种样子开始的。没有古风时期的各项前提,雅典的古典哲学就完全不能够得到理解。因此,我们着手研究所谓的前苏格拉底哲人(Vorsokratikern)。

第一章　古风时期的前奏

欧洲哲学以一些残篇开始，这应当归因于历史的危险。来自哲学文献开端中重要的或者貌似重要的部分被保留了下来，但是我们根本上并不知道，自己到底忽略了什么东西。无论如何，早期哲学家们并不在残篇中表达自己[的思想]。因为这似乎已经预设了一种风格的意识，在这种意识中，作者希望按照计划进行推进与补全。1800 年左右的浪漫主义者们就是这样想的。比如，弗里德里希·施莱格尔(Friedrich Schlegel)鉴于以下的反思而出版了他的断片集：一切所表达的东西只是为了引起公众和将来后代中进一步卓有成效的思考。推动这种“趋势”(Tendenz)——这是施莱格尔喜欢用的一个词——意味着，成为历史上进一步展开的过程的一部分，在这个过程中，浪漫主义者将自己排入已有的位置上。在他那本为期不长但富有想法的《雅典娜神殿》(*Athenäum*)杂志上，施莱格尔曾经写道：“许多古代作品都是残篇。许多近代的作品在其产生时同样如此”①。

如果前苏格拉底哲人们并不练习残篇的制作，那么他们可能也不会写出有深刻意味的谜语箴言，不会将格言式的世界观压缩在一句话中。海德格尔解释阿那克西曼德(Anaximander)流传下来的文本片段的标题是：“阿那克西曼德的箴言”(Der Spruch des Anaximander)②。在各种流传条件下，欧洲哲学家们的最古老的思想内容来到了我们的身边。如果我们将这些流传条件置于眼前，选择一种格言警句式(apophthegmatische)的表达就变得几乎不可能了。最古老的文本断片来自米利都人(Milesier)阿那克西曼德，也就是说，产生于小亚细亚的海

① 弗里德里希·施莱格尔：《批判文集》(*Kritische Schriften*)，拉施(Rasch)编辑，达姆施塔特，1964 年，第 27 页。

② 刊于《林中路》(*Holzwege*)，美因河畔法兰克福，1950 年，第 296 页。

滨。这片地理区域与南意大利的各殖民地一样都被算作古希腊统一的文化域中。而从南意大利的殖民地中产生了其他前苏格拉底哲人及智者们。人们必须在一个国际的行动条件下来设想活生生的文化交流的边缘地带。怪癖的箴言制作也许并不是文本断片的特征。

阿那克西曼德生活在公元前6世纪的上半叶,因此属于古风时代早期。他的引文摘录自亚里士多德学派作家及亚里士多德的解释者辛普里丘(*Simplikios*)。与此相对,辛普里丘于公元6世纪开始写他的作品,因此根本上处在古代文化的末端。这两人之间差不多相距有11个世纪。打个粗略的比方,这就好比是卡尔大帝①的命令通知到了我们这里。在此期间,语调和措辞上发生了多么难以估量的变化、改善和修改啊！当赫尔曼·第尔斯(Hermann Diels)具有学识的残篇汇集②首先于1903年出版并由其他人进一步修订之际,情况似乎是:一份米利都哲学开端的可靠残篇是可理解的,并且它像一手文献那样呈现在我们的面前。

[文献]流传的这条河流自身携带着各种各样的杂质,而第尔斯站在自己的这一方面,确保了纯粹的材料出自这条河流之中。这些材料是亚里士多德逍遥学派(Peripatos)主持的"生理学家"教义汇集所剩下来的东西。人们这样称呼早期的自然思想家,因为回溯性的历史叙述还未将苏格拉底确定为转捩点与枢纽点:依此,所有先于苏格拉底的事物才笼统地成为"前苏格拉底哲学"(Vorsokratik)。作为古典学家,尼采有所考虑地谈论了"悲剧时代的哲学"。这里所述及的逍遥学派学者泰奥弗拉斯特(Theophrast)的汇集(φυσικων δοξαι《论自然》)已散佚。于是我们现存的文本就是历史效果之进程中的反映之反映(Reflex eines Reflexes)。此外,在阿那克西曼德这一案例中,现存文本人为地消除了超过一千年[的时距]。

我不想沉醉于古典学的练习之中。阿那克西曼德这个主题已先由弗朗茨·迪尔迈尔(Franz Dirlmeier)和乌佛·荷尔舍(Uvo Hölscher)③,近来又由Ch.卡恩(Ch.Kahn)和其他人仔细研究过了。人们必须弄清这一构思,而唯独多亏这一

---

① 卡尔大帝(Karl des Großen,742-814),即著名的查理大帝、查理曼。法兰克王国加洛林王朝国王。他建立了那囊括西欧大部分地区的庞大帝国并引入了欧洲文明,被后世尊称为"欧洲之父"。——译者注

② 这里指的是赫尔曼·第尔斯编辑,后由瓦尔特·克朗茨(Walter Kranz)修订的《前苏格拉底残篇》(*Fragmente der Vorsokratiker*)。——译者注

③ 刊于汉斯-格奥尔格·伽达默尔(Hans-Gerog Gadamer)(编辑):《关于前苏格拉底哲人们的概念世界》(*Um die Begriffswelt der Vorsokratiker*),达姆施塔特,1978年。

构思,我们才得以了解哲学之开端,并占有阿那克西曼德一部分有说服力的文本。在辛普里丘对物理学阐明的范围内,我们读到了关于阿那克西曼德的报告。下面的内容通常被认为确实是从这样的语境中挑选出来的,即:与报告相反,它被视为引用阿那克西曼德本人的话:“阿那克西曼德曾说:万物(οντων)的本原(αρχη)是无限者(Apeiron)(无限者,无规定者)。按照必然性(χρεων),存在着的事物由此生成并在其中灭亡。按照时间的秩序(του χρονου ταξις),无限定者们互相给予正义并为不义(αδικια)给予赎罪”①。

引文中的一些内容听起来是亚里士多德式的(生成、灭亡、存在者)。无限定者,作为 περας(限定)的否定而得到说明②;由于这个单词不太常见,它应是一种原来的哲学概念构造,所以它组成了阿那克西曼德宇宙观之坚实的核心。以决定性的方式伴随着这一论点的是一种公正的设想,而这种设想又与“必然性”联系在了一起:不公正意味着与其他无法实现的可能性对立的某物之纯存在,而有规定者立刻就会存在;不公正会在时间过程中得到补偿。一物消失另一物产生,时间③通过补偿来实施正义的恢复,两者都是无限定者之无所不包的世界根据(Weltgrund)的产物。

引文第二部分中的哪些话语确实源自阿那克西曼德,想必在此无法得到确定了。具有自然变化过程的宇宙论与公正秩序之间的联系是显而易见的,而在存在褫夺(Existenzberaubung)与不平等的意义上,这一公正秩序确定或修正了不公正。人们不能够说:宇宙在则公正来,或被投射到宇宙上的公正意识在过程中有效。弗拉斯托斯(Vlastos)只谈到了正义之自然化,正义自身接受了自然事物之不可避免性④。按照这种早期—晚期的图式(Schema Früher-Später),我们在此没有把握到一种形成过程,没有能觉察到一种补偿物(quid pro quo)的混淆。藉由关于整体宇宙,即关于作为一个有秩序体的自然的反思之开端,具有关于权利效用确定性的统一的世界观产生了。

人们可否使用“自然法”这一范畴,这是成问题的。因为我们必须考虑对

---

① 本段系从作者的德文文本译出,与通行的阿那克西曼德残篇中文译本略有出入。——译者注

② 这一点遭到了 Ch.卡恩的驳斥:《阿那克西曼德与希腊宇宙论的起源》(*Anaximander and the Origin of Greek Cosmology*),纽约,1960 年。

③ 比较梭伦:残篇 24,1—7 行。

④ 《早期希腊宇宙论中的平等与正义》(Equality and Justice in Early Greek Cosmology)(1947 年),刊于福尔利(Furley)、艾伦(Allen)(编辑):《前苏格拉底哲学研究》(*Studies in Presocratic Philosophy*),第一卷,伦敦,1970 年。

"被设立的"(gesetzten)法的反对,而"被设立的"法是由人们在某个时候制定并因而又遭到废除或改变的律法(Nomos)。对法律的这两种变化着的看法后来才处于不可避免的竞争之中。智者们的启蒙运动凭借揭露那种[被设立法的]反对意见而登场,以使关于人类法律概念之相对性的论点流行开来。从这一相对性中则很容易生长出一种权谋之规划。于是我们就站到了下一章**启蒙与僭主制**(*Aufklärung und Tyrannis*)的门槛边上。

赫拉克利特的诸格言也许是从一部连贯的著作中被分割出来的,同时听凭于设身处地的理解(Nachvollzug)。它们在古代就被看作困难的。赫拉克利特因此被称为"晦涩的哲人"——与巴门尼德或者恩培多克勒相对立,他们的诗作虽然向哲学的理解发起挑战,但却没有通向谜团。我们完全不应该将宇宙论与政治之间的矛盾心理视为赫拉克利特的晦涩之处。如果阿那克西曼德把世界之统一的进程看作一种法律程序,那么就存在着一种无法解决的正义之自然化。赫拉克利特所流传下来的东西,乃是关于火与流,关于宙斯的闪电以及秩序和无序似乎"幼稚的"更迭的见解。人们至多把他视为宇宙论智慧之著者。

现在,与此并列存在着具有另一种内容的传统,它见于尽人皆知不可信赖并且热衷于名人轶事的第欧根尼·拉尔修(Diogenes Laertius)那里。他径直从赫拉克利特出发而主张,赫拉克利特的书(βιβλιον)《论自然》在"三个部分"中,分别论及了整体(παν)、"政治"(πολιτικον)和神学①。但我接着要补充的是,《论自然》根本上并没有把自然当作主题,其主题恰恰是**政制**(*Politeia*),物理学只是作为"范式"而服务于它②。将赫拉克利特解读为政治理论家毕竟超出了论域③,然而这些具有政治内容的残篇是为人熟知的:"民众(δημος)应该像为城墙战斗那样为法律(νομος)而战斗"(残篇44)④;"战争是一切之父,万物之王。它表明这一些是神,另一些是人;它也使一些人成为奴隶,另一些人成为自由人"(残篇53)⑤。于是我们就有了共同和统一意义上的中心范畴(ξυνος);按照反复出现的清醒状态与睡眠状态的隐喻而言,这一共同意义与清醒者相关联,而每一个在睡眠(睡梦)中的人遁入其自有的个别世界之中——弗拉斯托斯几乎

---

① 第尔斯编辑:《前苏格拉底残篇》,A1,第27页以下。

② 同上书,第31页末。

③ 比较A.费尔德罗斯(A.Verdroß):《公法杂志》(*Zeitschrift für öffentliches Recht*),第二十二卷,1942年;伽达默尔:《赫拉克利特研究》(Heraklit-Studien)(《著作全集》,第七卷,第57页)和弗拉斯托斯:《早期希腊宇宙论中的平等与正义》,同前引。

④ 比较残篇33。

⑤ 比较残篇67,80,102。

毫不犹豫地将这种“存在论的”共同性视为与“法律”相同。“他政治学之核心就是‘共同者’之至上地位——法律”①。

世界之逻各斯、它理智的秩序和集中的意义只能被领会为共同者的(ξυνος-κοινος)思想②,而不能出自每个人单独的思想(φρονησις)③。如今困难的是放弃业已选择的关于事物的看法并以此为代价跃入共同—整体之中。因此,对于大多数人来说真理是隐藏起来的④。一种错失与命中的辩证法(Dialektik von Verfehlen und Treffen)之基本特征,始终出现在赫拉克利特遗留下来保存着的残篇中。将这些残篇作为一种政治通告的加密或阐明进行研究,并不能在解释上得到有说服力的证明。如今,强制总归不是释义学的德性,并且在赫拉克利特这位晦涩哲人那里,已经没有什么东西应该得到单义性的证实。“德尔斐神谕的主人⑤既不说什么,也不掩盖什么,他只是暗示(σημαινει)”(残篇 93)。无论如何,在出自赫拉克利特之口的表达背后,似乎毫无疑问地存在着一个政治观点的指示器;这使得他属于前苏格拉底哲人名下为数寥寥的政治哲学家之一。宇宙之秩序存在于共同性之中,一些事物想要从这共同性中分裂出来。因此,恰恰需要像一个民族保卫其城邦那样在思想上为此共同体而斗争。

我们在梭伦(约公元前 630—前 556 年)这个案例中遇见了一个极其鲜明的轮廓。作为改革者与拯救者,他被请到了雅典,为了在超越派系及其争执的智慧者的立场上“和解性地重新树立起”那些正常的关系。赫拉克利特的生命鼎盛年(顶点)被确定在公元前 500 年左右,因而我们通过梭伦就从狭义的前苏格拉底哲学范围中走了出来,发现自己身处一百年前的古风时代中。对于今人来说,我们完全无法领会这种作为抒情诗人和政治家的双重天赋⑥。正是这种双重天赋实现了少有的幸运的情形:行动者自身给出关于其行为的

---

① 《早期希腊宇宙论中的平等与正义》,第 72 页。

② 比较残篇 2 和 113。

③ φρονησις,一般译为明智或实践智慧,是亚里士多德伦理学中最重要的概念之一。在《尼各马可伦理学》第六卷第 5 章中,亚里士多德专门讨论了明智。按照亚里士多德,明智虽然也有一些普遍性的前提,但其所真正关注的是人所处的特殊情境,且本身与一定的文化传统相联系,因而不是普遍、抽象的。这与康德的实践理性大相径庭。故作者在此用 φρονησις 来指每个人单独的思想。——译者注

④ 残篇 1,16,17,26,41,50,51,89。

⑤ 指古希腊神话的太阳神阿波罗。——译者注

⑥ 比较 W.耶格尔(W.Jaeger):《教化》(*Paideia*),第一卷,柏林,1936 年,第 187 页以下。接续耶格尔思想的著作有:Gr.弗拉斯托斯:《梭伦式的正义》(*Solonian Justice*),刊于弗拉斯托斯:《古希腊哲学研究》,第一卷,普林斯顿,1995 年。

报道，给出关于所遇到的处境、政治弊端的理由以及他本人对于改善法律的见解。当这些行为已经被实施并且成为过去之时，梭伦并不像其他所写就的历史来源那样把这些行动当作发言、号召、信件、动作、笔记，简而言之，并不当作二手的、遗留下来的语言垃圾。梭伦在他首次引入的挽歌诗律（Versmaß der Elegie）中，宣告了什么东西应该在众人耳畔响起，而且它不会仅仅抑制当地的冲突利害关系。通过这种方式，梭伦能够在希腊文化观念的意义上达到不朽（Unsterblichkeit）。怎么样才是**法治**（*Eunomia*），是良好秩序安排的状况看起来归因于法治吗？①

凭宙斯之天命与不朽的意义，
我们的城邦（ημετερα πολις）永无毁灭之虞。
万能的女儿，作为保护人的帕拉斯·雅典娜，兴致高昂地张开了
她的双手，庇护着这个城邦。
然而在有害的疯狂中，公民们听凭权力之堕落，
民众领袖之不正义的思想（δημου ηγεμονων αδικος νους）
受对利益的贪欲诱使，因为罪恶的勇气而使民众被无尽的苦难所蒙蔽。
他们从来不知道去控制他们的欲望，
安于悠闲进餐这种适当的乐趣……
他们既不尊重神圣的财富也不尊重民众之财产，
抢劫与掠夺，在这之中总有战利品出现
而他们关心的并不是正义女神的崇高命令（σεμνα Δικης θεμεθλα）。
她虽沉默不语，但看着发生的事件并留意着过去（γιγνομενα προ τ' εοντα），
在成熟的时候（χρονῳ）她将要求（αποτεισομενη）无情的偿还②。
……她唤醒了沉睡中的战争并将公民们一分为二（στασις εμφυλος）。
……这些不幸围绕着民众，许多穷人恰遭此厄运，流离失所于他乡
被卖作奴隶受尽凌辱殴打。
……于是共同的不幸（δημοσιον κακον）渗入了每个民众的家园

① 《古希腊诗选》（*Anthologia Lyr. Gr.*），蒂尔（Diehl）编辑，第一卷，27 以下，残篇 3，德文译者：H.法尔伯（H.Färber）。

② 这一行显然让人想起阿那克西曼德的话。

(οικαδ')——

宫廷的大门也无法将其阻挡在外面。

当他确信地自以为隐藏在房间深处时，

困苦越过最高的篱笆，搜索着每一个人。

雅典人啊，我的心(θυμος)驱使着我以此不幸来教导你们，

违法行为(δυσνομιη)只是在不断产生悲惨，

而法律之管教则把我们引向秩序与富裕(ευνομιη δ' ευκοσμα και αρτια παντ' αποφαινει)。

这一段令人惊异的描绘无须解说。智慧者告知其公民们，法治(Eunomia)带来和平与富裕，而违法(Dysnomia)则与各种不幸一同到来。诸神自在地对于城邦具有良好的意图，宙斯的女儿甚至庇护着她的城邦。但是公民意识(Bürgertum)丢失了。从贪婪中产生出争执与暴动，这是国家堕落的源头。上层人士以一种无法无天的态度来诱使民众就范，以至于抢劫与掠夺司空见惯。但是这位女神①，虽然对此沉默不语，却观察着一切，并在给定的时间追究责任。于是民众为其行为而忏悔，此间无人能够逃脱。即使家园这样的私人领域也无法抵御这项公开的抓捕。由于遗忘法律，公民们自己酿成了他们的弊端。吃一堑长一智的人最终认识到，秩序与富裕恰在自己的手中。他所敬重与保护的是他的法律与城邦。因为不幸出自公民错误的态度，他们自私自利的结果却是自身毁灭。

这里，在好像是神秘的法令中对神起誓的情况下，梭伦的文学技艺展现了出来。他的政治智慧在这里达到了顶点：将违法与法治的对立置入公民的天赋(Disposition)中。这一观点将梭伦与赫拉克利特区分了开来。后者没有明晰的法律术语去强调：我在利益之自我世界内的与世隔绝，与从属于城邦之共同性此二者彼此之间的外部印象。不幸的根源在与规范偏离的公民自身思想中被发现了，以至于灾祸、恶劣的安排、缺乏幸运等状况根本无法担此责任，与赫拉克利特相比，梭伦更清楚地使其同邦人意识到了这一点。从结构上看，秩序与叛乱(στασις)之图式已经可供使用，它通过个别或所领导的群体之反抗来谴责这一针对城邦统一性的内在威胁，也从服从法律等方面谴责那种对法律状态之有效

① 指正义女神。——译者注

性的驳斥①。

准确地说来，柏拉图理论的水准由此就达到了。它运用了一个支配性的统一之原则，所有国家之组织机构直至教育之形式都从属于这一原则。与其对立的原则之内容是叛乱，即内部的叛乱、对现存者的抗争、寻求某些方面的改变。政治哲学家必须竭力争取清除那些导致叛乱和对统一性进行内部驳斥的动机。这一点始于财产所有权之取消，始于妇女共同体与儿童共同体，始于一切学说、传说和诗歌之意识形态的驱除；通过转移灵魂对此的注意力，这些学说、传说和诗歌失去了统一之信条。基于政治上构成的统一原则，众灵魂走向了有序，这体现了一切对于国家的哲学上的义务感乃是国民教育的遁入点。与之唱对台戏的是智者们，他们在为了公民之灵魂的斗争中——说得更明白点：在为了大众与政治相关的态度与信念的斗争中——，运用了诡计与假相。他们传授相对主义，如普罗塔戈拉（Protagoras）所说的“人是万物的尺度这个命题”（Homo-mensura-Satz）。而且智者们预示着一种与僭主一样的权力，具有格外的、为所欲为的（ποιειν α δοκει）能力（δυναμις）。在全神贯注于教化的个人主义之际，智者之术（Sophistik）放弃了对城邦整体的首要职责。在这里，利己主义的功利计算在理论上发端了。近代的政治契约论后来就建立在这一功利计算之上。

---

① 关于梭伦，弗里德希·席勒（Friedrich Schiller）曾在他的历史文集中给出了如下的判断。《吕库古与梭伦的立法》（*Gesetzgebung des Lykurgus und Solon*），1790 年：“梭伦尊重人类的本性，不为了国家而牺牲个人，不为了手段而牺牲目的，而是使国家服务于人。就这一点来说，梭伦是出色的和卓越的。他的法律是一些松散的联系，公民之精神在这些联系中自由且容易地向各个方向运动，也没有感觉受到这些联系的控制；吕库古的法律是铁制的枷锁，果敢的勇气与它发生摩擦而受伤”。《历史文集与短篇小说集》（*Historische Schriften und Erzählungen*），第一卷，O.丹（O.Dann）编辑，美因河畔法兰克福，2000 年，第 506 页。

第二章　启蒙[①]与僭主制

关于智者们，我们所知道的东西不可避免地来源于柏拉图及其多方面、色彩鲜明的描述。在柏拉图的对话录中，读者们信服于理智运动的普遍特点，而智者之术就代表了这一运动。各个著名的人物，如普罗塔戈拉或高尔吉亚(Gorgias)，或是现身说法或是经由可信学生之口而发言。他们能够代表智者们的观点。很自然，这里到处充满着文学的虚构。但是没有人会期待一种持续重现的抽象的人物类型。

于是，尝试去获得关于智者们行为与学说的实际情况也许是正当的。在对他的老师苏格拉底受雅典社会判决的反应中，柏拉图给出了针对智者们的谴责，这就划定了我们所碰到的边界。对于雅典人来说，苏格拉底被视为高级智者(Obersophist)——而且，在喜剧作家阿里斯托芬(《云》)那里的讽刺画指明了这一看法。相反，对于柏拉图来说，在被智者们弄乱的公共领域中，苏格拉底是哲学伦常(philosophische Ethos)的唯一代表。通过与朴实的人们、未谙世事的少年们以及颇有影响的具有智者来历的伟大演说家一起寻求在逻各斯(Logos)上澄清事实，卓有成效地将其向前推进，苏格拉底不带隐秘私心地力图实现共同体的幸福。

因此，这幅图景从一开始就具有两面性。为了依据毫无疑问的事实，以历史的简单化而退回到这两面性的背后，这是毫无益处的。苏格拉底和智者们属于一类且同一类现象。因此，从概念上将哲学家们与智者们区分开来的做法就形成了一种完美的有意制造混乱的伎俩(Verwirrspiel)。为了澄清最困难的地方，

---

① 作者在这里所说的启蒙(Aufklärung)并不是指17、18世纪欧洲的启蒙运动，而是指古希腊智者学派对于古希腊政治传统的反叛。智者学派试图摧毁古希腊城邦共同体之统一的基础，借助个人主义和相对主义使公民之个体性得以显露。——译者注

即苏格拉底—柏拉图的辩证法与智者之术的逻各斯方法(Logosverfahren der Sophistik)的亲疏关系,柏拉图后期关于智者们的对话不是徒劳无获的:与较早对话中的你争我夺不同,后期对话并不提及对话主角及配角的名字,只说一个来自巴门尼德家乡埃利亚(Elea)的无名"异邦人"。

在自我命名时,智者们把一种**包罗万象的知识**归功于自己。他们是经受考验的一切领域的专家,雅典贵族的传统社会向普遍的民众教化和生命之不言而喻性的理论化进行变革时,这一传统社会要向智者们请教。在柏拉图那里不时出现关于报酬的玩笑。智者们把某些东西拉低到水准之下。因为在一个复杂形成、市场导向的社会中,带来利益的知识有它的价格,这只会使保守者们感到惊讶。

现在,由智者们所能带来的知识成就,在任何情况下都不涉及**专门范围**内稳固的专业认识。而苏格拉底喜欢援引为例子的鞋匠与建筑师则明显属于另一种类型。他们生产一些作为他们行为之客观结果的持存于世的东西。因为鞋子是什么表现在穿鞋中,而房子是否牢固由长久的居住得以证明。但与我们生活方式相联系的实施行为(Vollzüge)就不属于这个种类了。柏拉图那里大量关于医生的例子处在这个界限之上。没有客观的产物证明一名医生是否有点用处,因为"健康"不像鞋子或房子那样可在使用中得以验证。画家的例子也同样突出,他提供一个虚幻的世界之直观;对于这一直观来说,我们在任何地方都无法拟定一种质量测试。因此,柏拉图那里对例子之深思熟虑的选择自始至终造就了种种误解,而且该选择从来不应该简单进行字面上的理解。

智者们是生活方式的专家。他们适合于成为青年人的教育者和野心勃勃政治家公开登场的训练者。由此看来,智者们展现了一门最现代的行业。事实上,现今政治领域表明自身被塞满了社会工作者与广告顾问,形象修饰者与选举研究者,媒体从业者与驯服公众者。所有这些人既不做出最后的决定,也不使理想的谈话变得文雅。他们斡旋于应该且想要受到影响的公众,与所有那些总是试图有计划地在某个方向、以某种意图和期望影响公众的人之间。

作为生活问题的专业人士,智者从关系到每个人、每个人都感兴趣、每个人以其方式想要分有的东西等不明显的题材出发,通过头衔和级别(Diplom und Rängen)来制作一门学科。一个社会越不知道它为什么存在以及先于所有其他可能性想要达到的东西,个人就会越发感到不确定,他就越发在导向需求(orientierungsbedürftiger)方面希求内行的帮助。具有提高的反思要求,人们就可以把这个社会迷失方向的进程称为**启蒙**之过程。传统的确定性消失了,而理性应填补间隙。然而，在这里人们必须克制地使用那种关于从异己的强制中解放以及自主主体自我发现的着重的、田园般的语调。因为将智者之术与启蒙运动进行比较是一种年代错误。出于那些容易认识的理由，几十年来统治着关于德国启蒙运动讨论的语调，在比较中并不恰当。黑格尔曾诊断了对主体性之近代角色的预先推定，而柏拉图在他的《理想国》中未能给主体性指定任何位置。论战家波普（Popper）把柏拉图列入20世纪极权主义的祖先中，相应地，他唱起了智者的颂歌。智者们第一次将启蒙之光投向公众。相反，遗憾的是，柏拉图以他哲学—形而上学的痴心妄想在大约2400年中阻碍了进步①。

按照智者们的意向，启蒙应该充当**专政**（*Tyrannei*）的工具；这一点与我们通常习惯的关于启蒙之积极看法完全不符。作为近代之继承人，我们期待，启蒙与迷信的斗争挣脱枷锁，并带来那种康德所说的从咎由自取的不成熟中的解放。在依其名字所命名的对话中，普罗塔戈拉所提出的一种**政治科学**（πολιτικη τεχνη）的建议听起来是大有希望的。文化创制始于普罗米修斯（Prometheus）带给人们的火之力量。在关于文化创制的叙述范围中，表现出了一种文化发展早期的纯洁无邪和成熟期的重重险境之间的种种紧张。人类必定不为这些紧张承担责任，他们恰恰是唯利是图者（Profiteure）。与此不同，对于罪行的神秘惩罚在普罗米修斯身上得以实施：宙斯把这个促成文化的叛徒绑在了高加索山上，于是山雕就每日啄食着他的肝脏。

在发展的道路上有意为种种直接的生命需求准备好各种工具和技艺的人类，急需政治科学作为最重要和使其臻于圆满的训练。而他们恰具有了神像与祭坛，艺术的话语与声音，住宅，服装，鞋具，帐篷和食品。“创世的艺术”使生命得以延长；“政治的艺术”则告诫人类，因此他们能够不发起战争。因为担心我们人类而使其不致于灭亡，宙斯派遣“赫尔墨斯（Hermes），为人类带来羞耻心与正义（αιδως，δικη），因此这两者就是城邦的秩序与纽带，是[对城邦的]好感的中介者”②。

然而在柏拉图对话作品的其他地方，比如说在《理想国》第一卷以及尤其在《高尔吉亚篇》中，我们看到了这样一种关于政治事件的科学之背景动机的

---

① 关于整个相互关联请比较克里斯蒂安·迈尔：《古希腊政治之发现》（*Die Entdeckung des Politischen bei den Griechen*），美因河畔法兰克福，1995年第三版。

② 柏拉图：《普罗塔戈拉篇》，320d-322c。

逐步揭露。在争执的谈话进展中,智者式的强力人物在这里放弃了他们真实的意向;其意向的目标并不是普遍的幸福,而恰恰是以此普遍幸福的名义指向自身的好处。所谓强者之法律具有物质上的一面:谁在力量或可动员的支持上优于其敌手,他就享有优先性。而人们可以用权力或言说之魅力替换物质的力量。谁在每个争论的谈话情境中得胜,谁在一切参与者中保有最后决定权,谁是群众乐意甚至迫切希望跟随的人,他就甚至能够将病榻旁的医生比下去。他之所以在政治的权力斗争中更多地将关键性的大批人群拉向他一边,恰恰不是因为他实际的能力占据上风,而是因为他借助艺术性很高的演说术使众对手顺从。

需要一再强调的是,对这一结果而言,关键的是那种与约定相对的、相信法律并具有忠诚的表面印象。极端的、毫不伪装的利己主义并不能实现这一目标。因此,“政治科学”在智者的理解中并不是对一切人有意义的各种问题中的知识。在每个人都投以信任的普遍性之掩盖下,“政治科学”在公众中产生了重要性之无法看清的不对称性。因为每个人都设法实现自己的利益,所以**贪婪**(*Pleonexia*),即梭伦曾将公众的无序归罪于其上的那种占有更多的愿望(Mehrhabenwollen),越发成功地得以推动。

也许没错,柏拉图在这件事中过分夸张强调了。然而历史的局面不容怀疑;依此局面,智者们使那种好的城邦组织机构的绝对反面的形象,即僭主(Tyrannen)[①]发挥了作用。针对僭主制的直接辩护都被认为是不可靠的。因为在古希腊的观念中[②],在许多城邦国家中,实际上占有统治权并一再作为秩序之实在威胁而出现的僭主,相当于地地道道的政治任务的过错。僭主使国家成为自己的战利品。他将这个普遍者作为私人财产一样对待,且正因为如此,僭主就是一个“为所欲为”的人[③]。只要这一理想在社会技艺上得到保障,并且在与一种修辞学理性的关联中得到拥护,那么这样一种脱离一切法律与规章之约束的绝对的行动自由,就作为一种彻底富有魅力和现代的生活理想而显现。针对这一行动

---

① 从词源学上说,这个词也许出自古希腊东面的邻国。

② 对此可比较 A.霍伊斯(A.Heuß):《作为历史时代的希腊古风时期》(Die archaische Zeit Griechenlands als geschichtliche Epoche),刊于《古代与西方》(*Antike und Abendland*)第2卷,1946年,45以下,重印于F.克施尼策尔(F.Gschnitzer)编辑:《论希腊的国家学说》(*Zur griechischen Staatskunde*),达姆施塔特,1969年。

③ 柏拉图:《高尔吉亚篇》,466b–d,491e–92c。

自由，似乎没有人拥有令人信服的论证①。

作为实现僭主制的机会，启蒙的报价（Offerte von Aufklärung）具有歧义性，而现在为了使其达到纯粹性，柏拉图走上了什么样的道路呢？此间本质性的角色被指派给了**语言**。智者的作用之秘密在于精通演说术。这种精通被解释为异常的能力，能使实情在话语中出现。当演说家德摩斯梯尼（Demosthenes）一再警告雅典公民大会注意来自马其顿国王菲利普这个帝国主义的危险时，借助他的演讲——并不通过未作解释的事实或某种统计学的数字作业——必然实现的是，使城邦外的局势这样威胁性地显现出来，即这个位于希腊文明边缘的奋发向上的国王急于进军与占领。事实上菲利普的儿子亚历山大将有可能统治着整个当时已知的世界。谁不知道这一点——并且预先不存在任何可信的预兆——，他就可能对此局势作出完全不同的判断，并且会建议一种睦邻的关系。而谁在公开的争论中取得了胜利，他就使所有人或大多数人甚或有影响的主要人物的意见成为自己解释政治境况的帮凶（Komplizen）。语言使事态（Sachlage）在某种看法中显现——这里是在威胁的标志中——，而这种帮凶关系使得语言的这一可能性得以产生。我们总是在解释并在解释的基础上进行理解。如果每个人藉由演说这一技艺性很强的工具都能够将他的解释贯彻为普遍有效的解释的话，那么他单单凭此就赢得了政治观点竞争中的优势地位和对其他人的影响。

这一理由如下。我们的语言能够提供一幅世界之图景，并且关于这些内容的语言可以各不相同，从而发生所有人类的交往。语言的图景合规律地产生影响，各个事物处于像语言所反映的那样的**现实**（*Wirklichkeit*）中。只是在诸如讽刺、戏谑、祈祷、承诺、绝望之呼喊或上天之颂歌这些特殊情况中，我们立刻明白，不会有充足的现实图景得以出示，存在的却是其他交往的形式——其他的语言游戏，如果人们愿意这么说的话。可以确定的是，我们在原则上已为欺骗做好了

① 这里我要给出一点补充，它从相反的方向超出了由柏拉图对话录中过滤出来的解救办法。关于真正智者之术的文献记录现存得并不多，而一份保留在埃及干燥沙丘中的纸莎草抄本（Papyros）较为完整地再现了智者安提丰（Antiphon）的各项教义："正义存在于，不逾越国家的法律规章，人们在国家中乃是公民。如果一个人在旁人面前尊重法律，而在单独或没有旁人的情况下反过来珍视自然的命令，那么他就将是一个为了自己而在正义的使用中获得最大利益的人；因为法律之正义是任意的（τα των νομων επιθετα），相反，自然之正义则是必然的（τα της φυσεως αναγκαια）。……通过法律所确定的有益的东西（ξυμφερον）是，由自然所确定的自然之枷锁（δεσμα της φυσεως）是自由的（ελευθερα）"。在另外一处则写道："我们像蛮族那样互相打交道，因为我们所有人在一切关系中都同样由自然创造出来（ομοιως πεφυκαμεν），蛮族像希腊人一样"（第尔斯、克朗茨：《前苏格拉底残篇》，第二卷，346 以下，残篇 44）。

准备。因为我们频繁地经历到,那些实在的关系看起来不同于相应的语言使其显现的那个样子。

然而,如果我们先天(a priori)就不愿意相信任何话语,那么可能就会预设一个怀疑论的通用假说。在笛卡尔的隐喻中谈到了"邪恶的精灵",而一个语言学的"邪恶的精灵"(genius malignus)①却使我们中了魔。在最极端情况下,人们所从事的意识形态批判的各种观点存在着;而为了服务统治者、教士、资本家等人,这些观点在一切陈述的背后采用了系统的欺骗。由这些最终趋向禁止语言的怀疑论形式看来,我们的日常语用学(Alltagspragmatik)必须假设真理存在——按照唐纳德·戴维森(*Donald Davidson*),人们把这称为"宽容原则"(principle of charity)②。如果人们由听从关于钟表时间、午餐价格或轻轨方向等问题的正确内容出发,那么这个原则在正常情况下以及在绝大部分交往交换的范围中是合乎道理的,也是实践活动所需要的。即使在关于柏拉图或拿破仑的历史调查中,在对像东京或纽约这类遥远的地方——在这些地方,亲眼目睹并无用武之地——进行了解时,我们也会在可能与可期待的事物之尺度内游刃有余。谁最终愿意知道,亚里士多德的实体学说或爱因斯坦的相对论意味着什么,他就应该如在给予答复者那里一样,在收听者这里假定一种恰当的预备性知识。总的说来,好奇者必须适应胡说八道和荒唐疯狂,一旦这一点满足了,准确的教导更有可能得以给予。简单地说,虽然所有过程都涉及解释,但是交往范围内的真理不用提交一种空洞无物的语言理论即可安心达成。

智者凭借这些粗略叙述但全无遗漏的前提采取行动。若根本不存在这些奠基于交往之上的**真理信仰**(*Wahrheitsglauben*),那么演说术及一切赢得并决定异己者信服的心血就径直地化为乌有了。在他"逻各斯的"努力中,柏拉图开始分析这个主要问题。柏拉图的作为"逻各斯之方法"的辩证法必须识别出智者的差错,即对主体间语言使用的真正澄清能力的滥用,而不陷入"对逻各斯的厌恶"(Misologie)③中,即完全拒绝语言及其交往潜能。恰如演说家演讲魔术一般,传授真理的机会必须在这期间由一种基础出发得以说明。

---

① "邪恶的精灵"(genius malignus)是笛卡尔在《第一哲学沉思录》中提出的一个假设。在《第一哲学沉思录》第一个沉思末尾,笛卡尔为了达到彻底怀疑论的目的,提出存在着一个邪恶的精灵,它将不真实的观念放入我们的心灵中。——译者注

② 为了解决信念与意义的相互依赖性这个问题,戴维森引入了"宽容原则"。他通常在以下三种意义上使用这种原则:(1)假定说话者与解释者对于他们共同环境的本质具有相同的认识;(2)假定说话者(在大多数情况下)具有真信念;(3)假定说话者是理性的。——译者注

③ 《斐多篇》,89d。

情况只能是，在逻各斯中出现的世界观在它那一方面被迫做出一种自身证明。逻各斯之证明先于逻各斯而存在。苏格拉底的对话与智者的戏法不同。它凭借语词、通过给出理由（λογον διδοναι）而克服了一种考验，它在同一种交往媒介即逻各斯中做出了内在的分别。就一些主张给出理由，这意味着在援引明证的原理的情况下或至少在更高等级的共同分有的观点上对待批判性的询问。就一些有争议的主张提出理由的意思是，能够在一个逻各斯的等级制度中向上向下运动，于是就提供了就所讨论的情况来说具有决定性意义的逻各斯，或者更准确地说，由普遍的假设下降到各种具体的境况。这个众所周知的线段比喻①连同另外两个关于太阳和洞穴的比喻组成了柏拉图《理想国》的中心；通过为将个别上升到普遍或把普遍性展现在具体中这种双重才能（Doppelbefähigung）提供直观说明，线段比喻准确表征了辩证法者的方法。

另一个对有别于智者方法的辩证法家天赋的指明，以假说—结构（Hypothesis-Struktur）存在于《斐多篇》中②。在关于明智的说服力程度的争论中，把最可靠和最深刻的逻各斯“假定”为出发点这一做法是合适的。就这一假设来说，那些不愿意被演说家技巧之巨浪席卷而过的人们必须在语词交换之结果中确保自己不为所动。由这一假说推导出前后一致的逻辑结果，或者即使可能有其他逻各斯出现并引起混乱也坚持一种逻各斯，这些话的意思是说，选择逻辑结果构成之“最可靠的”道路，并以这种方式牢牢停留在波涛汹涌的意见争论中。依照这些立场的说明，辩证法意味着不会在互相谈话中摇摆不定，只要一种逻各斯能够从另一方前后一致地发展出来。未曾被考虑的意见交换的偶然性以及由此产生的陷入各种矛盾的危险，可通过各种“协调的”表达在方法上的严厉（συμφωνειν）而得到遏制。在这条逻各斯的道路上，在对话中出现的各种表达互相符合，而不必求助于经验事实的提出。此外，在对这个模式进行扩展的情况下，亚里士多德表达了他在《工具论》（*Organon*）中拟定的三段论（Syllogistik）。

人们既不应该通过道德的呼吁，也不应该通过臆想的思想观念之纯化，而只应该在逻各斯的基础之上对付智者的行家能手们。也就是说双方被指定在逻各斯中作为谈话伙伴。使哲学家最终具备资格的并不是高远的幻想，而唯独只是他方法上的准备。容许智者假相作为逻各斯的一种可能性，是为了在切身的区域中以恰恰同样的逻各斯的手段对付它，而这一逻各斯的手段导致的是澄清而

---

① 《理想国》，509c 以下。

② 《斐多篇》，100d 以下；101d。

不是假相。——就是这条道路！一个“理想主义的”方案，它寄希望于道德之优先性，寄希望于高级知识之垄断权或有教养读者之先行的同情；在关于作为逻各斯之主体间作用方式的真理与欺骗的争论中，这一“理想主义的”方案根本无济于事。那些提出理念论来反对逻各斯分析的柏拉图解释——并且这些解释至今仍不在少数——，从系统上说要低于柏拉图与智者们争辩的水平。然而，随着一种政治科学的设想而必然出现的并不只有逻各斯分析，而且还有一种实质性的回答。柏拉图的国家方案做到了这一点。

第三章　在各司其职的地方必须聘用哲学王

1.

柏拉图在他的哲学中以书面形式表达了老师苏格拉底的口头学说，而苏格拉底一生都在实践的这种对话方式，在文学的光辉性和论证的敏锐性等方面受到了模仿。柏拉图的对话录表现了[苏格拉底]与那些杰出智者们——就是那些似乎为了在整个希腊世界的“国际”层面上教授有用知识，而从一个城邦到另一个城邦漫游的演说能手——的教导和争论的谈话。在同时代人的感觉中，苏格拉底显然属于这个毫无争议的**启蒙者**的团体，他们在进步的人们那里唤起尊崇感而在传统主义者那里引起怀疑。历史上的苏格拉底归属于他在《柏拉图对话录》中的那些不具备资格的对手所属的派别，这一情况和那只毒杯(Giftbecher)①一起证实了那场[对苏格拉底的]审判。雅典社会以这场审判示范性地回应了[民众的]激愤。

行家们激烈的口舌之战并没有应对讽刺者的反问。总的来说，在包括这些若干世纪之后直到我们为止的读者在内的公众面前，这些口舌之战展开了关于智者文化运动之**内容与方法**的争辩。人们能够把生命的发问，也就是个体及其“灵魂”定向中最重要的发问，与整体的政治决断一道合起来构成一项**技艺**(*Techne*)的事务吗？**技艺**(*Techniken*)指的是援引使用一门知识之形式，这门知识在手工业的专门范围内被证明是多种多样的。但是，存在着那些针对普遍者的专家吗？他们能够以其对学科专业的精通来使每个个别的候选者及所有候选者相辅相成地导向善，成功与幸福，优越与荣誉吗？

生活指南的内容规定与方法的配备相互关联。于是第二个争论点涉及智者

① 这里指的是苏格拉底在狱中饮鸩而死的事实。——译者注

特别权限的有效证据。一个手工业者以内行的,或者说可教授的、可学习的和可验证的方式谋求他事实上有限的生意。智者占有**逻各斯**作为他卓越演说术之场所。而如今逻各斯同时是每个人可直接理解的媒介。这里并未闯入一种可能将科学方法与日常周遭之常识划分开来的专业化。

由此可知,如果愿意接受与智者们的斗争的话,哲学家可以且必须凭借同样的逻各斯转向所有人;甚至连单纯而未受教育的人(如《美诺篇》中的奴隶),也要像那些被视为统治阶级的人(其中有《理想国》第一卷中的克法洛斯)和处在走向自主之开端的有教育能力的年轻人那样受到对待。这个逻各斯恰恰被智者之术的法则当作其所有物(Proprium)而使用。

内容的问题和方法的标明在苏格拉底—柏拉图的信念中是接近的,生活及理解生活的媒介不能作为社会技艺的范围被孤立起来。生活在行动中实现,行动谋求确定的目标,而设定目标意味着:相对其他那些同样能够实现的不怎么好或完全糟糕的可能性,挑选出对于行动者来说主观认为的善。在一种贯通的生活方式中,连续的行动由具体的和变换的目标设定负责;而对于这种生活方式来说,具有关键意义的是个人(Person)(人们可以这样来表达这个灵魂的术语,而不用同样滑入法学的航道中)。个体必须占有或获得一种**善之知识**(*Wissen des Guten*),没有专业人士能从个体那里夺走这一知识,也正因此,这一知识绝对不会被委托给智者式的专家。

因此,苏格拉底合乎规律地把"改善灵魂"(Seelenbesserung)作为他对话的真正意向而进行说明,但从表面上看,他的对话处理了一些妥善划定的主题。改善灵魂以谈话的方式在携带着**意见**(Doxa),即携带着对事物的先行理解的对话伙伴那里达成了一种自身澄明(Selbsterhellung);他们被动摇了,并且接着建立起对有疑问事务的清晰理解。由于在关于自身和世界两方面获得教导,他能够在对话交流之后被再次释放到他习惯的实践中去。

基于这种局面,交流的媒介——逻各斯——自在地必须做到:1)既被智者们作为自己的学科进行占领,2)又被哲学家以可靠的方式列入关于演说术垄断权的对策之中;这一方面3)是为了抵制智者们,另一方面4)是为了给未曾被经历到的词语用法提供指点并传播基本的明晰性,以至于5)在逻各斯中能够达到所有这些复杂关系之主题化的原初层面。没有逻各斯——带着闪耀的光芒作为普罗米修斯的神之礼物而被投下①——互相理解根本不可能。但是在逻各斯中

① 正如斐利布斯半神秘、半讽刺地说明的那样(《斐利布斯篇》,16c,比较14c以下)。

同样存在着根本性的欺骗的潜能。它允许对一无所知者之教导，对自我意识之驳斥，对高傲自大之节制，但恰恰也允许对欠考虑者之蛊惑，对有较好知识者之征服，意见争论中的多数票胜出，对大众之操纵以及最后对于凭借逻各斯进行理智工作的可能性和界限之自身批判与内在反思。

如果从内容出发来看，**生活形式**之广度与重要性使表面上的专业人士相形见绌，那么在方法方面，**逻各斯**之灵活性与广博性则允许总体思想工作的整合。在这一整合中，普通人、专业学者和哲学家以各自的方式活动了起来。如此看来，对柏拉图的解说从一开始就不需要那种尚无定论的**柏拉图主义**(*Platonismus*)的假定也能成立。最通晓柏拉图哲学的行家，即亚里士多德，作为误解而得到最透彻分析的东西，是通过可疑的理念论而肇始于世界双重化的形而上学的累赘。相应的**意见**(*Doxa*)与**知识**(*Episteme*)、假相与真理等二元论也许妨碍了我们去提出配备统一原理之设想(Vision des Einheitsprinzips)这门重型火炮的柏拉图，来对抗智者们演说术的那种轻量级水平。逻各斯义不容辞地构成了共同的战场。在柏拉图对话录的背景中得到接受的**未成文学说**(*Die ungeschriebenen Lehren*)根本无须费心，这尤其是因为，除去所有那些研究——从克莱默(Krämer)①到斯勒扎克(Szlezak)②——之重构的细致周到不谈，借助于微薄的间接的流传文献，我们仍然知道得很少。

2.

相对于智者们的社会技艺而言，柏拉图哲学的独特成就明显在于**国家之方案**(*Entwurf eines Staates*)中。把这一方案称作**理想国**(*Idealstaat*)或一个**乌托邦**(*Utopie*)是常见的言谈方式，但这是行不通的，因为《理想国》(*Politeia*)③在具体到最小的教育的和组织的细节方面都给出极其丰富的论证。就实践的转换这一问题我们还有话要说，但一个进行抽象的哲学大脑之幻想的产物并不存在。黑格尔④已经正确地强调，在柏拉图的“国家篇”中，希腊伦理生活之实体(die Sub-

① H.J.克莱默(H.J.Krämer)的杰出学位论文仍具有奠基性的意义：《柏拉图和亚里士多德那里的德性》(Areté bei Platon und Aristoteles)，《海德堡科学院专著集》(*Abhandlungen der Heidelberger Akademie der Wissenschaften*)，1959年。

② 例如：《读柏拉图》(*Platon lesen*)，斯图加特，1993年。

③ 当politeia指的是柏拉图对话录的名称时，我依然翻译为《理想国》；当politeia指的是柏拉图的那项国家方案时，我将翻译为政制。——译者注

④ 《法哲学原理》，前言(XIX)，1821年。

stanz der griechischen Sittlichkeit)得到了表达。并且这一乌托邦所关系到的东西,人们似乎应该牢记在心:在它这一方面,这个乌托邦就是一幅出自近代社会技艺之精神的明晰的设想。在他那部为这种文学类型赋予名称的著作《乌托邦》(*Utopia*)(1517年)中,托马斯·莫尔(Thomas Morus)说明了,他的乌托邦已经远远超过了柏拉图的"发明"①。按其本性,完美性上的比较业已在技艺上得到了领会,因为我们只能改进我们已经制成的东西。

相反,柏拉图式的国家方案准备好了一幅制度的巩固、可持续的秩序和深刻把握的现状批判的湿壁画(Freskogemälde),它坐落在关于行动的本质分析这一存在论基础之上。事情之本性在这篇《理想国》(*Politeia*)中找到了适合的描绘,并且人类设计者们的创造才能也没有得意扬扬。柏拉图全集中最包罗万象的这篇对话以一场关于正义的争论谈话开始;这场争论谈话首先在年轻人们和一个令人尊敬的老者克法洛斯(Kephalos)之间常规的意见交换语境中进行。稍后有影响的色拉叙马霍斯(Thrasymachos)②的智者策略导致了在正义的外在表面之下去寻求自身利益,并因此通过欺骗而利用伙伴。这一声明首先在言语冲突的来往之后得到实现。它作为一个受启蒙者对僭主制野心的承认而在这篇对话的发展线索中起到作用;这一野心从其他对话,尤其是《高尔吉亚篇》③看来是可信的。

这一情况的前提是法律上安排的各种关系,因为只有那样,利己主义才能在所谓的合法性的伪装下大行其道。有计划的欺骗只有在法律业已存在的地方才产生作用。正是该项前提表明了智者论证的薄弱之处,因为它陷入了在相反的实践中口头上承认遵守法律这一永恒的矛盾之中。但是谁占有着这个前提呢?在这个地方,这篇对话的思路基本上从合法行为与非法行为何者对个体更有利这个争论的问题,转向了一般**合法性之可能性的探究**(*Ergründung der Möglichkeiten von Leglität*)。由此,智者们悄悄炮制的这个前提自身上升为了主题。现在提出的问题是,正义的地位究竟应该意味着什么。关注的目光从已有法律范围内活动者之主观态度游移到了客观条件之上。

在这一目光转变的兴趣中,进行对话的奇妙一着运用了这个大小字母的例子④。

---

① 托马斯·莫尔,刊于《乌托邦国家》(*Der utopische Staat*),克劳斯·海因里希(Klaus Heinrich)编辑,莱茵贝克,1960年,第43页。

② 《理想国》,第一卷,338c以下;343b-344c。

③ 《高尔吉亚篇》,466b以下。

④ 《理想国》,第二卷,368c以下。这一部分很少得到处理,除了以下这部著作:沃尔夫冈·凯尔斯廷(Wolfgang Kersting),《柏拉图的〈理想国〉》(*Platons 〈Staat〉*),达姆施塔特,1999年,第76页以下。

只要商谈者仍“活着”,他就必须赶来帮助(βοηθειν)正义的事情。“帮助”这个提示语分有了逻各斯,柏拉图秘传教义的拥护者们把它视作一种存在于对话发生“背后的”、在此不可表达的知情者们的智慧①。目前的这个地方清楚表明了,在一篇柏拉图对话错综复杂的进程中,我们应该更加经常地观察别处的某些东西②。在言谈本身的推进之中,至今显现为薄弱的或四面楚歌的(umkämpft)立场不需要一种对于未说者或不可说者的偿还请求就可得以成功。

选择[大小字母]这个例子的目的是,将从远处很难辨认的小字母与相同情况下清晰可识的较大字母进行对比。此间的跃迁点是一个“发现”(ερμαιον[希腊文:意外之财])③,它在卓有成效的例子改写中具有价值。如果为人熟悉者与不熟悉者之间的结构类比得到发现与阐释,这些例子就是准确的。这里的意思是说:我们并不去研究像一种德性如何主观确立那种与**个体**相关的正义,而是要在一个城邦之**整体**上证明正义。在城邦的范围内,正义应该被认为是各种客观关系的构成性条件。由此,柏拉图在对话过程中完成了对政治个人主义视角的克服。这并不涉及在现成法律秩序内个别活动者的利与弊。这涉及了法律秩序自身之建构。

在我们至今所了解的历史背景面前,这是理论中的一次革命性的进程,也是一项异常艰巨的任务④。古风时期经历了由诸神支持的法律观点。于是,宙斯和法律作为秩序的典范比邻而立。与此相对,秩序的断裂、政治抗议、叛乱和内战都是人为的作品,并且它们都归结于一场明白论证的判决。如果谁不顾祖先如此生活的传统的认证(Traditionsbeglaubigung),出于自身的故意并且由于贪婪——即一种拥有更多影响与财产的愿望——,而毁坏了这些完好配置的关联整体,那么他就使自己成为公开的敌人;而在这些完好配置的关联整体中,他与其同类者们成长起来,所有人都在其中相互交易。

智者在**自然法**(φυσις)和**实证法**(νομος)之间作出的区分,把前者视为持久的,而把后者视为可变的。随同这种可变性,相对化与改变的冲动就会登场。安提丰在法律观点中拟定了原则性的对立,依照单方面的获利计算,他尤其清楚地

---

① 比如托马斯·斯勒扎克:《柏拉图与哲学之书面性》(*Platon und die Schriftlichkeit der Philosophie*),柏林,1985年。

② 比较:《理想国》,331d,362d;《高尔吉亚篇》,461c/d,508c;《斐多篇》,88e;《智者篇》,251a。

③ 《理想国》,368d6;这个词在词源学上可回溯至神之使者赫尔墨斯。

④ 原文是Herkulesaufgabe,直译是赫拉克勒斯的任务。赫拉克勒斯是古希腊神话中的大力神,宙斯的儿子。曾经完成了十二项都十分困难的英勇事迹。后来一般用Herkulesaufgabe或Herkulesarbeit来比喻那些非常困难的事情。——译者注

打开了通往个人利用当时存在的各种关系的大门。柏拉图的对话《普罗塔戈拉篇》使人们认识到智者关于社会起源推理的轨迹。从覆盖着神圣的城邦秩序的解放自身就提出了问题:所有这些东西都从何而来。人们所接受的开端的“自然状态”必须继续得到文明化。背弃上天的普罗米修斯此间提供了神话上的保护。我们在先前的章节中已对此有过论述。

柏拉图所着手进行的国家方案将这些思考作为其后盾,并且自告奋勇地通过人类学化的过程(Anthropologisierung),为政治的相互关联重新建立起降低了等级的宇宙秩序(Kosmos-Ordnung)。出自《理想国》第二卷中的字母比喻应该这样来理解:无法辨认的字母不产生文本,而大字母里毫无疑问的阅读内容破译了文本之意涵。这意味着,正如我们未能在国家之语境中定位(verorten)那毫无争议的正义,我们在黑暗中如此长久地摸索探寻着,政治的理解涉及了什么东西。

恰恰紧随着比喻中的转折点而出现的是对于国家之本质的指南性陈述[①]。因为**没有个人能够自给自足地**(*autark*)生存,所以城邦出现了。每个人都非常需要其他人。选择自给自足(Autarkie),即自身满足(Selbstgenügsamkeit)这个概念引进了一个政治范畴,它在亚里士多德那里归入确切的城邦定义之中[②]。只有自成一体的行动共同体(Handlungsgemeinschaft)自身才是自给自足的[③],而“需求性”与缺乏并不指向物,而是指向**共同行动者**(*Mithandelnde*)。在这种使用(Χρεια)[④]之上促成、形成了一种交换;在这种交换中,许多人相互交易。此间,某人在此时为另一个人提供在彼时处境中缺失的东西。这一点基于以下这个“意见”而发生:交换造成彼此间“更好的”结果。没有价值设定,感兴趣者之间的交换流通就不会发生作用。凭借这一社会立场,近代所有唯物主义的需求人类学(Bedürfnisanthropologien)都被排除在外了。

多亏这个极其简略的预先考虑,如今城邦的起源“从一开始”就被重构“在逻各斯中”。食物、住宅、衣服是基本的需求,在与礼服有差别的鞋制品中已开始有区分。四个或五个人组成“最凑合的”城邦[⑤]。因为我们天生在禀赋上就有

---

① 在下文中我采取了一种早先业已阐明过的解释:吕迪格尔·布伯纳:《何种理性有益于社会?》(*Welche Rationalität bekommt der Gesellschaft?*),美因河畔法兰克福,1996年,第18页以下。

② 比较亚里士多德:《政治学》,1252b29。

③ 对于政治范畴的构成来说,第尔斯所考证过的德谟克里特(Demokrit)和智者希庇阿斯(Hippias)的例证似乎并不是特殊的。

④ 《理想国》,369c10。词源学上与“手”有关系。

⑤ 《理想国》,369d以下。

差异，所以**每个人只做他最适合做的事**。散播开来的**多样活动论**（*Vieltätigkeit*）硬是要求每个人具有各种技艺，这对于整体来说似乎并没有什么必要。通过任务的多样我们可以观察劳动分工。而自亚当·斯密（Adam Smith）开始的经济学中，以提升效率为目标而得到赞扬的这个抽象并不被视为至上之道（Königsweg）；再次，就制作一个如大头针这样简单的产品来说，各种工序得到了联合。

斯密想就平常的手工制造业来指出，简化带来了**加速**（*Beschleunigung*），而且借助于这一工作流程的抽象，**每个人**都能够实现**一切**功能①。"一个人拉铁丝，另一个人把它弄直，第三个人把它剪断，第四个人把它弄尖，第五个人把它磨光，为的是能够装上针头；对于这个针头来说，两道或三道不同的操作是必要的；装配针头是一项特殊的任务，而粉刷针体又是一项；甚至其中还存在一项独特的事务：将针包裹在纸中；于是以这种方式，一枚针的重要生产过程差不多被分成了十八道不同的工作步骤"。每个人不用烦劳便可完成如此简单的值勤工作。这与柏拉图完全不同。柏拉图不会想到这种有利于复杂生产进程中提升效率的策略性抽象。毋宁说，每个行家恰恰对于他这类的事情共同负有责任②。

"我想这一点是很清楚的，即：如果一个人失去了一件工作的恰当时机（τινος εργου καιρος），他就会前功尽弃。因为需要去做的事情（πραττειν）并不是经常在行动者空闲时（σχολη）做的。而是行动者逼不得已必须照做的任务，而且不只是随随便便做的。这样的话，如果每个人在正确的时候做适合他的工作，放弃其他的工作，那么每件作品都会完成得又多又好又容易"③④。这里的建议是说，但愿每个人只做一件事情，恰恰这件事情是他由本性可以胜任的，因

① 亚当·斯密：《国富论》，第一卷第一章（1776 年），伦敦版 1960 年，第 5 页。

② 黑格尔先行说出了后来对斯密以及针这个例子的批判："但在这个领域（劳动分工）中，现有的是许多现成的损失。工人变得更依赖、更麻木。一切变化令人反感，成为变化之重复，随之而来的就是麻木性。人也变得愈加依赖。在某些情况中他可以相信，他可与往常一样勤奋。生产变得如此简单，具体的精神不需要了，人可以把他的工作托付给机器"［《法哲学讲演录》（*Vorlesungen über die Philosophie des Rechts*），柏林，1819—1820，林基尔（Ringier）作后记，昂格恩（Angehrn）、伯恩德利（Bondeli）、塞尔曼（Seelmann）编辑，汉堡，2000 年，第 19 页］。［约翰·鲁道夫·林基尔（Johann Rudolf Ringier，1797-1879），瑞士政治家、法官。曾在柏林大学听过黑格尔的法哲学讲课。波鸿大学黑格尔档案馆编辑的《黑格尔讲座全集》第十四卷用了林基尔写的后记。——译者注］

③ 《理想国》，370b7-c5。

④ 这里作者直接摘录了苏格拉底的三段论述而略去了对话者阿德曼托斯的两句简单的回复。《理想国》的译文从德文翻译过来，与通行的中文译本略有出入。比较《理想国》，郭斌和、张竹明译，北京：商务印书馆，1986 年，第 59—60 页。——译者注

此也是在社会语境中最为适合的。因为天赋的分配是不平等的,即使基于自然情况的社会化也无法改变什么。没有人主管一切,社会也不能将各种权限赋予某一个人,而他实际上本来也并不占有这些权限。

这种自然配置(Naturausstattung)带来了两个重要的方面。工作都具有特殊的**特征**(*Charakter*),它并不能通过组织方面的抽象而得以磨掉或拉平。而正确的**时机**(Zeitpunkt)从属于工作的特点,此间,在那种钟表上可读出的每个瞬间相对其他瞬间的同等有效性并不能成立。建筑工人、玻璃吹制工人、铸钟工人、医生、教师——在他们的业务中,他们都知道什么时候是要把握的正确瞬间,同样他们也知道,什么时候这一正确瞬间又匆匆流逝了。谁不按照事情中严肃的责任感,而是按照任意可支配的时间消耗来决定劳动安排,或者谁任由兴致和情绪控制,他就错失了自己的目标。这并不是说:如果这个目标合我的意,如果这个目标允许复杂的劳动组织,如果准备好了未利用的生产能力或为此而唤起了生产运行情况的独立过程,所涉及的事情就必然会得到完成。这些事情自身需要它的时间,这些时间各不相同,而且要求人们立刻注意在合适条件下完成。

在二手文献中,人们把柏拉图的社会原理,"每个人必须各司其职(jeder das Seinige tun müsse)"称作**追求个人利益**(*Idiopragie*)。这个生造的单词暗示着对于每件行为之独特性的必要重视,并把行为者与行为联系了起来。此外,每个人必须各司其职并不应该与经典的分配表述"每个人得到其应有的一份(Suum cuique)"混淆起来。按照后者的表述,一个国家的或法庭的权威给每个人指派了一定量的合法地属于他的可支配物。在追求个人利益时,我们无法预设处于分配过程之顶端的权威。因为**哲人王**(*Philosophenkönig*)承担着一项较为棘手的功能。

我们的活动并不产生于自身规定的主体之审慎的**意志**的一切对象之中。不用事先问及其意见与倾向,个体在集体行为之相互关联中,鉴于由自然所赋予他的才能而得到分类。先于一切行动发端的主体性概念(Subjektivitätsbegriff),对于古代的世界观来说是完全无法接受的,而近代却由这个概念在理论与实践方面有所创建,并且近代的道德与法律也从这个概念起飞。并非首先有一个主体,它本质上具有一自由意志,这个意志出于理性根据或被动激情的外部决定而投入或此或彼的客观局势中,以至于世界的形态最终从意志规定中产生。

对于柏拉图来说,首先有的是**自然**(*Physis*),它长久以来在各个活动者的天赋、特征特性和生产能力中得到确认。此间柏拉图还谈到"灵魂"。我们恰恰能够培养个人的自然配置。这就意味着与自然对立而发生——并由此沉湎于傲慢之中——,如果我们愿意出于[政治]平等的愿望彻底否认类似的差异,或者通过弥补性的努力将这些不同的既成事实拉平的话。此外,每一项**任务**,每一件需要完成的业务,每一个具体的成就自身中都携带着一个基于事情的印记(Signatur),它同样并非不会因差错或误解的危险而遭到忽视。如果一个作为作品(Ergon)的确定的成就完好地携有可以领会的特点,而且这些特点必然在其实现过程中传导开来,那么它恰恰就在时间进程中表现出来。时间并不意味着一直相同的时间点或统一体之始终相同的结果。这已经包含了一种物理的抽象结论,它并不是位于开端处的。

时间源始性地提供了我们要做某事之幸运的或不适合的行为契机。它迁就我们的计划或者对其置之不理。缺乏这一点的认识或使我们的行动瘫痪。作为被指派停留于各情境中的活动者,我们必须既在我们规划的角度提供情境的解释,也在合适的机遇消失之前坚决地抓住它。实践领悟(Praxisverständnis)的这些决定因素先于主体—客体—两分(Subjekt-Objekt-Trennung)和时空的实物化(Verdinglichung)而处于支配地位,它们给今天的读者带来了明显的困难。这些困难是富有教益的,并且我们不应以某种“现代化”的名义将它们赶走。

斯密及其后学那里劳动分工之意图的目的在于,事实上将工作与活动者之间的联系解开。这些工作任务的极少部分得到了准备,因此为了实施一系列原始手工操作并不需要预先教育或者特殊的资格。活动者对于进一步得到拆分的可交换物的生产过程有所贡献,并且他本身也是可交换的。因为他的成就的专门性被人为地去除了。由于从外部干涉的劳动分工之总体策略,工作就由最细小的要素组成,而这些要素缺乏内在的事情关涉(Sachbezug)。在工业化的复合体中,一切大规模投入的生产过程的理性化主宰了实践的情况。

3.

与此相对,得到正确安排的城邦是这样的:在这里**每个人都各司其职**。通过设法使每个人事实上能完成他自己的事情,事务之多样性(πολυπραγμοσυνη),主管权限之模糊不清,涉入其他活动领域,以及由之而来多方面、任意可替换的能力之相联系的假象得到了清除[①]。由于从其成就之专门性的方面考虑活动

① 《理想国》的主导主题总是重复出现:397e,420e,423d,433e 以下,441d,443d,462c,557c,558e(所列之处并不完整)。

者，故我们在正义的问题上需要研究有差异者向这种联合在内容上的恰当安排以及不完全相同者之间的合作。

在对于组织计划敏锐的现代人听来，这一看法似应不陌生：每个人属于他的位置，而训练或教育服务于这个目的，使每个人在集中、复杂的行动整体结构中找到他自己合适的位置。伪装的才能和通过演说术将某人完美化地自我展示为根本不是他的另一个人，这一所谓的假相也属于官僚制和企业经济学中这类组织工作的宝贵经验。

但若正义应遵循其完整的意义，那这就并不涉及一个受保护的部门内的产量提升，并不涉及在利润最大化的利害关系中避免摩擦损失，也不涉及面对上百万民众的主管当局的行政理性（Verwaltungsrationalität）。如果一种个体化的德性分析已经以正当的理由从观察中剪裁出的话，那就恰恰涉及了政治的中心范畴。因此这也就涉及了在政治基础上清除一种**系统功能性的误解**。围绕这一点的现代争论，使从帕森斯到卢曼的各社会学学派直面一种实质上投票赞成为自由辩护的“批判理论”，正如20世纪中叶从霍克海默到哈贝马斯的新马克思主义习惯所贴的标签那样①；而在从帕森斯到卢曼的各社会学学派那里，政治在形式上被视为组织问题域中的一个变量。

如果仅有一个主体概念的独有特征得以保存，且从霍布斯经过卢梭直到康德，这个概念受到意志自由之能力的吸引，那么我们在这期间就可以忽略这些同时代人的立场。通过多方面经验刺激的形态的外部规定，意志自由是可以规定的，正如它也能听从自身的理性指导一样，而这一理性指导则从道德上和法律上约束了主体。柏拉图的国家方案向近代的自由理解所提出的最重大的挑战明显在于，后者**系统性地无视了**（*systematischen Nichtberücksichtigung*）在政治上从一切实践义务中解放出来的主体。因每人各司其职，他就业已处于一个较大的总体关联（Gesamtzusammenhang）之中；这一总体关联以正义的名义保证了政治的秩序。此间并不需要个人——作为有判断力的、值得请教的和在可能表达意见时应当受到尊重的个体——成为最终的裁决者。

在“其职”（Seinigen）之外，或在其专门性中的实践成就（Praxisleistungen）的

---

① 比较哈贝马斯与卢曼公开出版的一些论战［《社会理论还是社会技艺》（*Theorie der Gesellschaft oder Sozialtechnologie*），美因河畔法兰克福，1971年］，这些论战构成了这两个作者日后伟大作品之核心：哈贝马斯：《交往行动理论》（*Theorie des kommunikativen Handelns*），两卷本，美因河畔法兰克福，1981年；卢曼的卷册系列：从《社会之法律》（*Recht der Gesellschaft*，美因河畔法兰克福，1993年）等作品一直到：《社会之政治》（*Politik der Gesellschaft*，美因河畔法兰克福，2000年）。

总体分配前，个别的声部（Einzelstimme）实际上并没有得到表达；而在所有声部（Einzelstimmen）之协奏曲中，个别的声部坚持权利平等。严格看来，人们经常持有的一种理想交流的假定——即所谓人人都承认彼此相同，许诺相同的信息、相同的发言时间、相同的表达要求以及类似的事情——对于弄清**公意这种不寻常的语言活动**（*extraordinäre Sprachspiel der Ermittlung einer volonté générale*）来说，是一项语言学上的准备工作。如今为人所知的原子化的个人概念具有先于国家归属的自主角色，但这个概念对于古代来说是行不通的。另外，在从奥古斯丁（Augustinus）经过伊拉斯谟（Erasmus）到莱布尼茨（Leibniz）的神义论（Theodizee）的讨论中，意志自由是上帝的创造全能之衍生物。首先在基督教信仰态度世俗化的轨迹中，我们指望的是，由上帝按照“他的图景”所创造、所爱护、所选择、所倾听以及最终所拯救的主体，成为这样一个完全处于其政治立场之外的主体。

卢梭在严格唯意志论（volutaristisch）的意义上领会公意（volonté générale），并且他并不愿意将公意托付给一种类似和谐一致的议会讨论。在理想状况中，我们并不策划各声部的合唱，这些声部相互之间本质上应该说着同样的东西，也就是说，个别人主张权利所针对的，恰恰是所有其他人主张的权利所针对的那种承认（Anerkennung）。在经验性的意见研究中，统计学和民意测验中关于主体际性（Intersubjektivität）基本模式的推导处于任何观察之外。如果我们并没有获悉关于平等主义基础上的民主制的引导，那么对柏拉图的阅读可给予我们什么样的教导呢？

首先它会教导我们，有关政治哲学的基本兴趣并不对准**民主制**（*Demokratie*），一种出自昏暗不明开端的历史进展也不给平等主义基础上的民主制以特权。这里有的只是一种历史上规定的、由过去这个世纪极权主义恐怖可说明的偏见。城邦先于个人，因为政治秩序不能从个人利益和利己主义的视角出发建立起来。相反，我们必须认识到，政治秩序就是那些绝对必要的框架条件（Rahmenbedingungen），在这些条件下，一种个人的行动能够确实选择并追求他合适的目标。多亏这种秩序，使得并非每个人都像僭主制的情况那样能够掌握所有事情，也使得并非所有人都像在无限灵活的事务之多样性中那样能够从事任意的事务。

政治秩序在字面上给出了正义的基本内涵。而在一个政治秩序中，能够提供给个体的东西以及他在这里且唯有在这里获得的东西，是以下那种可能性：循着教育的道路，从众多得到赞扬的方案中选择自己的事业，随后积极地使其成为现实。真正的身份获得(Identitätsfindung)取决于每个人特别适合的事业之实际现实化,而这种身份获得并不被智者的预言所误导。这种在完成具体任务过程中的实际身份最终构成了唯一的身份资格(Identitätsofferte),它能够为我们谋得政治,并且当别人给我们以明智的主意时,我们就掌握了它。贪婪的野心克服了有秩序集体中的行动界限。这种野心,或者对于一种无所限制的僭主的意志自由与行动自由的错误引导的展望,都出自智者或社会技艺的蛊惑人心的言辞(Sirenenklängen)①。这些言辞弄乱了既定的秩序,因为它们鼓励每个人从有限化中**突破**(*Ausbruch*),激发占有更多的欲望,并最终推动对于政治关联的反抗、起义和毁灭。

4.

正如我们在避开个人主义的利益计算时所看到的那样,如果**国家秩序的钥匙在于正义**,如果正义进一步地应被定义为在个人之间的行动关联中**每个人各司其职**,那么以下这个问题就不容回避地出现了:我们如何能够达到这样一个状态,并且这个状态如何能够维持下去。个人专注于他自己所做的事情,这就从他那里抽走了一切其他的权限。那种干涉所有方面、反复无常地从事多种事务的人的形象,恰恰与城邦的正确状态处于对立之中。因此,我们需要一种能够领导这一总体的权威,以使得旨在其自身事务的个别活动者都不能擅自插手权威的事情。

一开始有两方面是清楚的。第一,这里有的并不是一切参与者自治(Selbstherrschaft)之模式。这个模式首先是由亚里士多德在抛弃了柏拉图的解决方案时发展出来的。只要不听任一切独立自主、轻率对待可选方案的主体之意志,自己去决定或不决定他们的事业,或者现在及以后另一个时间决定,或者在所有可能性永远可替换的情况下决定,那么,按照柏拉图的范本,就一个国家之"非民主制"的特征来说,在形式的意义上就不存在什么牵强附会的解释。另一方面,与所有通行的想法有所差异的这种领导性的权威并不被赋予一种权力地位(Machtposition)之优势,而这种权力地位是无法忍受在其身旁存在可比较的力

① 字面意思是"塞壬的声音"。塞壬是荷马史诗《奥德赛》中半人半鸟的女海妖,以美妙的歌声诱杀经过的水手。德语中的Sirenenklängen或者Sirenengesang指的是迷人的话语或花言巧语。这里作者指的是智者们的蛊惑人心的言辞。——译者注

量的。从智者们对于强者权力的野心开始，经过马基雅维利的“君主论”（Principe）和自博丹（Bodin）和霍布斯开始的一切主权的构想，直到现代西方的宪政思想，人们的工作在于巩固国家权力垄断之合法化和统治与被统治角色之不对称性。

在这里，柏拉图理想国中完全**缺少权力的组成部分**这一点必须映入眼帘。人们因此把理想国归入一种处于历史现实彼岸的乌托邦式的立场之名下。上文我已对相应的臆想进行了驳斥。柏拉图的国家没有基本的权力因素也能运行，因为**哲人王**统治着它。哲学家应是统治者，或者现在称为王的人们应全都开始哲学思考——考虑这两个变量，是为了弥补国家现实的贫困①。“政治的权力（δυναμις）与哲学合为一体”，这绝对是不同寻常的巧合，而公开嘲笑的浪潮向着这样一种假设袭来也是柏拉图已预料到了的。

就这一建议来说，它明显不可能成为历史现实的这一点并没有招致人们的嘲讽。比如在18世纪普鲁士皇权那里以及别的时代的其他地方（马萨里克②，哈维尔③），人们想要进行有关的观察。在此我并不讨论对这些情况的评价。哲人王是一种艺术形象，它毫不含混地限定了符合实际情况的任务：在一个政治秩序统治性的权力地位中，关于“善”的认识必须得到确定。众所周知，柏拉图把善提高到了所有理念之最高处。然而，单单通过将其排列在理念系列之顶端的做法却无法拒绝善之实质性的规定。而恰恰在《理想国》这篇政治对话的主体部分，作为特殊困难需要获得和使用的**行动知识**（*Handlungswissen*）得到了标明。这个思想——即政治秩序把一切自为的行动者们置于有利的地位，使他们去做自己的事情，而不用受社会情形所迫使而从事陌生的、变换的或者可替换的任意事情——在任何考虑中，不应该被降格为那种对政治的哲学思考来说是错误的思想。

柏拉图的理念论允许许多理念，包括关于事物的以及关于价值的理念。鉴于这一点，最好的柏拉图研究者即**亚里士多德**，要求把理论的—合乎认识的的领

---

① 《理想国》，473c/d。

② 托马斯·加里格·马萨里克（Tomáš Garrigue Masaryk，1850－1937），生于奥地利的捷克哲学家。他曾与现象学开山者胡塞尔（Edmund Husserl，1859－1938）熟识，并一同学习哲学。马萨里克后来成为捷克斯洛伐克联邦共和国的主要缔造者和首任总统（1918—1935）。——译者注

③ 瓦茨拉夫·哈维尔（Václav Havel，1936－2011），捷克作家、剧作家、著名的持不同政见者，也是著名的后现代主义哲学家。哈维尔是天鹅绒革命思想家之一，“七七宪章”发起人。1993年至2003年间，他担任捷克共和国总统。在某种意义上说，哈维尔和马萨里克一样，都是柏拉图“哲人王”这个构想的现实模仿者。——译者注

域与实践的一导向的领域之间的有差别性作为基本批判之对象提出了挑战。似乎不可否认的是，柏拉图的理念论统一了理论知识与实践知识，但并没有向哲人王提出彻底普遍的知识要求。哲人王必然不是这样的系统论者：他获得任何由内容出发得到规定的知识，并且，比如按照黑格尔这个范本那样，他懂得将这些知识进行百科全书式的划分。哲人王的本质，即他潜在的政治角色，取决于能胜任这一个决定一切、并且因最高意义而变得光辉灿烂的研究（μεγιστα μαθηματα①）②，胜任善之理念。

［柏拉图］花费笔墨用于戏剧艺术——对话这一点业已得到叙述。就每个读者而言，存在一种近似性的谨慎、对众比喻明显的激情（Pathos）是毫无疑问的。而这些比喻并不包括朴素的字母，而是包括如太阳那般处于中心地位的天体。这种比喻的三体合一（Dreiheit）抵制了单面性的误解。柏拉图在郑重地提及［这些比喻］时并不能为自己允诺什么东西。他说"善"的地方就意谓了"善"。近几十年来广为传播的解释柏拉图之图宾根学派（Tübingener Schule），从柏拉图学园内部所谓**未成文学说**（*ungeschriebenen Lehre*）的文献出发，为的是针对性地使现存的成文对话录变得相对化。在此期间，图宾根学派花费了大量心血解释**善**（*Guten*）之理念和**一**（*Einen*）之理念。古典语文学的战役遭到了失败。这里我不会开辟新的战线③。我们具有的真实可靠的文本在结构上要优于从较晚的来源那里获得的必然不可靠的间接传播。

柏拉图的对话录已经在多方面运用了点到为止与克制的姿态，运用了揶揄与反讽，运用了神话的插入部分，从而将真正的澄清转让给了其他场合。在一个较紧密的学生圈子中，所有这些未说过的和秘传的东西的证据，似乎必然是最终公开在对话中不甚明朗的东西的保留学说，这一点在这个总览中似乎不能令人信服。尤其是善之理念这一中心主题作为哲人王的突出标志，在《理想国》中尽是被一些不完整性与不确切性的标记所充满。不带偏见的读者会注意到这一点。然而正如克莱默新近再次主张的那样，我们由此可以得出"善之有所保留

---

① 中译本通常将这个希腊语词组翻译为"最大的学习"或"最高的学习"。见《理想国》，郭斌和、张竹明译，北京：商务印书馆，1986年，第258页。——译者注

② 《理想国》，503e。

③ 比较吕迪格尔·布伯纳：《柏拉图那里的理论与实践》（*Theorie und Praxis bei Platon*）（1987年），刊于同作者：《古代论题及其近代转变》（*Antike Themen und ihre moderne Verwandlung*），美因河畔法兰克福，1992年。

的本质是**统一性**(*Einheit*)自身”这一点就说得有点过头了①。

然而明白无误的是,柏拉图的国家理念意在[实现]统一性(Einheit)且厌恶没有规则的复多性(Vielheit)②。这一点将柏拉图置于自梭伦开始的法律思想的同一条线索中。另一方面,这位[与他老师]最亲密无间的学者③在这里恰恰责备他老师对促进政治中统一性的过多兴趣。因为,如亚里士多德所说,城邦总是由许多行动者组成,他们理应得到考虑且不应受到统一性原则的压制④。因此,这并不能够涉及否认统一性原则作为柏拉图政治意向的基础。唯一涉及的是,统一性原则适宜地过渡到政治上**哲人王之领导功能**。而善之理念的目的恰恰为此。

我们不必把前行的座右铭给予哲人王,他应该凭借自己那超出所有意见之上、指向远方的理性之力量,尽可能深入地思考该统一性。他能够作为埃利亚主义(Eleatismus)的信徒,以系统的动机,且没有因为活动者们利益的复多性所造成的政治损害,自为地、从容不迫地独自从事这一思考。如果人们不能够向他说清楚这是**他**对于支撑着国家的**正义**的贡献,那么从假相世界的“洞穴”中爬出来的人,不情愿地被强迫下降到他曾经的伙伴们的身旁:他必须承担政治的领导⑤。辩证的哲学家与大众的意见以及形而上学的原理思辨保持距离,唯有他才懂得去注意善之理念的特点;将政治统一性之起源置于善之理念的特点中——哲人王的秘密就包含在这当中。

如我们所见到的那样,正义要求的是每个人各司其职。这需要预设作为大量政治主体的众多活动者。“各司其职”自在地已经将行动情况的复数性包括在内,因为在一个社会中有许多种类的事情要去做。另外,我们要设想各行动者鉴于不同目标的成就之类似性。每个人一直“具体地”所做的事情是,他凭借自己的工作致力于达到一种“善”。在这个最底部的行动分析的层面上,实践在各种情况中指出了朝向一个确定目的的连续成果。交换的情境、工作的伴随现象、活动者的性情、他的知识或意见、他容易看穿或深藏不露的幻想,这些东西原则

---

① 《善之理念:日喻与线喻》(Die Idee des Guten.Sonnengleichnis und Liniengleichnis),刊于奥特弗里德·赫费(Otfried Höffe)(编辑):《柏拉图,理想国》(*Platon*,*Politeia*),柏林,1997 年,第 198 页。

② 比如:《理想国》,422-3,462。

③ 指亚里士多德。——译者注

④ 亚里士多德:《政治学》,第二卷,第 2 章。

⑤ 《理想国》,520。

上并不改变什么，他的行动遵循那朝着一个目的的意向，而这个目的对于实际的努力来说似乎是值得一做的。按照柏拉图利用和分类整理的通常的词语用法①，一个目标通过谓词“善”得以标明，这意味着诸如有裨益的(förderlich)、有助于健康的(zuträglich)、有用的(nützlich)、有价值的(wertvoll)等类似的意思。

因此，在一种对通常表达形式进行普遍化的意义上，相对于无差别的或被评价为有害的和消极的备选方案而言，善**这个概念**与明显的目标之优先权相联系。不过，柏拉图把在古希腊同义词日常用法视域中的基础概念的分析提升为事情之**理念化**(*Idealisierung*)。行动者在其具体实践中视为有裨益的和值得追求的东西，合起来被提升为“好的理念”(ιδεα του αγαθου)。于是，来自于给定情境的一种确定的行为态度就转变为一种必然得到设定的关于善之本质规定的知识。

这是由于我们在政治的周遭环境中合乎经验地确定，活动者们何以经常在善之规定这一点上搞错：因为他们选择了一个实质的目标，而这个目标并不满足评价的资格，所以这里仍有一个政治秩序的发现和秩序连续性的**持续问题**(*Dauerproblem*)悬而未决。所有行动者的所作所为都指向一个确定的目标。所致力达到的目的作为行动的目标处于一个“善”的等级之中。如此这般的目的优先权将这个称号[“善”]赋予某种行为之内容。因此，人们以各种方式取消了这种指向行动者的善之结构性实践导向(Praxisorientierung)，它被置于脾气与情绪之下，并且，外部影响的偶发性仍然附加地通过智者专家们对于生活幸福的劝告而得到加强。在选出真正善的过程中的迷茫也许没有比这更加严重的了。

因此，各司其职的各个活动者需要**保护**(*Hilfestellung*)或引导。在严肃对待事实上复数性预兆的情况下，城邦成问题的统一性首先促成了以下这些东西：在广阔的可能性领域中关于各人各职的认识，对于其他人无法掌握的个人事务以传记形式的确定，在一个集合了各种不同行动者的范围内行为的真正一致性。在这个领域中，合作仍是一项没有解决方案予以保证的任务。哲人王已是那个知道什么是真正善之“理念”的人，而且恰恰处在群众鉴于对他们有裨益或有助于健康的事务而摇摆不定的意见之彼岸。因为他能够实现并在事件之流中教导这种细微的区分：一方面是对于某些人来说作为行动目标之规定的内容，另一方面是在普遍行动结构意义上，这些“善”的内容被当作目标而指向的通常的资

① 沃尔夫冈·维兰德(Wolfgang Wieland)：《柏拉图与知识的各种形式》(*Platon und die Formen des Wissens*)，哥廷根，1999年第三版，第138页末。

格。只有确实知道所有被卷入具体实践中的人们预想力求达到的东西,并且不会长此以往地用每人的职业来给出这种对统一的生活方式来说必要的鉴别的人,才会[为城邦]带来必要的支持。或者换句话说,谁明白所有人意愿的东西,但他们并不总是出于自身的善良意愿走在正确的道路上,他就适宜于这个所强调的哲人王的角色。

他的**知识建立起他的权威**(*Wissen begründet seine Autorität*),而其他的东西却不值一提。因为恰恰是他的知识对于每一个他者、所有政治行动者和国家关联中活动者的集合来说具有本质性的和不可超越的重要性。他们一定想要具有这样一种知识。但由于每个实践都取决于情境,在行动中追求善需要一种知识,所以没有人能够碰运气地、自为地宣称这种知识;并且正确的情况是,这种知识不应向所有其他公民表达出来。"于是仍然不明白的是,在正义和美的问题上,大多数人只想从事和拥有似乎是正义和美的东西,而不是真正正义和美的东西,并由此看起来是正义和美的。但是没有人满意于有一个似乎是善的东西,每个人都在追求**是**善的东西,在这里每个人都蔑视假相。——每一个灵魂都追求作为自己全部行为目标的东西,人们预料到它存在着,但又摇摆不定,就像对别的事物那样,不能准确切中它究竟是什么,不能确立起对它的稳固的信念。所以他们也错过了其他有某种用处的东西:在这么一件重要的事情上,那些我们愿意托付一切的人们也应该这么愚昧无知吗"①?

因此,如果哲人王的引导并不暗含着为民主制所作的无可指摘的辩护,那么将民主制看作被篡夺的统治地位而搁置一旁则令人感到困难。哲人王并不代表着将国家视为其私人财产的**僭主**之类型,他无法剥夺大量的个别行动者的权利,不让他们去从事他们的职业而把它判给另一个他者或他人的团体。一个阶级之单方面的统治,对民众进行寡头政治式的洗劫一空,私人利益的抑制等诸多情况并没有发生。情况只能是:在一个建立在每个人各司其职之上的国家内,一个本身司其职的兴趣广泛者(Generalist),通过使他的那些迷失了方向的同胞们能够按具体情况来从事他们自己的职业而得到任用。人们不能把这一点称为意识形态,因为对于每个人来说是善的东西并没有产生系统的欺骗,虽然此间另一个人从这种欺骗中得到了好处。

然而真正的丑闻在于那种**解释的垄断**(*Interpretationsmonopol*),它以所有人的名义被归入单独一人之下。他并不自在地撕开了这一垄断,而是为了那种反

① 《理想国》,505d/e。

对纯粹研究的独特倾向的秩序而被赋予作用。在同胞们中间，他并不是去偶然发现赞成或热情，而是必须考虑到洞穴居住者的反对。正如苏格拉底的命运所昭示的那样，这可是有生命危险的。显然，对习惯了的世界观的倒转向个体和大众提出了过多的要求。为了使哲人王变得多余，一篇对话的总体理解是不够的。因为在这里的诸项条件下，单单启蒙和教化并不能激发所有洞穴居住者从他们的阴暗之所中整体迁出（Exodus）。所有古代人包括柏拉图都没有考虑到一种漫长时间段必然包含的历史进步观①。在人的条件（Conditio humana）的范围内，化为肉身的灵魂只能艰难地挣脱它身处其中的“梦境”②。而凭借这门处于背景中的无历史的人类学，善的解释的垄断——它对于所有活动者都是正当的，因此也能够对所有人主张约束性的效用——凝结成为善之理念的存在论主题。唯独哲学家支配着这一主题，他也因此有资格成为统治者。

---

① 比较以下两者之间的争论：L.埃德施坦因（L.Edelstein）：《古典早期中的进步观念》（*The Ideal of Progress in Classical Antiquity*）（1967 年）；E.R.多兹（E.R.Dodds）：《古代的进步思想》（*Der Fortschrittsgedanke in der Antike*），苏黎世，1974 年。

② 比如，《理想国》，533 末。

第四章　自由和平等的人们的自治

1.

亚里士多德以其伦理—家政—政治的系列讲义标明了古代政治哲学之高峰。众所周知，对于他来说，个体的行动、家政中的家庭共同体以及城邦秩序这三个领域作为一切实践的最终境域相互过渡。无论人们怎么称呼，有关的**著作**(*Schriften*)或论文集(Pragmatien)为每个古典语文学家指明了，出自有关讲课材料和笔记的或多或少成功汇编的来源。这在他的老师柏拉图那里则完全是另一幅情景。柏拉图公开流行的对话录带有秘传的倾向，并且他保留着对于紧密学园圈子内具有一定水平的学生来说仍然较难领会的教义讲授①。虽然关于[柏拉图秘传]这一点只存在二手的迹象，但是相反，除了剩下的一些以外，亚里士多德的对话录却散佚了，它们可能针对的是广泛的公众。与此相对，他的讲课在学园关联内仍以书面形式得以流传。于是这种流传就轻率地对待那些得到说明的作者的意向。

在较长的时期里，亚里士多德的政治哲学规定了欧洲的传统②。甚至当有

---

① 正如阿里斯多克赛诺斯(Aristoxenos)在关于柏拉图一篇根本上与预期相悖的讲课“论善”(*Über das Gute*)的著名报告中所证明的那样。《柏拉图文献记录》(*Testimonia Platonica*)，刊于K.盖泽尔(K.Gaiser)：《柏拉图的未成文学说》(*Platons ungeschriebene Lehre*)，斯图加特，1963年，第452页。

② 令人惊讶的是，《政治学》的第一个德文译本产生于大革命时代的影响下，正如译者J.G.施洛瑟(J.G.Schlosser)(歌德的妹夫)在前言里清楚说明的那样(3卷本，卢卑克，1798年)。[约翰·格奥尔格·施洛瑟(Johann Georg Schlosser，1739－1799)，德国法学家、历史学家、翻译家、政治家、启蒙运动的政治和哲学著者。他是歌德的妹妹科内丽亚·弗里德里卡·克里斯蒂娜·施洛瑟(Cornelia Friederica Christina Schlosser，1750－1777)的丈夫。施洛瑟曾对康德哲学进行过批判性的驳斥。——译者注]

自然科学—技术的思想倾向的近代，为了致力达到认识之新岸而与经院哲学家所传授的亚里士多德主义告别之际，这一学说的保留坚持到了18世纪①。最终，20世纪将流传的亚里士多德主义从其僵化状态中释放了出来。然而，我们必须要加上以下这一点：亚里士多德的后期影响总是与一条柏拉图—新柏拉图主义的线索缠绕在一起，以至于在此之前几乎不存在坚固的对峙。

亚里士多德以创造性的方式解决了**政治的基本问题**，即一个有秩序的**统一性**如何由**个别行动者的复多性**产生。他既不像后来霍布斯所尝试的那样，从开端的复多性出发，强迫这一复多性通过契约达到统一性；也不像柏拉图那样，由于过分强调统一性原则②而失去对多元论之实际现实性的关注。他找到了一条至今仍存争议的道路。他使所有人成为统治者，这些统治者们自我统治，因此也必然允许被他人统治。在各角色的转换中，时间上延展的**循环交替**（*Rhythmus*）隐藏了这一秘密。少数人的统治总是促进了必要的统一性，而与此平行对应的多数人的臣服则维持了该统一性。一段时间内总有一些人居于上位而另一些人处在下位，反之亦然。无论如何，所有作为自由与平等者的人们随时听候这两种角色的分配。每个人都是两方面的候选人，这样，在一个原始民主制意义上的自治就建立了起来，却并没有那种堕入公开意见争斗的历史的杂音林立（Nebentöne）。

自由和平等的人们的自治预设了**教化之结果**（*Bildungsresultat*），为了角色领会中的顺从，人们受到了训练。谁被统治着，他就感觉自己面对着与他同样的人，也许自己也能登上统治的地位。而谁统治着，他就不会去剥夺所有其他人的自由和平等，因为在原则上他并没有和他们有什么差别，或做着什么有差别的事情。僭主制的极端被排除在外。希腊旧有的对僭主的恐惧建基于有序政治有可能因此而丧失。在法律的假相下，智者们已经将僭主无限制的权力测定为一种恰恰是不被担保、因而有利可图的剥削其他人的方式。与之相反，哲人王虽远高于那些处在洞穴中的伙伴们之上，但他并不为了自己的利益而利用他们的无知进行榨取，而是始终从事传授与教育。他的责任意味着将其他人引导到他们的善，而他们大多数人单从自己出发并不能确定这个善。

从这些可选方案中，亚里士多德引出了这个体系性的结论：似乎每个**公民**都

---

① 仍然请比较：P.彼得森（P.Petersen）：《在新教德国中的亚里士多德哲学史》（*Geschichte der arisotelischen Philosophie im protestantischen Deutschland*），莱比锡，1921年。

② 请参看亚里士多德：《政治学》，第二卷，第2章。

必须成为**他自己的哲人王**(*Bürger sein eigener Philosophenkönig*)。多数的统一性需要非对称性,因为平等主义终结于无政府状态之中。但是社会的非对称性无法持久地获得巩固,因为那样的话,活动者们就在其完整性方面遭到了损害。导致[亚里士多德]这个思想的并不是以下这一点:对于各主体来说,那些平等的发展机会也许会遭到妨碍。这一点非常晚地才在近代革命时代之后作为自由主义的信条得以宣告。但是一个具体的行动者在各给定的情境中由确定的目标设定而完成的这种**实践**(*Praxis*)在其可能性和现实性上得到了保证。我们可以在所有主体性理论之前将其称为一个存在论的问题。行动发生于"一切都能够是不同的"这样的领域中。这个领域同时是偶然性的场所(der Ort der Kontingenz)。

被视为理论认识之对象的只能是这样的事物:它总是存在,必然存在,并且因此它是自我相同的。总的说来,柏拉图的理念就是这一类的事物。相反,**实践**理性必须在变换着的各种状况下安排目标的追求,而这一追求并不是同一个,并且对于每个人来说都不相同。实践场所之天然的多样性,将哲学带入了各种困难之中。政治就应调整行动的秩序。然而行动具有多种面相,活动者们总是以复数的形式(im Plural)进行活动,这并不意味着他们从自身出发共同地活动。人们宁可小心翼翼地把统一性带入复多性[这个问题]称作一个**存在论的主题**(*ontologisches Thema*),**而不是一个主体理论的主题**(*eher als ein subjekttheoretisches*),这是因为:1)在意图所要实现的目标时,必须尊重实践的本质规定;2)必须考虑一个在那里一切都能够是不同的世界范围的渗透性;3)最后,要相信实践理性的介入具有塑造现实事物的能力。

与理论认识相对,亚里士多德把理性的这种特殊成就称作**明智**(*Phronesis*)。我们完全不应抽象地列出明智之所是,而应只依其业已富有成果地所带来的成就自身看出来①。由此它就与柏拉图的理念论,以及其受视觉模式影响的隐喻技巧保持了明显的距离。明智并不在对某种不可超越的、有价值的东西的较高级的"看"中自我实现。这个要求毋宁说是:请尊重明智的人(Phronimos)、聪明的政治家、考虑周到的家长、或其他令人信服的生活方式的权威!而且你将会知道,明智究竟意味着什么。

如果我应该依靠一个有血有肉的行动着的个人来看出实践理性之特性的话,那么显然就存在着一种**循环**(*Zirkel*)。为了从一个具有种种具体条件的情况

① 比较《尼各马可伦理学》,第六卷,第5章。

得知普遍有效的东西,判断力是必要的。为了把能够忽略的东西当作事实上可忽略的东西而予以剔除,这就又要求进行遴选。也就是说,通过建立两个情况(Fällen)之间的类比,其中一个被视为简单的和可信的,另一个被视为困难的和不可把握的,对一般范例(Beispiele)的理解就这样发挥作用。对两个情况来说共同的东西向这个问题投出了闪耀的光芒,而范例在两种情况中的“跛行”(hinkt)①的这个事实就变得不甚重要了。

范例已然适宜于阐明一些知识的内涵,也适宜于阐明理论认识。相反,实践的范例类似于一些**榜样**(*Vorbilder*),人们想要模仿它们,因为在它们当中两件东西恰好相合——理性和变换的场合——,这不是初学者和没什么生活经验的人能够收集的。依靠榜样式的行动,一条通向真正行动的道路对我而言变得清晰了。或者更准确地说:将一种行动情况作为榜样而从无数类似的情况中突显出来,这业已征兆式地意味着必须走上那条能继续延伸的道路。人们确实选择他需要的东西。

通过示例说明,榜样使得我们马上要处理的任务变得容易,而事实上没有人接受并完成这一任务。因为使用我从榜样中引出的**学说**,首先是对以下这一点的测试:遵循正确的榜样,或者能够在完全不同的处境中提出相适合的结论。所有行动处境在某个或多个方面互不相同。同时存在着反复出现的坐标,它允许以松散的、不迷恋定义的方式建立一种类型学(Typik)。在历史的角度上看,自修昔底德(Thukydides)开始,人们就提出了这句座右铭,即使存在着任何历史加速的喧嚣,人们至今仍推崇它:人们可以史为鉴(Man möge aus der Geschichte lernen)。对于亚里士多德来说,历史的方面仍不紧迫。但在他《诗学》中的一个著名之处②,他将历史编纂学与戏剧艺术对立了起来,使我们能获得深刻的学习印象。历史只叙述个别的人——比如亚西比德(Alkibiades)——所实际遭遇的个别的事物。然而,各种艺术形象及其在戏剧中所发展出的各种冲突则是“更哲学的和更高贵的”。对于生命来说,人们从艺术中明显比从已过世的东西和在回想中记录的生命自身中学到更多,因为从感性到普遍者的艺术加工使得公众范围内的再运用变得容易。

在针对理论认识的对策中,亚里士多德提出了理性之实践成就的差异性理

---

① “跛行”这个比喻的意思是说,范例的使用当然无法取消两种情况之间存在的不平衡(一方面是简单的和可信的,另一方面是困难的和不可把握的),但这种不平衡却不是太重要的事情。——译者注

② 第八章。[这里作者给的文献出处似有错误,应为《诗学》第九章。——译者注]

由(Unterscheidungsgrund);这个差异性理由仍通过全欧洲的**明智**—传统(*Prudentia*-Tradition)得到承认。处于巴洛克时期和启蒙运动中的道德学说(Moralistik)编排了一系列热衷于细节、富有教益的《格言与反思集》(*Maximen und Reflexionen*)①。其中汇集了对于不同的社会场所,尤其是对宫廷和市民阶层来说机智的、由经验证明的和由理智判断过滤后的建议②。这些规则并不是社会历史展示的对象,虽然它们能够服务于这些作为源头的理论兴趣。人们被劝告去掌握有情境意识、与状态相应的行动方式,由此在面对高位者与低位者、朋友与敌人、谄媚者与女人时能够表现出正确的、对于活动者来说成功的举止③。

每一个行家都知道,**准则**(*Maxime*)这个概念在康德道德哲学的建构中扮演了何种基础性的角色。而康德的道德哲学虽然是在18世纪学院哲学的基础上生长起来的,但从体系上看它严格追求反幸福论的(anti-eudämonistische)目标。它被理解为法则伦理学(Gesetzesethik),因而是与亚里士多德的实践哲学极其鲜明对立的方案。尽管如此,它可以追溯到历史上未被阐明、文化上预先给定的各种大量的准则。这些准则为那种被指责为空虚的形式主义的绝对命令(kategorischen Imperativ)送上了"材料"。在那些虽然出自理性但不因纯粹理性发挥效用的具体的行为规则的形态中,准则接任了普遍化检验的候选资格,由此也接任了纯粹约束性的、不为经验所欺骗的理性法则地位的候选资格。康德那里的这种构造的复杂情况值得深思。虽然传统的准则伦理学(Maximenethik)应该得到克服,但为了这种克服而绝对必要的却是对准则的援引。换句话说:没有明智—传统具体化的剩余,这种自律主体性的新型伦理学就是不可进行的④。与此相应,康德《实践理性批判》的要求是:你应该这样行为,即任何时候你意志的准则同时能被看作一个普遍立法之原则(第7节)。

① 歌德的同名著作是由约翰·彼得·艾克尔曼(Johann Peter Eckermann)和弗里德里希·威廉·里默尔(Friedrich Wilhelm Riemer)两人在歌德逝世后于1833年出版的。这里作者用这个词组一方面指涉那些注重细枝末节,开列繁多道德名目的著作;另一方面也是由于巴洛克时期和启蒙运动中许多道德学家非常热衷于使用与此相类似的书名。——译者注

② 这一状况从拉罗什福科(La Rochefoucauld)(1655年)一直延续到歌德(1822年)。[弗朗索瓦·德·拉罗什福科(François de La Rochefoucauld,1613-1680),法国著名格言作家。他最有名的著作是《回忆录》(*Memoirs*)和《格言录》(*Maximes*)。——译者注]

③ 关于这一点也请参看下一章。

④ 我至少提及本人的一篇论文:《又见准则》(*Noch einmal Maximen*),刊于《德国哲学杂志》(*Deutsche Zeitschrifte für Philosophie*),1998年第46期。

2.

政治中涉及的是自由和平等的人们的自治①。如果我们更准确地研究自由和平等的人们的主要范畴的话，那么就会经历到令人惊讶的事情。一方面，在笛卡尔方法上的怀疑的沉思最后出现的那种先于世界中的一切行动和实践投入、只在与自身关涉中才能辨认出的“自我”并不存在。近代意义上的主体性理解(Subjektivitätsverständnis)并没有构成古代论证最后的基准点，而由这一基准点似乎必然得出关于主体际性之理性规则化竖立的诸多讨论的难点。另一方面，类似“意志自由”这样的东西也不存在。在基督教的征兆下，鉴于人类作为上帝形象(Imago Dei)这一特殊情况，意志自由从创世神学(Schöpfungstheologie)中产生。这个上帝同形论(Gottebenbildlichkeit)的教条进一步产生了那些错综复杂的东西，它们与面对世界中的恶而为上帝辩护的神义论一起得到展开。奥古斯丁作为第一个人，他使自由的、也就是自以为不取决于上帝之法的意志(liberum arbitrium)为源始完好创造的世界中的种种弊端负责。无论如何，在亚里士多德那里，意志(βουλησις)的活动在伦理学中只起到了极微小的次要作用②，而我们决断(προαιρεσις)之中心的理性引导则覆盖在它的上面。

这一点与伦理学的基本态度有关，它从事着**行动的结构分析**并对任何似乎被附加在其后面的东西不感兴趣。按其本质，实践被领会为对一个目标的积极的追求，实践自身毫无疑问地构成了这个出发点。在没有确定的目标的情况下，我们完全与行动无关，而是与愿望、计划、幻想等类似的东西打交道。这一目标的前提把理性思考转向了积极达到设定目标之可能性的权衡。人们谈及各种“手段”，这样的手段并不直接按时出现，而是为那鉴于目标设定而作出的评价所决定。那么关键的就是这个决断，即在“一切都能变得不同”这种普遍的假设下对某个先于其他实现目标可能性的可能性之“偏好”(Prohairesis)。

在不受异己的强迫而从事、并因此自身负责的实践中成为他“自己的主人”，这样的人称得上是**自由的**。因为他在其理性的引导下完全实施了他的行为。谁没有理性地行动，他就是一个像动物那样的被驱动者(Getriebener)。谁行动于异己的任务中，他就被称为奴隶。然而，他必须能够理解各项指示，虽然

① 比较《政治学》，第一卷，第1章，第7章(1255b20)；第三卷，第4章；第六卷，第2章。

② 《尼各马可伦理学》，第三卷，第4章。

他不能自我给出指示。这样的思想或者出自奴隶生来不自由的本性，或者出自奴役或强迫，这两者大多是战争征服的结果。我不想进一步讨论奴隶的定义，这一定义直到黑格尔著名的主奴辩证法中仍具有深远的影响。反正对于批判的意识来说，所有反对意见都昭然若揭。

在存在着各行动者的情况下——这些行动者出于自身部分而作出行动，他们在行动中取决于一个处于支配地位的理智的指导——，"家庭"（οικια）这个最简单的**经济单元**（*Wirtschaftseinheit*）就形成了。它由一对为了再生产而聚集在一起的夫妇，并不独立自主的孩子们，和作为工具——或更准确地说——作为到处可使用的工具去完成各种出现的劳动的奴隶们所组成。奴隶们从作为家庭一部分这一点中获得了非常大的好处，虽然他们自己不能领导什么。妻子并不像奴隶那样依附别人。亚里士多德强调，[妇女依赖别人]这一点只有在蛮夷（Barbaren）那里才是司空见惯的。但是家庭妇女（Hausfrau）并不代替一家之主（Hausherrn）。我将详细说明一下权利平等的问题。

如所周知，这个简单设想的家庭经济学说是**经济学**（*Ökonomie* ）的起源。与此相应的知识部门属于私人的生活方式，这种情况已经持续了漫长的时间。在18世纪，人们才开始把经济学扩展到政治学的整个维度之中。对于亚里士多德及其所有后学而言，一个家庭及其随从**在前政治学上**（*vorpolitische*）确保生计维持已经是一种开展政治自由的事实性前提。[他]对内是家庭拥有人和家庭管理者，对外以及在其他公民面前则是自由的公民。这两者一同被设定，铸造了这幅图景。后来人们才提出了以下这个问题：在政治上是否必然不会涉及对独立自主性的预先关心。基督教已经将这些事情听任信徒和修会的善行（Mildtätigkeit）之决定了。那种福利国家（Wohlfahrtsstaat）借由世俗化（Säkularisierung）预示着自己即将到来，它把对穷人的关心当作真正的任务。进一步的举措，即通过国家促成的重新分配（Umverteilung）使每个男人和女人都处在独立自主和机会平等的处境中，此间人们已然接受了一个值得注意的完善性的等级。

在18世纪中期，约翰·海因里希·哥特洛布·冯·于斯蒂（Johann Heinrich Gottlob von Justi）①仍以一种**国家治理学**（*Policey-Wissenschaft*），也就是公众的福利秩序（Wohlfahrtsordnung），来说明国家的稳固性②；这一福利秩序希望将家庭

① 约翰·海因里希·哥特洛布·冯·于斯蒂（Johann Heinrich Gottlob von Justi，1717-1771），18世纪德国政治思想家和经济思想家。——译者注

② 关于这一点请参看汉斯·迈尔：《德国古老的国家学说与行政学说》（*Die ältere deutsche Staats- und Verwaltungslehre*），慕尼黑，1986年第二版。

与国家放置于一个正确的相互关系之中。首先在当时的苏格兰学派中，在亚当·斯密和其他人开始从事的政治经济学的影响下，一种“市民社会”之创见在此期间推动前进，它明显与国家区别了开来。在对这些立场的消化吸收中，黑格尔的法哲学是最有头脑的原始文本。后文中我们会回到这一点上。

早期教科书式的马克思主义(Lehrbuch-Marxismus)总是责骂古代保有奴隶的社会。可是，对古代文化博学多才的卡尔·马克思在他的代表作《资本论》(1867 年)中，视亚里士多德为“思想的巨人”(Denkriesen)而引用，虽然后者在奴隶问题上犯了错误①。然而马克思仔细研究了来自亚里士多德《政治学》的关于财富获得术(Chrematistik)的描绘②③，它是一种古代行动条件下，早期资本主义批判的萌芽④。如果超过家庭内必要事务办理限度之外的交换流通可独立自存，那么按照亚里士多德的看法，这一无限扩展的趋势就是“反自然”的。最可耻的就是高利贷者了⑤。这是一些清楚的见解，亚里士多德凭借这些见解将经济因素与人类实践之优先性联系了起来。

似乎要更重点强调的是，自由者不是奴隶，他不会对并非所有人都是自由和平等的这一点提出控诉。上下之别在我们历史上所知的一切社会中都出现了。在漫长的斗争后，基本法(Grundgesetz)如今谈论了不可侵犯的人类尊严；而如果我们在一致性的感受中把人类尊严直截了当地放回到所有时代之中，这意味着我们犯了年代错误(Anachronismus)。无论如何，亚里士多德并没有怀疑政治家与一家之主本质上的**不可变换性**(ειδει)⑥。两者确实都在进行统治；但是，这种差异并不是由众多的下属(家庭中的一些人，国家中的大多数人)造成的，而是由政治统治完全特殊的称号造成的，它由自由和平等的人们施加在同样自由和平等的人们之上。一家之主这个模式转借到政治学中，暗中将公民转变为依附者，转变为不自由者和奴隶，他们不具有理性之自身规定。

近代在霍布斯和卢梭之间展开了激烈的争论。这个争论的问题就是：法律的可靠性与秩序是否应该以自由为代价。对于亚里士多德来说，必须在尊重这

① 《资本论》，第一卷，第 1 篇，第 1 章，4。

② 《政治学》，第一卷，第 9 章及其后部分。

③ 在《政治学》第一卷第 9 章末尾，亚里士多德提出了治产术(Ökonomik)与财富获得术(Chrematistik)之间的差异。前者是必要限度内维持家庭生活的技艺，是一种自然的财富增殖术；而后者则是超出限度外，纯粹谋取财富的技艺，是一种反自然的增殖术。——译者注

④ 《资本论》，第一卷，第 2 篇，第 4 章，2。

⑤ 《政治学》，1258a35 以下。

⑥ 《政治学》，1252a10。

一秩序的各个“客体”的特点的情况下，展开对秩序的不懈追求。公民，并不是下属，而是参与政治秩序并从事这一秩序的人①。所以我们必须看到，古代家政学的**前秩序及其与政治的隔离**（*Vorordnung und Absonderung der Ökonomie von der Politik*），意味着本质上获得了自由的确保。

3.

人们如何由分析实践的结构获得**自给自足**（*Autarkie*）②的规定，并由此规定来意指城邦呢③？我们关于该政治理论解释力的判断取决于此。自给自足意味着自身的满足（Selbstgenügsamkeit）。在行动不需要更多社会化维度的情况下，这一点可以达到；而为了达到确定的目标，行动被嵌入各种共同体（κοινωνιαι）的序列之中④。为了拥有子孙后代，父母必须协同合作，孩子的抚养也要求这一点。在家庭共同体中实现了经济的维持，在这个共同体范围内，人们可设想一个农民的田庄、一座酒庄、一片一目了然的工场。每个家庭为了持久的保护而构成一个“村落”（κωμη）。出于相联的各群体迁移的交换好处，较小的村落合起来最终组成了城邦。在各个共同体的等级排列中，这一分析才得以完成。这些共同体总是为了某些目标聚集起来的。区分各种目标都是有必要的，而各目标的达成则预设了专门的行动共同体：再生产、教育、生计维持、非官方的保护。

目前我们的步伐仍没有迈出城邦之外，因为在城邦中有其效用空间的不只是生命的勉强维持（Lebensfristung），而且还有“好好生活”（ευ ζην）。实践的系统（Praxissystem）在这里实现了，我们所遇到的人类的生活基本上被视为一个政治的事物。力求达到更多或许会使实践变得不正常。

为什么人们不能朝着各国联邦（Staatenbündnisse）的方向前进而超越城邦的地区性呢？对此，我们必须考虑到区域的或国际的行动或权力的成团聚集的策略。如我们所看到的那样，为了交换经济而与生活需求分离开来变得独立的家庭经济业已成为“反自然的”。这里萌发了一种向没有人再能全面掌握的无界

① 再一次请参看《政治学》，第三卷，第 4 章，尤其是 1277b30。

② 这个表达并不经常出现，但在术语上看却很精确。

③ 例如：《政治学》，1252b27，1261b12 以下，1326b29 末，1280b34，以及《尼各马可伦理学》，1097b8 以下。

④ 这一点在雅各布·布克哈特（Jacob Burckhardt）1898 年的《希腊文化史》（*Griechische Kulturgeschichte*）一书中谈及城邦的那一章中得到了较好的阐明（慕尼黑版，1982 年，第一卷，第 73 页）。

限者的扩展。人们关于霸权的企图（Hegemonialbestrebungen）也能说出类似的东西。一种向外耸立起来的统治超越了城邦公民内的秩序，它克服了存在于各种事情中的界限，并帝国主义式地（imperialistisch）延展到了无规定者之中。这个思考已经彻底被提了出来①。

实践的各个结构性环节都有意地指向一个目标，它们明显与遵守**界限**（*Grenzen*）（存在论意义上的，而首先不是地理学意义上的）有着相互关联。当力求的目标达到了，相关理论也就结束了。如果错过了这个目标，我们就会重新开始或者改变这个规划。但是一条通往无限可改进性的道路受到了各种关系的阻拦。这就将人们的目光投向了每个个体的生活。甚至我自己的、互相缠绕在一起的个体行动这根极长的链条也触碰到了一个界限：这就是我生命统一体之界限。

正如《尼各马可伦理学》想要指明的那样，在设想死亡的情况下，行动的现实化处在界限之中，死亡断绝了进一步的实践②。在由死亡所结束的生命有限性的范围内，我们才能思考**统一的生活形式**（*einheitlichen Lebensführung*）、成功的生涯或者一种彻底成型的**幸福**（*Eudaimonia*）之规划。行动的现实化不应单单归因于命运和偶然性，而本质上应归于理性的正确使用。因此，在善中有一个制高点，站在攀登这一制高点的相反方向似乎是毫无意义的③。最高的善就是“达到预定目的的生活”；类似于柏拉图的说法，这种每个人都努力争取而不用总是知道的生活是需要为此获得评价的。在我一生的范围内，一切具体的行动实施若是成功且没有断裂或矛盾的，那么它们就综合起来构成整个序列；这一序列展示了我运用实践理性这项困难的任务。因为现在我并不知道这个终点，我就很难能够把死亡当作目标而进行工作。直到生命曲线终结之后，关于“幸福”才可作出确切的判断。确实，在本人的肉体逝去之后，堕落的后代或者对威望的败坏可能还会减少已然达到的幸福。

从关于我们个体行动的进步观点看来，一个活动紧接着另一个活动，包罗万象的策略预先有所认识地将整个活动序列包括在内。然而我们生活在即将来临的**死亡**之视域中④。这个不可固定、并且不可计算的界限才赋予生命以达到其完满充实的可能性，即实现它的幸福，而非在不确定的远处猜测这种幸福。这就

---

① 比较《尼各马可伦理学》，1097b8 以下。

② 《尼各马可伦理学》，第一卷，第 11 章。

③ 《尼各马可伦理学》，1094a21 末。

④ 海德格尔的存在主义对这一点进行了进一步的思考（《存在与时间》，1927 年，第 46 节以下）。

类似于康德在道德哲学**辩证法**中提出不朽这一设定，凭借这个设定，我们就处于能够相当严肃地胜任生活任务的境地之中。

在目标—达成（Ziele-Erreichen）中，实践具有其“自然的”界限。整个生命的实践序列碰撞到了死亡这一自然的界限。在共同体中，家庭和村落的社群实现各种行动目标。自给自足当然凭借城邦之环境方可给予。所有必须在共同体中完成的需求在城邦中充分地得到满足。“好的生活”找到了其实现的场所。倾向于向外超出这个场所之上，这就意味着违背自然。一切公民的生活形式由城邦调整处理，它定位于幸福的达成；对于这种生活形式而言，自身满足这一关键概念为有秩序的实践相互关联（Praxiszusammenhang）划出了一条“存在论的”界限。[个人的]生涯无法带来关于无限性的展望。城邦无法成长为例如洲际的或全球性的无限者。然而，现代精神却试图有计划地拆毁“古代欧洲”思想的这种限制。这一尝试进展到了什么样的程度，后文仍会谈及。不管怎样，我们在结束语中会回到政治与各种界限的内在相互关联上，这些界限被看作“自然的”，因而我们不可用技艺的手段对其进行外扩。

4.

在他的一些伦理学著作中，亚里士多德插入了较长篇幅关于**友爱这个社会的主题**（*soziale Thema der Freundschaft*）的论述[1]。这一动机显然出于一种柏拉图式秘传的哲学家团体的理解。但是亚里士多德始终取消对象的那种理念化的倾向。我们须从事一种类似于社会学研究的工作，它在行动的个人主义与家庭和城邦的制度共同体之间展开。当后者坐落于某些必然性之上时，在真正的意义上并不需要什么东西来服务于友爱。有朋友只是比没有朋友过得好而已[2]。亚里士多德现象学的视野，为个体间的各种好感关系打开了一个广阔的全景。对于我们的旨趣而言，特别强调前政治的友爱类型在政治上起的稳定作用具有重要的意义。比如在前苏格拉底哲人赫拉克利特和恩培多克勒那里，关于友爱

① 在《尼各马可伦理学》中有两卷（第八、第九卷），在《欧台谟伦理学》（*Eudemischen Ethik*）中是第七卷。

② 《尼各马可伦理学》，第八卷，第 1 章。αναγκαιοτατον［希腊文：必要的］这个表达（1155a5）在这个立场上必须进行宽泛的理解。关于至亚里士多德为止的古典语文学的背景请参看 Fr.迪尔迈尔（Fr.Dirlmeier）：《前希腊化时代希腊的爱与友爱》（*Philos und Philia im vorhellenistischen Griechenland*），博士学位论文，慕尼黑，1931 年。

关系的"物理学的"隐喻被转用到了宇宙之上,而[亚里士多德的]这项研究却立刻排除了这种隐喻①。只有人类的这一方面,或者更确切地说,只有友爱的实践意义才有效。由此,带有现代主体性特征的感伤的友爱崇拜(empfindsame Freundschaftskult)②也从这个考察中被排除了③。亚里士多德对一个灵魂共同体(Seelengemeinschaft)的兴趣不大。但是,实践的一致理应先于经常可能有的不一致而得到这种系统的优先性。

朋友首先是这样的人,他们一同生活(συζην)并且一同工作④。从这个前提出发,鉴于在友爱的形式中可力争达到的特殊的行动目标,产生了这种一分为三的情况。[1]**愉悦**(*Lust*)使玩伴、歌友、欢乐的酒徒、运动爱好者等人联系了起来。[2]商业伙伴、党内同志、利益团体、一切联盟所追求的是**好处**(*Nutzen*)。[3]哲学家们相互之间认识到**善**(*Gute*),他们共同为善效劳。就传统的分工来说清楚的是,以下这些天生具有必然性的共同体(Koinoniai)则是另一种类型:例如为了再生产而结合的夫妇,在教育范围内父母与孩子们的关系以及为了确保生计维持而形成的家庭共同体。正如亚里士多德所阐明的那样,这些关联可以是带有友爱的色彩的,但它们行动的核心并不可自由处置。与此相对,年轻人往往容易成为朋友,而郁郁寡欢的老年人宁可倾向于与世隔绝。各种条件的随意作用统治着友爱的领域。

"友爱还是这样的东西:它维持城邦,并且立法者们把友爱看作高于正义。因为和睦一致(ομονοια)明显与友爱相近,国家指挥者的主要着眼点对准了和睦一致,且必须全力排除作为敌人的纷争不和。朋友之间并不需要正义,但是在正义者之间却需要友爱作为对正义的一种补充"⑤⑥。于是,友爱的政治功能并不代替法律的实证性。友爱在这当中使得法律的贯彻变得容易,在公民之间创造了忠诚。在此有效的并不是各种纯粹抽象和形式的关联,而是一种倾向爱好

---

① 《尼各马可伦理学》,第八卷,第2章,1155b2-10。

② 例如,歌德的这几行诗:"……多么至福极乐啊,如果谁不带憎恨地/将自己与世界隔绝/心怀一位挚友/且与他共享人生……(…selig, wer sich vor der Welt/ohne Haß verschließt/ einen Freund am Busen hält/ und mit dem genießt…)",《致月亮》(*An den Mond*)。

③ 比较汉斯-格奥尔格·伽达默尔:《友爱与自身认识》(*Freundschaft und Selbsterkenntnis*),《作品全集》,第七卷,第399页。

④ 《尼各马可伦理学》,1157b20,1158a10,1159b28较为常见。

⑤ 《尼各马可伦理学》,1155a23以下,亦见第九卷,第6章。

⑥ 这里的译文皆是从作者自己的德文译文而来,与通行的中译本略有出入。请比较:《尼各马可伦理学》,廖申白译,北京:商务印书馆,2003年,第228—229页。——译者注

的气氛(eine Aura der Zuneigung)包含着各种政治关系。和睦一致且非强迫地分享并努力达成共同的目标——这组成了政治最核心的事业。应该立即进行研究的是,我们必须在何种程度上谈论这一点。无论如何,“政治的友爱”提供了最好的预设①。

后来的社会学家们对这些非正式的联系进行了研究。这一点在那种社会各系统的聚合联系(Kohärenz)中达到了顶峰,而这种聚合联系不可完全由“社会物理学”或社会技艺和功能性的意义指派推导出来。对此,孟德斯鸠已使这一理论意义尖锐化。因为如果友爱以感受为基础,那么它就是可变换的了。如果爱失去了或者好处消失了,友爱联系也就解散了,恰恰就像建立联系时那样又轻易地解散了。只有德性才是持久的,因此好人互相之间保持忠实②。而这种稳固性却迁就于政治共同体。

富有教益的是,正如在 18 世纪同情(Sympathie)很大程度上以**道德情操**(*Moral Sentiment*)的名义而得到提倡,亚里士多德授友爱用于政治,与一种由感受规定的对于人类的同情进行了对比。此间,处于讨论背景之中的是霍布斯所戏剧化描绘的作为原始敌对(Urfeindschaft)的自然状态。为了在苏格兰学派内部保护人类社会可供选择的自然史,跟随着剑桥柏拉图主义(Cambridger Platonismus)的英国道德学说与霍布斯保持了距离。它最终通过**政治经济学**的发明而达到了顶峰。爱丁堡道德哲学教授亚当·弗格森(*Adam Ferguson*)着重的声明或可澄清这个思想过程③。

“如果人类真的是通过本能联结在一起的,如果他们在社会中的行为真的是出于善良和友爱的感情(they act in society from affections of kindness and friendship);进一步地,如果人们确实早在亲近熟悉且习惯了解之前就这样业已成为互相注意(attention)的对象,而且在某种程度上还互相考虑顾及(regard);当漠视人类的富裕时却对人类的不幸给予同情(commiseration)的话;如果种种不幸事件是以其涉及的人们的数量和价值来衡量的话;并且如果一个同胞的每一苦难(every suffering of a fellow-creature)都引来一群极为关注的观众;如果最终对那些通常不见得有什么好结果的人,我们还是不愿意充当伤害他的工具的

① 比较 J.-P.韦尔南(J.-P.Vernant):《希腊思想的兴起》(*Die Entstehung des griechischen Denkens*),美因河畔法兰克福,1982 年,第 46 页以下。

② 《尼各马可伦理学》,第八卷,第 4 章。

③ 亚当·弗格森《文明社会史论》(*An Essay on the History of Civil Society*)(1767 年),爱丁堡版 1966 年,第 35 页。德文译本来自 H.梅迪克(H.Medick),美因河畔法兰克福,1986 年,第 41 页。

话;那么,这似乎是说,在一种友善性情(amicable disposition)的种种表现中存在着道德理解的充分基础(the foundation of a moral apprehension),并且我们为了自己而主张要求的权利的意识(sense of a right),也通过一种人性和公正的运动(movement of humanity and candour)而延展到了别人的身上"①。

弗格森的文明社会自然史根本上驳斥了以下这条主导线索:**摆脱自然状态!**(*exeundum e statu naturali* !);而霍布斯把这条线索当作《利维坦》的合理论证而引入。下文关于这一问题还要进行更加准确的讨论。在这一点上我们这样考虑就足够了:为了将社会化解释为人类文明进程中的自然过程,存在着一种对于作为同胞的他人的善意的、关注的——即友爱的和减少苦难的——关照的自然倾向。一开始我们就互相友好。这一无法深入其背后的情感在一种积极的意义上将所有人联系了起来,这一情感也足够笼统地将所有权利主体包含在内。然而亚里士多德并不是这样来论证的,它宣布政治的天性归人而不是动物所有。但是,一种转向仁爱的和团结的事务(Philanthropische und Solidarische)之人性天赋(Humanistätsbegabung),借由不可撼动的道德情感,甚至敢于承担以下这项冷静的规划,即:由自然天性而不是契约强制来推导出我们作为公民所具有的权利状态②。

---

① 这段弗格森的引文根据作者提供的德文本翻译而来,文中的英文皆由作者本人注明。中文译本也可参看:《文明社会史论》,林本椿、王绍祥译,沈阳:辽宁教育出版社,1999年,第37页。该中译本对此段的翻译略有错误:例如 regard 应该译为"顾及"而不是"尊重",candour 应该译为"公正"而不是"真诚"。——译者注

② 雅克·德里达在他《友爱的政治》(*Politik der Freundschaft*)(巴黎原版,1994年)这本书中说道:"亚里士多德的后代,是的,但何时开始也许我们不再是他的后代?"

第五章 借助于语言的政治参与

古代史学家约亨·布莱肯(Jochen Bleicken)完全准确地强调了雅典人对民主制的理解与演说自由(Isegorie,Parrhesie)①的紧密联系②。对于一切自由的公民来说,任何东西都无法限制的,通向**公开演说**、通向论辩与争论的**入口**③一直存在着。另一方面,令布莱肯感到惊奇的是,雅典的政治并没有阐明例如扩大自由或者普遍提升富裕水平这类内容上确定的"纲领"④。对我来说,这一方面似乎与其他方面存在着相互关联,因为对看不到持有政治纲领的控诉,使我们认识到一种时兴的不舒服的感觉。

纲领是由各党派撰写的。自大革命后的欧洲开始,不再被弃之不顾的政党组织(Parteibildung),在确定的方向上,通过各种个别的偏好引导着普遍的利益⑤。在公开辩论的舞台上,没有人会具有赤裸裸的集团的自私自利(Gruppenegoismus),在这里必须达成共识和取得决议。只有在可认识到的对利益的不同阐释存在的情况下,那种代表普遍者的意向才能导致区分的产生。这种关于

---

① Isegorie,来自希腊语 ισηγορια,意为"平等发言权"。Ισηγορια 由 ισος[平等,同等]和 αγορευω[(在公民大会上)发言]这两个词合成;而 αγορευω 是由 αγορα[公民大会]派生出来的。Parrhesie,来自 παρρησια,意为"言论自由"。Παρρησια 由 πας[全体,全部]和 ρησις[说话,言语]这两个词合成。这里作者用 Isegorie 和 Parrhesie 这两个词来表征雅典民主制中重要的演说自由这个特点。——译者注

② 即使以批判的口吻,伪色诺芬(Ps.-Xenophon)的《雅典政制》(希腊文 *Athenaion Politeia*,德文 *Verfassung der Athener*)第一卷第 2 章与第 6 章也证实了这一点。

③ 约亨·布莱肯:《雅典民主制》(*Die athenische Demokratie*),帕德博恩,1995 年第 4 版,第 190 页末,更多见于 341 页以下、第 357 页。

④ 同上书,第 371 页以下、第 389 页。

⑤ 仍然引人注目的一项早期研究是:罗伯特·米歇尔斯(Robert Michels):《论现代民主制中政党本质的社会学》(*Zur Soziologie des Parteiwesens in der modernen Demokratie*)(1910 年,斯图加特版 1989 年,第 24 页以下)。

普遍者的差异来自口传的价值关系(Wertbeziehungen),来自信念的冲突(Gesinnungskonflikten)和不一致的选择等级(Optionshierarchien)。复杂的政党算术(Parteienarithmetik)属于先进的大众社会(Massengesellschaft),并且在使意识形态变得简化的符号下进行运作。类似的情形都完全无法被应用于古代城市国家(Stadtstaaten),这些城市国家只有少量的公民,彻底朴素的选择方案,以及一览无遗的复杂程度。

很自然,总是存在一些相互竞争的集团,它们根据各自的具体情况甚或根本性地就具有各不相同的利益。由此就产生了各种派别,这些派别在漫长时间内影响着公众的生活。在智者的影响下兴起的年轻、有教养、富裕的公民阶层,具有在公众领域得到承认的野心勃勃的计划,这或可成为一个范例;而充耳不闻的城邦贵族们(harthörigen Patrizier),就像柏拉图对话《美诺篇》中的阿尼托斯(Anytos)那样,高声地对此表示反对①。我们必须详细研究关于古代精神情绪各类型(Mentalitäten)②的历史编纂学的材料。

当著名的演说家德摩斯梯尼(Demosthenes)③一再提及那种危险,它使雅典的自由受到了具有帝国主义意图、文化上处于较低层次的马其顿国王腓力(Philipp)的威胁时,这就是关于城邦共同利益的公开商讨与权衡,而人们不必去猜测其掩盖在背景中的特殊动机。德摩斯梯尼是这样结束他反对腓力的第一次演说的:"如果我没有信服这件事情的好处的话,我就没有缘由按照意图去作一些对你们有帮助的演说(Gefälligkeitsreden);而现在我毫无隐瞒地将我的想法向所有人敞开地(απλως)表达。恰恰是我知道,听取最好的建议对于你们有好处(συμφερει τα βελτιστ' ακουειν)。所以我希望知道,将来的益处也会归于给予该建议的那个人;因为这会使我进一步更加幸福。虽然并不清楚,对于我自身而言,由此将会产生什么结果,但我的决定仍然是在相信你们如此行为便对你们有好处的情况下向你们言说。希望对所有人有好处的东西会得到承认(νικωη ο τι πασιν μελλει συνοισειν)"④。

在没有各种政党、中介的媒体、代议制政府、数百万人的影响、世界观取向的

---

① 柏拉图:《美诺篇》,90a/b,91c,92a-93a。

② 参看布莱肯:《雅典民主制》,第664页以下。

③ 德摩斯梯尼(384-322 BC),雅典著名演说家,民主派政治家。他反对马其顿入侵希腊,发表了《斥腓力》等演说。——译者注

④ 德摩斯梯尼:《政治演说集》(*Politische Reden*),希腊文德文双语版,W.温特(W.Unte)译,斯图加特,1985年,第30页以下。

需求和当今政治体系其他伴随现象的地方，就不需要撰写那些总是承诺改善状况的纲领。对于城邦而言，将现存者保持在有序之中（In-Ordnung-Halten des Bestehenden），在行动中证实政治的休戚与共（die Bestätigung der politischen Zusammengehörigkeit im Handeln），基于分享的价值之上的信念的持久统一（die beharrliche Einheit aufgrund geteilter Wertüberzeugungen）以及通过思考将各种问题处境彻底讨论清楚（das deliberative Ausdiskutieren der jeweiligen Problemlagen），这些事情是政治工作的目标点及最高点。亚里士多德在他《政治学》的开头无比清晰地勾勒出了这一点。由此，他实质性地补充并澄清了人作为“政治的动物”这一教科书式的表述。

“很显然，与蜜蜂或任何群居动物（Herdentier）相比，人在更高程度上是一种合群的动物（staatenbildendes Lebewesen）①。因为自然就像我们所主张的那样不做徒劳无益之事（ματην）。而人是唯一具有语言（λογος）的动物。声音（φωνη）是一种关于苦痛和欢乐的信号（σημειον），其他动物也有声音（因为直到这一点才达到动物的本性，即能够知觉并相互指出苦痛和欢乐）。

“与此相对，语言则用来表示并说明（δηλουν）利与弊（συμφερον，βλαβερον）以及正义与不正义（δικαιον，αδικον）。也就是说，这就是人相对于其他动物而言的独特之处（ιδιον），即唯有他具有善与恶、正义与不正义以及诸如此类的知觉（αισθησις）②。这些事情中的共同体（η τουτων κοινωνια）创造了家庭和国家”③。

在避开柏拉图惯例的理念假说和灵魂论时，对于亚里士多德的方法而言，由下至上进行建构（Aufbau von unten）是很典型的。其他动物在共同体中生活，并且通过它们的声音向同伴们告知欢乐和苦痛这类直接的心理状态（Befindlichkeit）的信号；而与其他动物相比，语言突出了人作为一种本性上指向政治的生物。他的**政治的存在**（*politische Existenz*）就是一种**语言的存在**

① 中文译本此处译为“政治的动物”，这里根据德文译本译为“合群的动物”。参见《政治学》，颜一、秦典华译，北京：中国人民大学出版社，2003年，第4页。——译者注

② 亚里士多德的《修辞学》（第一卷第3章）澄清了各种感受与三种演说类型的平行对应关系：劝告演说（Beratung）、法庭演说（Gericht）和赞美（Lob）或责难（Tadel）演说（Symbouleutikon，Dikanikon，Epideiktikon）。[罗念生先生将这三种演说类型分别译为政治演说、诉讼演说和典礼演说。可以看到，政治演说的目的在于指出建议是有益的还是有害的，与利弊感受相对应；诉讼演说的目的在于指出行动是正义的还是不正义的，与正义和不正义的感受相对应；典礼演说的目的在于指出行动是光荣的或是不光荣的，与荣誉感相对应。参看《罗念生全集》，第一卷，上海：上海人民出版社，2007年，第157页。——译者注]

③ 亚里士多德：《政治学》，第一卷，第2章，1253a7以下。O.吉贡（O.Gigon）译，我略作改正。

(*sprachliche Existenz*)。在其力量上,语言远远超出了信号的中介(Zeichenvermittlung)。每一种符号学(Semiologie),当由此指的是一种当今语言学的形式时,都使信号的中介相形见绌。因为心理状态、思想和观念以及真理与证明,首要的并不是语言天赋的事情。

我们互相恰恰通过语言可弄清楚原本并不清楚的东西,因此并不能弄清楚一种作为告知或信息的信号交换的中立对象。但应在一个给定的情境中得到有益或有害的评价的东西,**原本并不清楚**。于是,成为阐明的主题的是可能的情况与有争议的评价,而不是事实和明证。在给定的政治秩序的范围内,有益或有害的内涵意义是正义和不正义。在涉及所有人的好处与坏处之间,在按照权利与法律规范性认可的东西之间,这里并没有裂开一条鸿沟。这意味着,为了有关的讨论,国家的各个组织以及它们的功能在没有病理学的情况下被设定。

在人类的生活和发达的文化中,可能存在多种多样的语言游戏。不管怎样,处于优先地位的语言游戏是通过语词、演说和论证进行的**政治辩论**(*das politische Auseinandersetzung*)。辩论与说明,在所有人在场、所有人收听的情况下,在所有人具有演说自由的前提下公开地进行。这里我们应该给予上文作为雅典人的自豪得到赞扬的平等发言(Isegorie)和言论自由(Parrhesie)以合适的位置。如果愿意的话,所有人可以且能够一直不受规章约束地发表意见(mitreden)。政治的参与完全通过语言进行。因为在各种关于利与弊、关于正义与不正义的主导观点中,一种在谈论和争论中引致的共同性促成了政治的整体。

值得注意的是,在所引用的文本中提到了"知觉"(Wahrnehmung [αισθησις])这个词,它毫无困难地与动物和人的欢乐与痛苦相配。在这当中,各种价值信念是否应该在较高级的经验意义上被解释为诸如感性的接受或触动似成问题。显然,这里的感受必须在一种觉察(Innewerden)、发觉(Bemerken)、获悉(Kenntnisnehmen)等基础理智能力中得到理解①。

在我看来,这段文本另一个没有得到完全说明但值得注意的地方在于以下这个推论:在指导生活和为行动导向的各基本问题中的共同体"创造了"家庭与城邦。毫无疑问,一家之主在他进行的经济活动中必须注意利与弊。在面对妻子、孩子、依附者、奴隶、同屋居住者的家庭生计维持的小社群时,他也应该正义地行事。亚里士多德如此明确地给家庭标上了公民城邦自由之家政基础(zur ökonomischen Grundlage der Polisfreiheit der Bürger)这一称号。于是,人们正式将

① 参看《欧台谟伦理学》,1244b24 以下。

正义这一范畴只归入国家生活之中,而较少明确地归入那被划为前政治层级的私人领域中。

国家公民(*Staatsbürger*)的定义是这样的:"根本上说,通过参与法庭审判和执政(μετεχειν κρισεως και αρχης),公民可得到规定,而且没有办法能获得比这更好的规定"①。这里的参与在**分有**(*Methexis*)这个概念中得到领会,类似实在的事物分有理念那样;众所周知,柏拉图引入分有这个概念是为了解决存在论问题。亚里士多德在政治分析中采用存在论术语,这不可能是偶然的。参与法庭审判和执政是一种含糊不清的规定,而且亚里士多德本人也承认,他不能再更好地表达了。这涉及了"无规定的执政参与(αοριστος αρχη)"。因为古代并没有采取近代有计划地分开行政权(Exekutive)、立法权(Legislative)和司法权(Jurisdiktion)这样一种三权分立(Gewaltenteilung)。

因此,在公民大会、行政官职和公审法庭②中协同合作的人们随同**演说**一起变化。执政的事务和行使裁判权,就像它们可按照宪法具体得到组织安排的那样,意味着通过演说的贡献对政治共同体产生有约束力的影响③。然而,并不是任意的发言要求都得到同样的注意。有影响的是那种地位,人们由它能说出权威性的东西。但是,在领导国家和行使裁判权所采取的这两种形式中,协同统治在理论上有缺陷的无规定性实际上通过如下这种方式得到补偿:在担任各种公职的人们这一方面,语言的使用表现了约束性的特征。

最后我要提及两个现代的、虽然互相矛盾的建议,它们试图把语言用作政治的媒介④。一个解决方案是将语言作为国家主权向属民颁布命令的**运输工具**(*Transportmittel*)而使用。另一个变体则是将语言设想为**社会契约**(*Gesellschaftsvertrag*)在生活世界的融化和现实的变通。第一个解决方案来自霍布斯。它预设了社会契约并由利维坦的合法建立出发进行思考。稍后我们会确切回到这一建构上⑤。第二个解决方案似乎为了建立一种特殊的语言游戏而撤回了无历史

---

① 亚里士多德:《政治学》,1275a23 末。

② 比较亚里士多德:《政治学》,1273b41 以下,1282a34 以下,更多见于第四卷第 15 章和 16 章。

③ 亚里士多德:《修辞学》,第一卷第 1 章,1354b22 以下。

④ 此间我追溯到较早出版的文章:《政治的语言媒介》(*Das sprachliche Medium der Politik*)(刊于吕迪格尔·布伯纳:《古代论题及其现代转变》,美因河畔法兰克福,1992 年,第 193 页以下)。

⑤ 请看下面第 12 章[自由主义与制度]。

的史前时代中封闭的社会契约；我们可以稍稍改变勒南（Renan）①的一句著名格言而将这种语言游戏理解为“日常的社会契约”（contrat social de tous les jours）。勒南把民族描述为“日常的全民表决”（plébiscite de tous les jours）②。

托马斯·霍布斯在他的自然主义人类学中区分了语言的三个功能③，对利维坦这个国家哲学构想来说，自然主义人类学作为体系的地基而被给出。“出自于语言的最重要的好处（commoda sermonis）有如下这些。第一，借助于数词人们可以计数，而这意味着……从量度上规定个别的对象……第二，多亏语言，一个人可教导另一个人，也就是说，他的知识可以分给另一个人……于是善就会越来越大……

第三，而且是最重要的语言之善行是，我们能够发布命令并理解命令（imperare et imperata intelligere）。因为如果没有语言，就没有人类之间的共同体（societas），没有和平并且由此没有纪律，只有粗野”。在作为科学方法的数量分析的胜利以及知识在教育上的传递之后，语言必须鉴于其政治的成就而得到重视。

最大的益处在于语言表达的**命令**（*Befehl*），相关者能够将它作为命令而**理解**。主权之权威通过向权利主体发布指令而自我保持，同时维持普遍的秩序；这种语言的功能将和平与权利的确保带入一个社会之中，否则这个社会必然屈服于粗野和所谓自然状态的蛮夷。人们业已赋予语言一种文明化的意义，这并不新奇。但是通过语言表达的命令，国家的权力垄断与指示关联的命令接收者之间建立了直接联系，这种联系展示了一种绝对主义式的秩序理解之强硬的无理要求（eine harte Zumutung des absolutistischen Ordnungsverständnisses）。

众所周知，与此相对，卢梭凭借他发明的“公意”（volonté générale）提出抗议，它试图以牺牲一个潜在的极权主义的总构想的高昂代价来拯救自由。在语用论上显示自由之达成一致的意义上、而非国家权威的意义上的社会契约观念，应将新近的争论归功于如阿佩尔（Apel）、哈贝马斯那样的**交往理论家**（*Kommunikationstheoretikern*）及他们的追随者。此间，违背了维特根斯坦的意向的情况是，他的语言游戏概念被装载了一些规范性的东西。在无人统治的对话中，在先

① 约瑟夫·欧内斯特·勒南（Joseph Ernest Renan，1823-1892），法国研究中东古代语言文明的专家、哲学家、作家。他以有关早期基督教及其政治理论的历史著作而著名。——译者注

② 欧内斯特·勒南：《何谓民族？》（*Qu' est-ce qu' une Nation?*）（索邦，1882年），巴黎版1992年，第55页。

③ 《哲学原理，论人》（*Elementa philosophiae, De hoine*），第10章（1658年）。

验的互相理解的共同体中，或者在理想的谈论中，实际上已然存在着的不是松散的“家族相似”(Familienähnlichkeit)，而是所有语言游戏中的某一种语言游戏。就像这些名称总是可以表达的那样，按照社会契约论的模式，在权利平等的对话伙伴之间的交往相互关联被阐释为有约束力的约定。

此间，人们必须保留确定的**规则**，它们将突出表明对话高于任意的日常谈话。最最首先的是，伙伴的权利平等互相得到承认。接着就是毫无削减的演说机会(Redechancen)、一份因业务压迫而开出的时间预算(Zeitbudget)、所有方面平行对应的信息状况(Informationsstand)、对欺骗意图的放弃(Verzicht auf Täuschungsabsicht)，也就是说，在有争议的事情中，必要的东西是：每个表达的真实性，不被强制做出决定，以及在赞同的意义上对于互相理解的普遍核准。所有这些都是预设的，也就是说，是作为入场券(Entree-Billett)而被所有参与者需要的。

这些理想化的预先规定经常受到各种批判者们的质疑。在这一点上，哈贝马斯通过一种制度学说补充了他的《交往行动理论》[①]，于是交往行动理论广泛改善了这一构想[②]。这似乎不应涉及一个自由驰骋的讨论班活动，而应涉及社会团结的基本模式。一些《事实性与效用》的读者把这部后期作品解读为对原则上系统批判命令的撤销，而早期的哈贝马斯凭借这一命令而青云直上。该作者已与所谓的现存者媾和。但人们在这一点上做得很好，即在古代萌芽的线索中解释这本书。于是出现的情况是，权利相等者们之间谈论时的自由演说并不单单在虚构的契约中模仿一切社会化的原始活动，而是为法治国家的制度形成预备了一个贯穿连续的典范。

“公民自我立法的观念不应被划归为**个别人的道德的**自我立法。自律(Autonomie)必须更普遍且更中性地得到领会。因此我引入了一条交谈原则，它首先在面对道德和法律时是无所谓的。这条交谈原则应在法律形式的制度化道路上采取一种民主原则的形态，于是这一民主原则在它的方面赋予立法过程以产生合法性的力量。关键的思想是，民主原则基于交谈原则和法律形式的重叠。我把这种重叠理解为一种**法律的逻辑起源**，它逐渐得到重建”[③]。

由此，我们已经完成了由理想的交谈向法律形式本身构造的迈进。但我们

---

① 两卷本，美因河畔法兰克福，1981 年。

② 《事实性与效用：关于法律和民主法治国家之话语理论的论文集》(*Faktizität und Geltung. Beiträge zur Diskurstheorie des Rechts und des demokratischen Rechtsstaats*)，美因河畔法兰克福，1992 年。

③ 同上书，第 154 页。

还没有看到具体的法律和组织机构，而只是它们的规范性的配置。换句话说，我们谈论的是一种作为立法原则目录表而拟定的宪法的重要意义。我们还未在各种生活形式中看到法治国家各项原则的具体体现，而这些生活形式对于现代来说——无论我们是否愿意——已经接受了历史上和空间上可确定位置的民族国家（Nationalstaat）的形态。哈贝马斯想要在21世纪后民族局面的率先行动中与此保持恰当的距离。当我们将来在下文处理孟德斯鸠、黑格尔及19世纪的历史主义时，关于这个事情还将多谈一些。结束语针对的则是超国家的欧洲。

第六章　亚里士多德主义向私人领域的转化

近代的思想在与时代决裂的意识中开始，并且由此实现了一条针对经院哲学的共同战线。在弗兰西斯·培根(Francis Bacon)，这位归纳科学方法的指路人那里，近代思想作为一个包罗万象的纲领而出现。在笛卡尔那里也毫不含糊，他至少将那部革命性的《沉思录》呈送给巴黎索邦大学的教授们来验证。霍布斯嘲讽经院哲学的伪科学并指责传统的政治概念。威廉·哈维(William Harvey)①和罗伯特·波义耳(Robert Boyle)②等经验论的研究者们也异口同声地表示赞成。整个时代都在回避学院的书本知识和概念能手的咬文嚼字。真正科学的新颖之处应处在一种与现实全体范围的相遇之中，这种相遇是无偏见、不依赖经典权威的，且恰出于事情本身而得到调节的。在此，我们感受到了至今发挥效用的科学范式(Wissenschaftsparadigma)之卓越的预知③。

冰冻三尺非一日之寒。我们并不去考虑，16世纪下半叶以及类似关涉中的帕多瓦学派(die Schule von Padua)(萨巴雷拉④)在逻辑—自然理论方面向亚里士多德的回转。文艺复兴已在实际的问题上采取了古代的态度，它首先在感受的事情中觉得受古代榜样的约束。下文将谈论马基雅维利以及他对来自古代历史的各种学说的卓越运用。更多以艺术论著为人所知的莱昂·巴蒂斯塔·阿尔

---

① 威廉·哈维(1578—1657)，英国著名生理学家和医生，血液循环规律和心脏功能的发现者。他的代表作品为《心血运行论》。——译者注

② 罗伯特·波义耳(1627—1691)，英国化学家。他的代表作品是1661年发表的《怀疑论化学家》，该书提出要使化学摆脱从属于炼金术或医药学的地位，成为一门独立的科学。——译者注

③ 尽管可选取的文献充足，汉斯·布鲁门伯格(Hans Blumenbergt)的魅力仍毫无减少：《近代的合法性》(*Die Legitimität der Neuzeit*)，美因河畔法兰克福，1966年。

④ 雅各伯·萨巴雷拉(Jacopo Zabarella，1533-1589)，意大利帕多瓦大学亚里士多德主义哲学家和逻辑学家。他为亚里士多德的《后分析篇》作过评注。——译者注

伯蒂(Leon Battista Alberti)①撰写了一部《论家庭》(*Della Famiglia*)(1434—1441)的专著;在就自身的氏族后裔而对自身氏族所作的赞扬的呈现中,这本著作给出了一部富有教益的关于各种家政经济建议的汇编。

[这些建议]隐没在熟悉者间的对话之中,这一点跟从了色诺芬和柏拉图的文体榜样。与此相对,首先在[《论家庭》]第三和第四卷关于经济和友爱的事情内容,才使明智生活方式的伦理—政治准则符合最新的实际情况,这些准则是亚里士多德政治理论的基础。自由的公民必须在由他管理的家庭领域内,连同婚姻关系、孩子的教育和家仆的领导一起,亲手创造并确保政治参与的前提。相反,真正说来,友爱在经验的范围内并不合适,而是构成了一个休戚相关的非正式的基础,国家的秩序坐落在这一基础之上。亚里士多德是在**伦理学**而不是**政治学**中,处理了国家秩序的问题。但这个划分在后人的接受中变得模糊不清。

在阿尔伯蒂这里我们可以读道:"我在这一点上与你们意见一致:好公民喜爱安宁,但不会使自身的安宁凌驾于其他正直者们的安宁之上;他会因为有私人生活的悠闲自在而感到快乐,但同样也会乐于看到其他公民们的悠闲自在;他会渴望自己家庭的团结与安全、和平与安宁,但更多地会渴望他的祖国、这个共和国也能如此"②。

除此之外的论述还有:"不单单是哲学家,而且每个历史编纂者也使我觉得充满了关于人们在每种友爱中须如何应对的最完整的教导。我相信,你不会把这些教导评价为不如某个取自于民众中间的例子。我也不会相信,你会发现保存在历史中的明智与生活智慧,要比保存在出自人民中的某个有经验的人那里的少"③。很自然,阿尔伯蒂的著作只是广泛材料中的一份文档,这些材料从整体上证明了亚里士多德的原型在何种程度上产生了深远的影响。这里我并不考虑对这些材料进行全面的展示。当只有一些闪光灯能够被投向一个继续有影响的领域时,这种做法恰恰适用于这个后来者。

在先前罗马文学的影响下,**德国早期启蒙运动**(*deutsche Frühaufklärung*)接受了一种宫廷世界的直观形象。在这里,一个善处世者(Weltmann)应当使自己

---

① 莱昂·巴蒂斯塔·阿尔伯蒂(Leon Battista Alberti,1404-1472),一般被认为是意大利文艺复兴时期著名的建筑家和建筑理论家,实际上却是一个百科全书式的人物。他是人文主义作家、艺术家、诗人、牧师、语言学家、哲学家和密码学家。他本人就是"文艺复兴人"(Renaissance man)的缩影。——译者注

② 阿尔伯蒂:《论家庭》(*Vom Hauswesen*),慕尼黑,1986年,第235页。

③ 同上书,第375页。

有教养。这个在宫廷中熟悉它的等级制度和未成文规则的人，提高了他的明智水平，而这对于他的一切世内事务来说都会有利。作为中介者，伽斯底里奥内(Castiglione)[①]的《廷臣》(*Cortegiano*)(1528 年)和葛拉西安(Gracian)[②]的格言集《神谕手册》(*Handorakel*)(1647 年)[③]在这里还须被提及[④]。莱比锡法学家克里斯蒂安·托马西乌斯(Christian Thomasius)[⑤]凭借将德语这门语言引入大学课程和他"获得"广泛影响的作家行当，为自己赢得了一份功劳，就是将三十年战争之后这个延缓发展的国家逐渐提升到欧洲的平均水平[⑥]。然而他招致了漫长的反复持续的争论，直到他转到哈雷(Halle)任教。

在这个阶段，政治的概念经历了一种转向，这一转向并不首要地涉及作为古代"城邦"之后继机关的"国家"。"政治的明智"接受了明智—传统，并为了"与人打交道"而把这个传统带入了教化和教育的私人领域之中。例如，为了获得更好的接受，托马西乌斯出版了由拉丁文翻译成德文的论文《政治明智的简略草案：在一切人类社会中，妥善地给自己和他人提供建议并达到理智的品行；为了所有自觉明智或想要变得明智的人最必不可少的需要和非同一般的益处，由托马西乌斯先生的拉丁文文本翻译而来》(*Kurzer Entwurf der Politischen Klugheit, sich selbst und anderen in allen menschlichen Gesellschaften wohl zu raten und zu einer gescheiten Conduite zu gelangen; allen Menschen, die sich klug dünken oder die noch klug werden wollen, zu höchst nötigem Bedürfnis und ungemeinem Nutzen*

---

① 巴尔达萨勒·伽斯底里奥内(Baldassare Castiglione, 1478-1529)，意大利廷臣、外交家、士兵和杰出的文艺复兴著作家。他最著名的代表作是 1528 年出版的《廷臣之书》(*Il Libro del Cortegiano*)，简称《廷臣》。——译者注

② 巴尔达扎尔·葛拉西安(Baltazar Gracian, 1601-1658)，西班牙耶稣会会士，巴洛克时期诗人、哲学家。他的原始存在主义的著作受到尼采和叔本华的称赞。——译者注

③ 《神谕手册与明智的艺术》(*Oraculo manual y arte de prudencia*)，由阿图尔·叔本华翻译成德文(1832 年)[本书常见的英译名称为《处世智慧的艺术》(*The Art of Worldly Wisdom*)——译者注]。

④ 此书仍然还有阅读价值：卡尔·波林斯基(Karl Borinski)：《B.葛拉西安和德国的宫廷文学》(*B.Gracian und die Hofliteratur in Deutschland*)，1894 年。

⑤ 克里斯蒂安·托马西乌斯(Christian Thomasius, 1655-1728)，德国法学家、哲学家。他被视为德国早期启蒙运动的奠基者。主要作品是 1688—1690 年间出版的杂志《月谈》(*Monatsgespräche*)。——译者注

⑥ 例如："克里斯蒂安·托马斯[Thomas，即托马西乌斯。——译者注]在一次演讲中向在莱比锡学习的青年人透露的这个问题：在共同的生活和变迁中，人们应该怎样效法那些法国人？一次关于葛拉西安理性的、明智的、艺术的生活之基本规则的公开讲座"(1687—1689 年冬季学期)。托马西乌斯利用了 1685 年葛拉西安的法文译本，这一译本使得葛拉西安的作品首次为欧洲所识。托马西乌斯：《德语著作集》(*Deutsche Schriften*)，斯图加特，1970 年。

aus dem Lateinischen des Herrn Thomasii übersetzt)①。

托马西乌斯指出,对于谈话和益友来说,明智必不可少;这需要的是关于“闺房”(Frauenzimmer)、一家之主和“市民社会”的准则,“财产、名誉和乐趣”在这些地方产生效用。这个明智者(Phronimos)的类型,当被翻译为启蒙运动的语言时,并不真正延伸到政治的领域,而按照亚里士多德经典的看法,自由和平等的人们在这一领域互相自我统治。在巴洛克时期,政权掌握在贵族阶层、各王侯、各王朝和各国王手里。但作为小宇宙(Mikrokosmos)的宫廷为了世界这个大宇宙(Makrokosmos)培训着明智的人(这恰恰像闺房那样)。人们“最必不可少”所需要的这个知识,并不能算作书斋的、专业性的和自然科学理论的知识。它应通向一种“理智的品行”(gescheiten Conduite),也就是在日常与同等者主体间打交道的时候,要求一种富有成效的举止。所以政治这一名称涉及的是私人生活的各项规则,而这一私人生活并不需要畏惧公开的出场。

克里斯蒂安·奥古斯特·霍伊曼(*Christian August Heumann*)②是一位无足轻重的教授,但他至少在1734年新建的哥廷根新教大学(Reformuniversität)站稳了脚跟③。他之所以在我们的语境中值得一提,恰恰因为他并不突出,而是如实地复制了一般的看法:**政治哲学家,这个名称就意味着对共同生活中的明智给出合乎理性的指示**(*Der Politische Philosophus, das ist vernunftmäßige Anweisung zur Klugheit im gemeinen Leben*)。他1715年的书名即是如此。此书开篇与“我的读者!”打招呼,并且有条不紊地叙述了关于“政治”这个词的常见用法:首先从属于“政治学种类”(Classe der Polilticorum)的是那些外在行为完好并在穿着举止上“彬彬有礼的”(gelant)的人,就像他们知道在“问候敬意”(Complimenten)中充分表现自身的个人形象那样。另一类人是:“那些以阿谀奉承为业的人”,也就是谄媚者们,他们将“这种伪装提升为某种真正政治家的特征”(Simulieren zur Eigenschaft eines wahren Politici)。接着的是“君主们或大臣们或任意一私人”,都“考虑提升他们一时的利益。一个无赖很少能被称为一个真正的基督徒,就像一个**马基雅维利主义者**(*Machiavellist*)很少会主张一个真正政治家的名号”。

---

① 重印本,美因河畔法兰克福,1971年。

② 这里作者给出的人名似有误,应为:克里斯多夫·奥古斯特·霍伊曼(Christoph August Heumann,1681-1764)。霍伊曼是启蒙运动时期德国路德新教派神学家和博学者。他是新教早期思想家,并对一种崭新的哲学史思考方法做出了贡献。——译者注

③ M.冯特(M.Wundt):《启蒙时代中的德国学院哲学》(*Die deutsche Schulphilosophie im Zeitalter der Aufklärung*),1945年;1964年重印,第290页。

最后第四点，“法学家与政治家是无关紧要的语词”（Jurist und Politicus gleichgültige Worte）。

霍伊曼以一种正宗亚里士多德的方式概括道，伦理学与政治学是“两个亲密的姐妹”，而以圣经的形象则可以说：“那个是玛丽亚，而这个是玛莎”（jene Maria，diese aber Martha）①。一个深居简出，另一个精力旺盛。进一步地，政治学也有两个主要部分，准确地说，按照“集体”（Societäten）的规模分为家—政（Haus-Politic）和国—政（Staats-Politic）。一个被称为**私人政治**（*Politica privata*），另一个则被称为**公共政治**（*Politica publica*）。在政治明智这一上层标题下，如今出现了会谈、对他人心情的研究（cardiodiagnostica［拉丁语：心情的诊断］）、婚姻生活、管教孩子、财产状况（prudentia oeconomica［拉丁语：家政的明智］）、荣誉、友爱（在第 2 版中得到补充）等内容。进一步具体展开对这些要求和分类的阐明似乎变得多余。这些要求和分类显然是不言自明的，基本的要旨也变得清晰可见，那些从古代榜样那里接受的构造之变体也同样如此。

在欧洲文化的发展进程中，直到 18 世纪那扣人心弦的最后十年为止，也就是法国大革命之后和哥尼斯堡的迷梦（Schlummer）终结时②，德国并没有扮演过领骑者的角色。这是一笔必须清偿的漫长的补回定额（Nachholpensum）。最终，一个在德语语言中流行开来的市民生活学（bürgerlichen Lebenskunde）的作者才于 1788 年登上了舞台。直至今日，阿道夫·冯·克尼格男爵（Adolph Freiherr von Knigge）③仍以其威胁性的诙谐话语为人所熟悉，他写了《论与人打交道》（*Über den Umgang mit Menschen*）一书④。按照该作者的意思，这本书甚至或可承接这个题目：《一些规章准则：为了在这个世界和有其他人的社会中幸福而快活地生活，并且使旁人们幸福而愉快地生活，人须如何作为》（*Vorschriften，wie der Mensch sich zu verhalten hat，um in dieser Welt und in Gesellschaft mit anderen Men-*

① 这里指的是《新约·路加福音》中耶稣所拜访的玛丽亚和玛莎两姐妹。两姐妹对比明显：玛莎操持一切工作招待客人，而玛丽亚只是坐在耶稣脚边听他说话（《新约·路加福音》10：38—42）。——译者注

② 这里指的是康德在《未来形而上学导论》中所说的那句著名的话：“首先是休谟的提醒在多年前将我独断论的迷梦打断了”（I.Kant，*Prolegomena*，hrsg.von Karl Vorländer，Hamburg：Felix Meiner，1976，S.6）。——译者注

③ 全名是：阿道夫·弗朗茨·弗里德里希·路德维希·克尼格男爵（Freiherr Adolph Franz Friedrich Ludwig Knigge，1752-1790）。德国作家和启蒙运动者。他最有名的著作是 1888 年出版的《论与人打交道》。——译者注

④ 在第一版的前言里，克尼格说明了，就他所知道的而言，在德国“没有人为他做过这项准备工作”。

schen glücklich und vergnügt zu leben und seine Nebenmenschen glücklich und froh zu machen)①。城邦及其公民共同的幸福在这里呈现了一种简朴甚至田园般的外观。此外,经典的家庭经济学说出现在克尼格一书的“第二部分”。

“公众”来自一个由理性化的私人自由构成的大众内部。如果这项研究几十年来调查了这个来历的话,那么它就不应该显得像一种自我觉醒的个人理性的单性生殖(Parthenogenese)。而个人理性逐渐建立起来成为公众,并由此构成了一种反对稳固封建制度的批判性的对抗力量。因为没有诱因和准备就没有东西可在历史中发展出来,那么以下这一点也许就是正确的:把这一链条与恰好得到观察的一种向私人领域转化的亚里士多德主义联系起来。作为“政治哲学家”这一类型的表现,明智学说方面的驾轻就熟本质上属于现代公众之前的历史②。

① 1790年第3版前言。新版有一篇G.于丁(G.Ueding)的前言,美因河畔法兰克福,2001年。

② 比较P.普塔赛克(P.Ptassek)、B.桑德考伦(B.Sandkaulen)、J.瓦格纳(J.Wagner)和G.岑克尔特(G.Zenkert)等人的研究:《权力与意见》(*Macht und Meinung*),哥廷根,1992年,尤其是第185页以下。

第二部分　作为组织机构的国家

19 世纪末,在其自主性和自身确定性方面,国家法学说(Staatsrechtslehre)达到了令人惊异的顶峰。在基本原理的问题上,格奥尔格·耶利内克(Georg Jellinek)[①]至今仍是一个有价值的思想来源;他在其**普通国家法学说**(*Allgemeine Staatsrechtslehre*)中写道:国家总已存在着,在国家中,人类的生活和行为得以建构它们自身的秩序形式。"国家学说是最古老的学术科目。它业已构成了古希腊科学的一个最意味深长、充分发展的分支"[②]。在本书的第一部分中,我试图指明,关于希腊城邦的知识经历了怎么样特有的发展。在现在开启的第二部分中,现代国家之特殊地位将成为主题。

耶利内克毫不犹豫地明确将政治归入国家概念之中。我们应对他胜利主义式地(triumphalistisch)主张的连续性进行彻底的质疑。"政治的"意味着"国家的",并且人们在政治事物的概念中业已思考了国家的概念[③]。这个论点可以被清楚地阐明为:"应用的或实用的国家科学(Staatswissenschaft)是政治学,也就是说,是关于达到确定国家目的的学说,因此也是在确定的目的论观点下对各种国家现象的思考。它们同时为评价各种国家状态和关系提供了批判性的尺度"[④]。这就可以使我们认识到,这门法学的首要科目如何屈尊地成为政治学。不用国家法的各种范畴,关于政治我们就完全不能从概念上进行适当的言说。社会学近来赢得了优势。比如对于卢曼的系统功能主义学派来说,政治成为社会的子系统(Subsystem)。各学科就这样为了那些对象而斗争,而它们却恰恰在这一斗争中看不见这些对象了。

---

① 格奥尔格·耶利内克(Georg Jellinek,1851-1911),奥地利裔德国公法学家。与汉斯·凯尔森等人同属于奥地利法学实证主义学派。——译者注

② 格奥尔格·耶利内克:《普通国家学说》(*Allgemeine Staatslehre*)(1900 年,巴特霍姆堡 1966 年第三版,第 53 页)。比较新近出版的 J.克尔斯滕(J.Kersten):《G.耶利内克与古典国家学说》(*G. Jellinek und die klassische Staatslehre*),图宾根,2000 年。

③ 同上书,第 180 页。

④ 同上书,第 13 页。

出于一些理由和经验，之前的这个世纪，也就是20世纪20年代修改了关于国家本质的诸流行观点，而第一次世界大战的理由和经验肯定被包含在其中。社会和政治盼望一种真正的考察。即使我愿意自告奋勇地恰当描述这个发展过程，并大致调查了直至德意志联邦共和国为止的宪法的轨迹，这也不可能是我在此的任务，况且它也远远超过了我的权限。但给出一些评语或许是恰当的。

众所周知，存在着两个相互反对的极端，我们可在它们之间尝试富有成果的新开端。在凯尔森①的**纯粹法学说**（*Reinen Rechtslehre*）和所谓奥地利学派的体系中，一切规范”由一个“基本规范”（Grundnorm）奠基和推导，这种形式主义构成了第一个极端。此间，对任何种类的关于历史、社会和政治内容的节制都是为了法学工作和理论的涤净（Purifikation）与无懈可击（Unangreifbarkeit）。另一个一再被提起的极端是卡尔·施密特（*Carl Schmitt*）的**决断主义**（*Dezisionismus*），它将整个国家机器和所有理论成就都与一个不能解除的实体联系在一起。这就是不再实现理性计算的最终有效的决断（Entscheidung）。对于这两种观点，我不再进一步表达自己的立场②。

在这两个极端之间兴起了一场争辩，这场争辩正如这两个极端的那些反对者那样——或更准确地说，多亏这些暴露出来的基本性的争论——是富有成效的。鲁道夫·斯门德（*Rudolf Smend*）③借助“精神科学的”（geisteswissenschaftlicher）财富（特奥多·里特④），提出了一种“融合”（Integration）的理论⑤。按照这一理论，我们须在有序包括所有个别主体及其意志倾向的精神—历史现实中领会“国家生活之核心进程”。个体的生活形式在国家生活中汇聚并集中起来，而国家生活既不能被重建为逻辑形式主义，也不能被还原为权威的最终决断。

---

① 汉斯·凯尔森（Hans Kelsen，1881－1973），奥地利法学家、法哲学家和政治哲学家。代表著作是1934年首版、1960年再版的《纯粹法学说》（*Reine Rechtslehre*）。——译者注

② 但请比较：吕迪格尔·布伯纳，《历史过程和行动规范：对实践哲学的系列研究》（*Geschichtsprozesse und Handlungsnormen. Untersuchungen zur praktischen Philosophie*），美因河畔法兰克福，1994年，B部分，尤其是第272页以下。

③ 鲁道夫·斯门德（Rudolf Smend，1882－1975），德国国家法学家和教会法学家。他提出的“融合学说”（Integrationslehre）反对卡尔·施密特的决断主义论点。——译者注

④ 特奥多·里特（Theodor Litt，1880－1962），德国哲学家、教育学家、精神科学家。他在与狄尔泰、齐美尔、卡西尔等人的辩论中发展出自己关于文化哲学和文化人类学的观点。代表著作有：《历史科学与历史哲学》（*Geschichtswissenschaft und Geschichtsphilosophie*）（1950年），《黑格尔：一种批判性革新的尝试》（*Hegel. Versuch einer kritischen Erneuerung*）（1953年）。——译者注

⑤ 《宪法与宪法权》（Verfassung und Verfassungsrecht）（1928年），刊于斯门德：《国家法论集》（*Staatsrechtliche Abhandlungen*），柏林，1969年第二版，第136页。

批评者们责备斯门德的思想是一种在制度结构中没有“客观精神”之结晶的黑格尔主义(Hegelianismus)①,这是符合事实的。如果融合这个概念不怎么太精确的话,那么它显然就要严肃对待这个古老的疑难问题:政治上如何能由多数人形成一种统一。

与斯门德和其他人选择的概念相反,赫尔曼·黑勒(*Herrmann Heller*)②在他临终前完成的《国家学说》(*Staatslehre*)中更强烈地通过社会学进行论证,为的是将国家之现实系于社会之种种变化之上。“在一方面作为实践的和有价值的科学的政治,与另一方面作为理论的和价值无涉的科学的国家学说之间,并没有明确的界限”③。黑勒完全偶然地在肯定的意义上引用了亚里士多德关于所有行动者的价值共同体这一预先规定。“在一个劳动分工和社会交流确定的等级中,法律的意义之明确性和执行之可靠性使得国家为人们所需要。而国家的制度通过这种方式变得公正合理”④。当然,黑勒有所保留的马克思主义没有接受各种硬度测试(Härteprüfungen),但20世纪的历史进展随时准备好了这些测试。

马克斯·韦伯(*Max Weber*)重要的社会学分析已将国家的观念具体化为一种理性化的机构,它具有官僚组织化的管理部门、公职人员和领导权。韦伯的工作持续地产生进一步的影响⑤。各项铺展开的历史研究凭借丰富的成果,在与中世纪和古代的差异对比中突出了近代国家作为世俗化之产物的特征⑥。一种乐观的国家学说完全满足于其对象的定义,在对这种国家学说进行拆除的压力下,作为进行哲学思索的国家法学者,受历史知识和社会学教育的马丁·克里勒

---

① 例如:日后成为文学理论家的汉斯·迈尔(Hans Mayer)的法学博士学位论文:《德国国家学说的危机和鲁道夫·斯门德的国家观》(*Die Krisis der deutschen Staatslehre und die Staatsauffassung Rudolf Smends*),科隆,1931年。[汉斯·迈尔(Hans Mayer,1907-2001),享有国际声誉的德国文学理论家、批评家、作家、音乐理论家,曾是法学家和社会研究者。代表作品有:《从莱辛到托马斯·曼:德国市民文学的转变》(1959年),《苦恼意识——论从莱辛到海涅的德国文学史》(1986年)。——译者注]

② 原文人名似有误,应为Hermann Heller。黑勒(Hermann Heller,1891-1933)是德国法学家、国家法理论家。在他的著作《法治国家还是独裁专制?》(*Rechtsstaat oder Diktatur?*)(1930年)中,黑勒提出了“社会法治国家”(der soziale Rechtsstaat)这个概念。——译者注

③ 《国家学说》,1934年,G.尼迈尔(G.Niemeyer)编辑(荷兰莱顿,1970年第四版,第51页)。

④ 同上书,第223页。

⑤ 最近,St.布罗伊尔(St.Breuer)的《国家》(*Der Staat*)(汉堡,1998年)正是跟随着韦伯的轨迹。

⑥ 我从众多文献中只举一个例子:恩斯特-沃尔夫冈·博肯福尔德(Ernst-Wolfgang Böckenförde):《作为世俗化进程的国家之兴起》(Die Entstehung des Staates als Vorgang der Säkularisierung),刊于《国家、社会、自由》(*Staat,Gesellschaft,Freiheit*),美因河畔法兰克福,1976年。

(Martin Kriele)[1]新近说明了这一结果:“在这时候,法理学上的**普通国家学说**的主题目录和问题目录的缩减,开创了一个自足的传统。它的结果是,**政治科学**这门学术专业冲入了这个间隙之中,并承担起了这项尚未了结的任务:整合国家科学的各门不同的学科”[2]。

如果我们反对任何欧洲理性之连续性的论点而坚持**城邦与国家的**那种明显的**差别**的话,那么在简短的准备论述之后继续带来的是我们的思考。虽然后者建立在前者之上,并且哲学总是准备提供一种观念的联系;但是,**城邦是一种生活形式**(*Polis war eine Lebensform*)。如果我们回想起柏拉图-亚里士多德基本信念框架内政治学与伦理学的内在关联的话,就完全可以借由黑格尔的话而将城邦称为一种“伦理的”(sittliche)生活形式。行动概念提供了各种目的论的前提,而在这些目的论的前提之下,产生了作为人类实践自给自足之完满形态的城邦。城邦并不会真正分割为“各行动单元”(action units)(帕森斯),而是始终在有层次变化的共同体中实现。

与此相反,国家[3]**是一个理性的机构**(*Staat hingegen ist eine rationale Anstalt*)。国家在霍布斯那里作为技艺的发明,或者在卢梭那里作为理性规定的意志社群(Willenskommunität)而特别被设立起来。这个组织机构必须被创立——社会契约实现了这一点。它必须被所有法权主体所接受——国家合法性的获得就是为了这一点。必须存在一个最高的目的设定和一种对持存的保证——这是确保了国家的目标和权力垄断。最后,一套消息灵通、通晓业务、承担共同任务的国家机器——也就是行政部门——关心国家的功能作用。而韦伯冷静地把这个行政部门比作经营企业的领导活动[4]。

总体上说,城邦的伦理生活形式都能满足所有这些需求。正如亚里士多德的《政治学》所分析的那样,在这种情况下,自由和平等的人们互相自我统治。人们可以把这个简略性看作一种缺陷,而在其针对流传的亚里士多德主义的斗争中,近代启蒙运动始终将这个口号写在它的旗帜上。然而,我们也能够把各种

---

① 马丁·克里勒(Martin Kriele,1931-　),德国国家法学者。主要著作有:《正义之判准:论法哲学与政治相对主义的问题》(1963年),《国家学说导引:民主宪法国家的历史合法性基础》(1975年)。——译者注

② 马丁·克里勒:《国家学说导引》(*Einführung in die Staatslehre*),汉堡,1975年,第17页。

③ 关于“国家”在罗马语族各语言中开始的概念史,请参看以下著作的概要介绍部分:P.魏纳赫特(P.Weinacht):《国家》(*Staat*),柏林,1968年。

④ 《经济与社会》,科隆,1964年,第1047页。

古代生活关系看作一个遗失的优点，它们缺乏现代国家总体理性所设置和构成的高级装备。由卢梭和荷尔德林出发，经过黑格尔直到早期马克思的批判启蒙的解读方式，都鲜明地持有这个观点。在20世纪，汉娜·阿伦特、列奥·施特劳斯、埃里克·沃格林等人也异口同声地主张这一点，他们希望用古代及其可靠性来反对现代及其进步。部分受到海德格尔所启发的这个派别，在美国“**政治科学**”(*Political Science*)实用意向的环境中引起了短时的轰动，而新近在这些移民者原来的国度内，对这一派别也作出了强烈的反应①。关于这个问题，上文的“导论”部分已经进行了论述。

为了使一种被贴上**批判理论**(*Kritische Theorie*)标签的新马克思主义(Neo-Marxismus)获得合乎时代精神的共鸣，我们可以将另一群在美国的德国移民者置于接受了尼采和韦伯思想的那一边。他们明显与海德格尔保持距离。因为在第二次世界大战中资本主义最终取得了胜利，那些在加利福尼亚(Kalifornien)写成，在阿姆斯特丹(Amsterdam)印刷的冷僻研究，在此期间以《启蒙辩证法》(*Dialektik der Aufklärung*)②的书名跻身必读作品的行列；这些研究的忧郁之情基于那种令人沮丧的观察：西方和东方革命的拯救口号都是对牛弹琴。斯大林主义的苏联共产主义无论如何不像是有吸引力的替换方案。

在那个批判的时期里，现代国家这个事实陷于一场与重新唤起一个关于过去城邦生活形式有吸引力的设想的冲突之中；为了将目光投回到这个批判时期，我们必须从现实性之中解放出来。在康德的思想革命的影响下，在法国大革命之自由口号下，汇聚在图宾根神学院的热情的赞扬者们③自然意识到，希腊美好的伦理共同体(Sittlichkeit)属于那种出自各民族青年时期的“天才”(Genius)，它早就属于过去了。从与谢林和荷尔德林一起组成的三个青年人的友谊(Freundestrio)中，黑格尔成为这样的人：从其早期手稿开始，经过观念论体系构造的这几十年，黑格尔就一以贯之地研究并确定了一项在现代主体性的各种条件下关于伦理共同体革新的规划。

---

① 例如：彼得·格拉夫·基尔曼斯埃格(Peter Graf Kielmannsegg)(编辑)：《汉娜·阿伦特和列奥·施特劳斯：德国移民者们与二战后美国的政治思想》(*Hannah Arendt and Leo Strauss. German Emigrés and American Political Thought after World War II*)(剑桥，1995年)。

② 《启蒙辩证法：哲学断片集》是霍克海默和阿多诺的论文集。1939—1944年在两位作者流亡美国洛杉矶的时候写成。1947年首先在荷兰阿姆斯特丹出版。本书中的论文研究主题杂多，不乏一些冷僻怪诞的研究(例如：论鬼怪、动物心理学等)。——译者注

③ 这里作者指的是当时同在图宾根神学院求学并互相结为好友的荷尔德林、黑格尔、谢林三人。——译者注

先前最主要在美学上给出理解典范（Verständigungsmuster）的**古今之争**（*Querelle des Anciens et des Modernes*），在黑格尔柏林教学活动时的法哲学（1821年）中找到了一种政治上的反映。现代国家应如概念那样是理性的，而不仅仅是法学家行会的专业知识所要求的那样。这就是说，只有国家能够使那些作为宗教改革后果产生的，在法国大革命中被宣告的主体自由的要求得到满足。但是，国家从来不应该以一种生命自身的严重异化，利己主义利益的原子化，公民角色与指导生存的个体的信念之两分，以及主人与奴隶的经济不对称性为代价而呈现这一点。国家必须作为一种生活形式而形成，它的各种制度将精神的现实设定在世界之中。在这种情况下，对于各主体以及他们事实上的多样性来说，原则上在不用与邻人进行竞争以及没有强迫的情况下，实现自由的可能性从外部得到了许可。

在这个语境中，**罗马法**（*Römische Recht*）这个超时代有影响的角色地位变得意味深长。自旧罗马共和国起，与可能出现的情况有关的法律原理和准则的大全（Corpus）由私人法领域逐渐被建立起来。《查士丁尼法典》（Codex Justinianus）在帝制晚期（564 年）将这一大全汇集了起来，并以成文固定的方式将此大全遗留给后世。直到 1800 年左右欧洲新法典（Neukodifikationen）的编纂开始之际，这笔遗产在中世纪和近代早期都一直得到利用。于是，比方说，重新作出极端解释的私法**契约**这一工具，被用作一般社会本身及其合法性的根据。**社会契约**几乎是近代从霍布斯到罗尔斯的一切样式的基础，它出自对一种简洁罗马法表达形式进行总体政治的运用。黑格尔在深思熟虑之后放弃了把社会契约作为秩序的基础的这一做法，他是唯一这样做的现代国家理论家。

此外，在与这个未断裂的连续性的联系中，他将在现代精神中达到顶峰的异化过程（Entfremdungsprozess）的责任归给了罗马法。黑格尔如下叙述了由希腊各城邦向罗马帝国的过渡①："精神的伦理形态消逝了，而另一种形态代之而起。——伦理实体之消亡及其过渡为另一种形态是这样被规定的：伦理意识本质上直接指向法律"②。在历史上失去的希腊伦理共同体这个间隙中，**法权状态**（*Rechtszustand*）出现了。"个体性和实体的有生命的直接的统一体所倒退而成的普遍的统一体，是一种无精神的共体（Gemeinwesen）；这个共体不再是诸个体

① 黑格尔：《精神现象学》（1806 年），汉堡，1988 年，第 315 页末。

② 中译文请参看《精神现象学》（下卷），贺麟、王玖兴译，北京：商务印书馆，1979 年，第 32 页。译文略有改动。——译者注

的无自我意识的实体,并且个体现在就在这共体中,按各自的自为存在而言被视为有自我的存在和实体。普遍者破裂为极为众多的原子个体,这个死亡了的精神是一种平等性,在其中**一切**被视为**每个**,被视为**人**"①。《法哲学原理》在**抽象法**(*Abstrakte Recht*)这个题目下处理了持存的罗马传统;在那里,作出历史的异化诊断的自由主体,也相应地扮演了纯粹的人(Person)的角色。

以那种后文将予以说明的视角,西方**宪政阶段**(*Konstitutionsphase*)之后的近代国家法出现在一个漫长延续的**历史化**(*Historisierung*)过程之中。在孟德斯鸠那里已经预示着这一点即将来临,虽然这个历史思想直到半个世纪后才进入普遍的意识中。维柯之后赫尔德(Herder)的广泛影响就是这种标志。在法学领域,历史法学派赢得了声望。通过要求一种与现成的习惯以及鲜活的法律形式的关联——没有这种关联,"我们时代的立法"必然依旧是无根基的——,历史法学派对由胜利的征服者所输入的《拿破仑法典》(*Code Napoléon*),以及罗马法长期为人所感到的抽象性作出了反应②。虽然黑格尔的论战明显针对萨维尼等人的这个学派,但是最内在地看,他真正的立场仍属于1800年左右时代的历史思想。即使在当代普遍主义的号召下,我们仍不会抛弃这笔遗产。从19世纪流传下来的自由主义的诸条道路显示出了这一点。

---

① 中译文请参看《精神现象学》(下卷)贺麟、王玖兴译,北京:商务印书馆1979年,第33页。译文略有改动。——译者注

② 比较弗里德里希·卡尔·冯·萨维尼:《论我们时代立法与法理学的使命》(*Vom Beruf unserer Zeit für Gesetzgebung und Rechtswissenschaft*),海德堡,1814年(重印本,希尔德斯海姆,1967年)。[弗里德里希·卡尔·冯·萨维尼(Friedrich Carl von Savigny,1779-1861),德国法学家,历史法学派的创立者,代表作除了这里所引用的《论我们时代立法与法理学的使命》外,还有《今日罗马法体系》(8卷本,1840—1849年)。——译者注]

第七章　马基雅维利那里的权力技艺的序幕

后世给马基雅维利冠以一恶名。在他的时代和环境中，马基雅维利完全不可能如此引人注目，因为他只是表述了一种实在政治（Realpolitik）的各项基本原理和准则①；而在佛罗伦萨和意大利以及其他西欧地区中，这种围绕着他的实在政治是稀松平常的事情。此外，基于一种设定，马基雅维利将永久经典的权威包括在他的图景之中；而与罗马历史学家李维（Livius）对话的《论李维》（*Discorsi*）一书在其前言（Proömiun）中提及了这一设定：人们应以史为鉴，因为正如天穹和星辰那样，人类本性在所有时代始终相同。当同时代的艺术理解和物质生产着重亲近于古代的典范时，政治在这一方面却落后了。

马基雅维利毫无掩饰地宣告了所有人意识到的，以及政治舞台上的所有活动家总归牢记在心的东西——这就引起了丑闻②。马基雅维利毕竟强调，政治行动者必须保持“五种德性”的外表，而这五种德性会引起公众的注意和赞扬：慈悲为怀、清廉正直、笃守信义、合乎人道、虔敬信神（pietà，fede，integrità，

① 比较 M.施托莱斯（M.Stolleis）：《狮子与狐狸》（*Löwe und Fuchs*），刊于施托莱斯：《近代的国家与国家理性》（*Staat und Staatsraison in der Neuzeit*），美因河畔法兰克福，1990 年。

② 道尔夫·施特恩贝格尔（Dolf Sternberger）甚至写道：“僭主的解放——这是且恰恰就是马基雅维利的历史功绩”。刊于《政治的三条根基》（*Drei Wurzeln der Politik*），美因河畔法兰克福，1978 年，第 160 页末。与亚里士多德和奥古斯丁并列的马基雅维利的“魔鬼崇拜”（Dämonologik）充当了这三条根基中的一条。[所谓的“魔鬼崇拜”实际上指的是马基雅维利反教权而建立近代世俗国家这一想法。1559 年罗马教廷把马基雅维利的《君主论》和《论李维》等著作列入禁书目录。同年耶稣会士焚烧马基雅维利的画像，称他是“魔鬼的帮凶”。当然，《君主论》中也有这样的话语：“若没有那些恶行，难以拯救国家的话，就不必顾忌那些恶行招致的骂名”（第 15 章）；“君主必须善于使用野兽的手段，他应当同时效法狐狸和狮子”（第 18 章）。——译者注]

umanità, religione)①。外在的表相或可掩盖那按照意向和实践驱动的可能完全不同的东西。另外,古代智者们已经提出了这条规则。色拉叙马霍斯极其愤怒地主张,极端的利己主义只有在一种道德外表的保护外套下才能成长起来②。因为苏格拉底关于正义的言论明显将事情本末倒置了,这位古代的演说家在这里发动了反对演说术的论战。

马基雅维利承认,道德虽然是值得赞美的,但却并非总是有益的。因此,后世的判断将他带到了霍布斯的身旁,虽然马基雅维利与霍布斯之间毕竟还隔着一个世纪的信仰战争。18 世纪英国的道德学说给这一"悲观主义的人类图景"佩上了"霍布斯主义"(Hobbism)的标签。在此期间,人们在剑桥柏拉图主义者们(卡德沃思③等人)的影响下,离开了霍布斯人类学和国家建立中的极端自然主义④。对于政治秩序基本的形成力来说,在自然状态的生存斗争中,未受保护的各人之自我保存的本能并不适用。恰恰是具有一种"道德意识"(moral sense)的人类天赋出现在了中心位置;这种道德意识使我们倾向于无须反思和理解力的统治就确实地对他人具有同情和善良意愿。因此,人与人之间的休戚相关被视为社会的根基。从英国道德学派出发,以亚当·斯密为顶峰的苏格兰人在 18 世纪后期提出了"政治经济学";它将家庭范围内旧欧洲的家庭治产业(Hauswirtschaftswesen)转带到了一个国家市场的广阔维度之上。

让我们再回到马基雅维利那里。他在漫长时期中保有的"马基雅维利主义者"(Machiavellist)这一恶名甚至进入了今日的日常用语中。腓特烈大帝(*Friedrich der Große*)⑤认为合适的做法是:防止作为普遍利益忠实操劳着的管理人这个君主的样子,变成一个位于国家顶端的"政治怪物"的可怕形象。在他 1780 年《反马基雅维利》(Antimachiavell)一书的前言中,这位普鲁士国王用法语

---

① 《君主论》(*Principe*),第十八章。[这里的五个品行的翻译参考了潘汉典先生的《君主论》中文译本,但是前后排列次序有所改变。参看《君主论》,潘汉典译,北京:商务印书馆,1985 年,第 85 页。——译者注]

② 柏拉图:《理想国》,338 以下。

③ 拉尔夫·卡德沃思(Ralph Cudworth, 1617-1688),英国哲学家,剑桥柏拉图学派领袖。反对霍布斯的自然主义。——译者注

④ 例如:约翰·波科克(John Pocock):《剑桥学派与苏格兰哲学》(Die Schule von Cambridge und die schottische Philosophie),刊于波科克:《另一种市民社会》(*Die andere Bürgergesellschaft*),美因河畔法兰克福,1993 年。

⑤ 又称弗里德里希大帝(Friedrich II von Preußen, der Große, 1712-1786),普鲁士国王(1740—1786 年在位)。军事家、政治家、作家、作曲家,也是德国启蒙运动的重要人物。——译者注

写道:“有一些人持有这样的意见:马基雅维利写的只是君主们做的而不是应当做的事情。这个观点受到赞许。因为它具有一个真理的表相;人们对这个耀眼的假话表示满意,它一再被人提及,因为它曾被人说出过。请人们允许我反对诽谤国王者而领导国王的事务,并保护那些其唯一责任必须是为人类幸福而工作的人们不会遭受可恶的指责”。

稍晚一代,费希特(Fichte)在柏林的时候就马基雅维利的问题作出了发现。毫无疑问,这一发现针对的是当时取得战争胜利的拿破仑的地位。出于书报审查的理由,在1807年费希特于哥尼斯堡署名出版但很快被禁止的关于马基雅维利的这篇论文中,与当时代的联系(Zeitbezug)被掩盖了;而青年费希特在匿名出版的为法国大革命辩护的著作[①]时,必然已经留心着书报审查了。费希特完全准确地评价了一些出自《君主论》的翻译片段,关于这部马基雅维利的代表性著作他引导性地写道:“对于任何处在他们可能所处的任何处境中的君主来说,他的这本关于君主的书似应是一本必要和有帮助的书。他特别受到其祖国和时代特性的引导而编制了足够宏阔的计划。他真正最高的愿望是,为处于不断摇摆不定的意大利的国家关系带入一些稳定性和持续性。据此而言,自我保存乃是君主的第一要务,而坚定不移乃是君主最高且唯一的德性”[②]。

莱比锡社会学家汉斯·弗赖尔(Hans Freyer)[③]重新在政治的权力傲慢(politischer Machtarroganz)的实际影响下,于20世纪30年代提及了费希特,并从他这一方面革新了费希特与马基雅维利的关系。弗赖尔十分隐晦且毫不附加意识形态地将《君主论》这部著作的形态描述为关于一种获得权力和维持权力的“技艺”(Technik)的塑造[④]。从这个视角出发,人们能够全无成见地接近马基雅维利的著述事业。这个出自后人无法彻底摆脱的接受史(Rezeptionsgeschichte)中的防御性、大众教育性的姿态,通过这种方式最可能得到中性化。以上这些开场

---

① 《论公众关于法国大革命的各种判断之合理性的文集》(*Beiträge zur Berichtigung der Urteile des Publikums über die Französiche Revolution*)(1793年)。《向迄今为止压制思想自由的欧洲君主们索回它》(*Zurückforderung der Denkfreiheit von den Fürsten Europas, die sie bisher unterdrückten*),太阳城,在天昏地暗的最后一年,1793年(*Heliopolis, im letzten Jahre der alten Finsternis*, 1793)。

② 《费希特著作全集》,I,9,226。

③ 汉斯·弗赖尔(Hans Freyer,1887-1969),德国社会学家、历史学家、哲学家。他受生命哲学影响,遵循新黑格尔主义。他也是莱比锡学派的奠基者。主要著作有:《社会学作为现实科学:社会学体系的逻辑基础》(1930年)、《马基雅维利》(1938年)、《在工业时代条件下的社会整体与个体自由》(1957年)。——译者注

④ 汉斯·弗赖尔:《马基雅维利》(莱比锡,1938年),魏耳海姆,1986年第2版(E.于纳撰写的一篇前言值得一读)。

白应该足够了吧。

对于我们考察的开端而言,关键性的东西必然是这样一种确定:近代意义上的**国家概念**以及哲学上所期待的精确性根本不存在①。对于现成的政治秩序来说,这个普遍概念的内容是"共和的"(republiche)意大利的各个城市国家(Stadtstaaten)以复数形式得到指称。马基雅维利关于自己祖国分裂状态的指责突然明显地出现了,而且处在其背景中的是他对古罗马共和国的回忆。《君主论》这一著名的末章(第二十六章)呼吁通过一个拯救者(redentore)将意大利的自由从"蛮族"的统治中恢复出来。所有这一切表明,我们从完好建立的中央国家(Zentralstaat)中——正如它自法国绝对主义开始成为现实,并且霍布斯业已在神话名义下的《利维坦》中提出的那样——,根本不能发现什么。无论如何,在马基雅维利那里,那个首先在现代革命时期中与其他政体有差异而得到尖锐化的共和政体的构想还不能够有容身之处②。

君主(Principe)③可以回溯到"君主[或第一公民]"(principatus)这个拉丁文术语④——作为唯一统治者、最高命令者、摄政者而被引入——,他能够控制一座城市或一个小国家。佛罗伦萨、威尼斯、米兰、那不勒斯提供了这些例子,还有法国和西班牙。人们容易想到其与罗马和雅典或斯巴达的类比。这里我既不从年代上也不从类型学上作出准备性的区分。正如马基雅维利自己所著的故乡城市佛罗伦萨的历史那样[当时通常以复数形式出现:《佛罗伦萨史》(*Istorie fiorentine*),1520—1525],我们可以从流传下来的各个作者那里摘引出总体所知的历史,为观察者及潜在的唯一统治者和篡位者们的明智训练提供一片统一的演示区域。

很少存在一种显明意义上的国家概念,我们很少能遇见如很久之后历史主义似应谋划的那样一种历史理解。比如对于兰克(Ranke)来说,每个时代都"直

---

① 这与G.耶利内克的《国家学说》(1900年)相反,他错误地提高了*stato*[意大利文:国家。——译者注]这个词的非术语意义的用法。

② 比较康德:《道德形而上学》(1797年),A212;康德突出了共和政体作为"唯一合理的政体"。

③ 马基雅维利意义上的Principe指的是欧洲中世纪封建制情况下,控制一个小的城市国家或者公国、亲王国的唯一统治者,似翻译成亲王或王侯更为贴切,德文用Fürst与之对应。但由于马基雅维利的代表著作《君主论》这一书名已是一约定俗成的翻译,所以本书中一律将Principe和Fürst翻译成君主。不过读者应注意,这里所说的君主与Monarch[君主]含义的差别。——译者注

④ J.布莱肯的《[古罗马]第一古帝国与共和国》(*Prinzipat und Republik*)(法兰克福科学协会会议报告,二十七卷,第2页,斯图加特,1991年)一文叙述了共和制向帝制的过渡。

面上帝”（unmittelbar zu Gott），因此这是每个历史学家身上充分有效的理解任务。对于君主之明智引导这一古老传统而言，历史尤其提供了进行学习以及避免先前错误的范例。在他的《伯罗奔尼撒战争史》引导性的“方法一章”中，修昔底德第一个提出了该基本论点，而亚里士多德在他关于实践哲学乃至关于**诗学**和**修辞学**的各类著作中贡献了范畴上的基本配置（kategoriale Grundausstattung）①。

这样的话，与王朝的思想不同，亲王（Prinz）不被视为世袭王位的继承候选人，而是被看作独当一面的、力求取得成绩而行动的中心人物。**君主制**（*Monarchie*）这一熟悉的政体形式并不适合这一范式，这一点证明了马基雅维利顺带考虑过的一个例子。阿拉贡国王费尔迪南多（Ferdinand von Aragon）②建立了西班牙的统一，按照我们的作者［马基雅维利］打听到的情况而言，“几乎可被称作一名新君主”。他远远超过一个单纯的国王，因为盛名和光荣（fama，gloria）与他杰出的行为联系在了一起（《君主论》，第二十一章）。在让·博丹（Jean Bodin）通过“主权”（Souveränität）理论给出绝对主义合法性的理由时也发生了类似的情况。虽然他的《共和六书》（*Six Livres de la Republique*）（1583 年）差不多要七十年后才出版，但博丹与马基雅维利一同属于文艺复兴的总体境域（Gesamthorizont）之中。博丹那里共和制与“君主”（Prince）的词语用法本质上与马基雅维利的观点一致。然而博丹的主权规定（Souveränitätsbestimmung）却是一个创见，我们的下一章就要论述这个创见。

在马基雅维利那里，君主意味着这样的人：他由于能力（virtù）或运气（fortuna），也就是借助于自身的才干或处在各种状况的运气之中，在一座城市取得了一个不受限制的统治者地位。行为的精力和与人方便的安排，这两种命运的力量的双重性，可算作那些接受古代先前规定的文艺复兴作家们古旧理解的熟悉说法③。人民（Volk）站在君主及其对权力的渴望的对面。人民喜欢自己的自由，虽然人民是反复无常的，并彻底跟从一个获得赞同、或至少令人害怕的头目

① 更确切的论述请参看吕迪格尔·布伯纳：《历史过程和行动规范》，美因河畔法兰克福，1984 年，第 53 页以下。

② 即费尔迪南多二世（Ferdinando d' Aragona，1452－1516），西班牙王国的创建者。原为阿拉贡地区的国王，后与卡斯蒂利亚的伊萨贝拉（Isabella die Castiglia）结婚，又成为卡斯蒂利亚的统治者。在意大利，他占有半岛的南部和西西里岛。1492 年他征服格拉纳达，统一了西班牙。——译者注

③ 比较 Kl.海特曼（Kl.Heitmann）：《幸运与能力（致彼特拉克）》［*Fortuna und Virtus*（*zu Petrarca*）］，科隆，1958 年。

(Anführer)。在这两种情况下,对于人民来说,服从命令显得有益。然而,君主在他的行为中必须注重必然性(necessità),并在一个给定的处境中,以一种与事业心(Tatendrang)并列的健康的现实主义尊重不可避免的事物①。也就是说,在批判性的情境中,即使某个手段按照道德观点,应当被微不足道地、轻蔑地拒绝,必然性也会催逼要求肆无忌惮地使用一切手段来达到一个居支配地位的目标。

君主最高的目标是**获得权力**(*Machterweb*)以及在获得权力后**保持权力**(*Machterhaltung*)。上升是一个很难一目了然的过程,也许因为国家变局或者政变必然会被组织起来,所以政治工作的重点落在权力的保持(mantenere, preservazione)之上。只有持续性才使一种秩序获得相对于篡权之矛盾心理和下降或垮台等持续危险的合法性;在后者的情况下,新的篡权者会突然出现或者得到庇护。在现有的范围内,政治明智必须被解释为一种技艺性的指导;因此,在这种技艺性指导的形式中,获得权力只意味着第一步,如果它没有持续占有权力的牢固性和连续性,就仍是一个机会主义的无赖行径(ein opportunistisches Bubenstück)。费希特业已在前面提到的论文中给出了这样的论证,他把"自我保存"称作永恒的目标。

在这一点上,马基雅维利与霍布斯相遇了,因为他在自我保存的本能中看到了建立国家的真正推动力。在偶然性的压力下同时鉴于惨遭非命的威胁,我们所有人共同出于这一本能而寻求法律的保护。然而,只有一个无须害怕任何竞争的主权才能够保卫法律持续的存在。我们所有人也许会一劳永逸地通过契约将与主权背道而驰的个人权利让渡给它,这样一来,我们就为主权提供了根据。契约的合法性与主权的权力垄断同时发生,但马基雅维利完全没有想到这么远。

如果保持权力以及由此而来的一个有序的共同体的状态(stato),基于吸收历史编纂著作中认识的经验而说出了政治之中心目标点的话,那么一切所作所为、权衡与决断、赞美与责备都必须从属于这个中心目标点。保持有序状态是超越一切的目标,对那些服务于这个目标的**手段**进行**道德中性化**(*moralische Neutralisierung*)的做法就以直接的方式随之得出了。于是,衡量君主的[标准]就是他的坚定不移而不是其他什么东西。国家就是这个结果。

这就意味着,经常摇摆不定的意见,就像无结果的价值一样,可依据德性表

① H.明克勒(H.Münkler)正确地强调了这一点:《马基雅维利》,第三部分(1984年,1995年第二版)。明克勒这个关于来自佛罗伦萨共和国危机的近代政治思想之奠基的研究,当下仍是最能为人理解的通俗研究,它吸收了丰富的材料并有意从社会史上(而不是观念史上)展开。

和恶习表全然得到忽略。没有异议、没有思考、没有合乎理性的结论值得倾听，在这种情况下，得到理解和实际使用的是明白且逻辑上有说明力的目的—手段关系（Zweck-Mittel-Relation）。然而就像我们所听到的那样，[君主]应尽可能保持的是那个好的表相。当必须采取手段以任何代价实现维持权力状态的目标时，即使公众也许对此表示鄙视，也完全没有什么关系。这种权力技艺者（Machttechniker）不是亚里士多德那里明智的政治家、明智者那样的道德典范：他甚至适合去指导别人过正确的私人生活。而马基雅维利的唯一统治者却孤独地处在他的权力光环之中。

由这种**具有技艺性质的权力逻辑**（*technisch angelegten Machtlogik*）出发，我们可以解释上文所提及的关于马基雅维利主义的丑闻。尽管几个世纪以来一直存在着有影响的反抗，但贯彻一种事实上摆脱任何疑虑的关于手段与目的之逻辑的理性却组成了马基雅维利立场的强度。在向着目标具体努力的过程中，人们很少会注意公众的意见，这个意见在启蒙运动进程中独立成为**反对的力量**。维持你的表相，只要还行的话，就不要畏惧胆小者们的流言蜚语，如果他们必须被压迫的话！那些雇佣军首领们（Condottieri）可能会这样想（《君主论》，第六章、第七章）：比起公众中的判断，他们宁可尊重他们的士兵和雇佣兵。在**公共领域之结构转变**（*Strukturwandel der Öffentlichkeit*）（哈贝马斯）的进程中，公民的环境首先在交往的互换中为了权力垄断而移动，并且最终在旷日持久的解放与革命的过程中达到民主的参与。这一历史悠久的发展过程自然加重了对马基雅维利主义的判决。

可是，在这个普遍的政治权力斗争内，还存在着一座所谓的极乐岛（Insel der Seligen）。对于马基雅维利而言这就是“教会君主国”（principatus ecclesiastici，《君主论》第十一章）；关于“教会君主国”，我们在二手文献中几乎读不到任何内容。对于能力或运气来说，获得教会君主国是一项任务，就像在一切适当的权力地位那里一样。但是与市民生活不同，教会君主国的**维持**并不意味着风险，因为它坐落在“古老的、宗教的基础之上”。这类“国家”既无须防卫也无须治理。它们平平淡淡地生活在这个例外情况中：安全地和幸福地（sicuri e felici）。持续性的内心幸福感处在与变化无常的运气那可减轻其罪责的差异之中，显然只在这里，内心幸福感是自在自如的。在一定程度上，教会君主国处在世界之外。

“由于统治这里[教会君主国]的是人类精神所不能达到的更高的智慧，我就不再对它进行研究了；因为这种国家只由上帝所树立和维护（esaltati，mantenuti),任何人的介入(offizio di uomo)都是狂妄和无礼的"①。跟往常一样,这里所声明的放弃需要进行解释——这由以下这个相近的阐明得到澄清:为了《君主论》尘世的和世俗的疑问,奥古斯丁理论上所奠定的中世纪的上帝之国在多大程度上得到了移除。与亚里士多德的看法不同,国家可能的幸福并不是人类的作品(Menschenwerk),而是上帝的礼物(Gottesgeschenk)。关于这一点,被确定为人世间的政治观必须得到系统性地概括。

我们最后要问的是:**经验**(*Empirie*)对于马基雅维利来说究竟扮演了什么样的角色?众所周知,他把自己的努力理解为关于各真实权力关系及其领域中各种可能变化的现实主义说明。"因为我想写些对于通晓它的人来说有用的东西,对于我来说,似乎更好的做法是走向关于各事物的实际真理,而不是关于各事物的想象"(imaginazione,《君主论》,第十五章)。由此,和这一点有关的是其他著者们"不一致的"计划:使君主明白,如果他想要保持自己的地位(volendosi mantenere),他也必须学着**不做好人**(potere seesre non buono)。对于事实的洞察力通过无数事例而得到训练;这些事例并不能提供一个归纳的数据集,而是为能够正确观察并从中引出结论(conclusione)的人产生富有教益的影响。在马基雅维利的三部著作中,《论李维》正是因这种考虑而写成的。

得到展开的是一种判例法(Kasuistik),而不是那个为了提出普遍化假说这个目的的数据基础(Datenbasis)。因为实例会自我证明。从一个或稍多几个情况中得出的推论肯定无法要求严格演绎推理式的效力(Valenz)。如果人们已经领会这本质性的东西的话,它就打开了一片未来利用的领域。在此,**判断力**的功绩拥有一席之地,它就着特殊者而直接看到普遍者。由此获得的见识可用在那些其他情况下的特殊场合中,并组成一种类比。

出自李维罗马城市史中的有说服力的事例积累,与佛罗伦萨历史发展处于平行对应关系之中;此间富有教益的东西不会消失在旧物之中。教化直接服务于未来行动的准备。选择与建议是凭借政治意识得到此全景的人的分内事。于是,实用主义历史学家马基雅维利的现实主义态度所反对的是假设(Postulate)和空想(Utopien),它们预先规定我们应如何按照有效用的规范去行动。按照这个理解,马基雅维利仍是传统主义者(Traditionalist)。这一作为知晓事实的"历史"(Historie)的精神科学经验基础的转变,开启了后来发生变化的解释。**科学**

① 中译文参考了潘汉典先生的译文并根据此处的德文进行了改动。参看《君主论》,潘汉典译,北京:商务印书馆,1985年,第53页。——译者注

(*scientia*)与**艺术**(*ars*)最终的对立导致了19世纪须为其负责的自然科学与精神科学方法论的阵营的建立。在那时,经验获得了一个完全不同于建立普遍化假说之跳板的另外一个角色,它与实际的指导几乎没有什么关系。

第八章　在由君主向人民过渡中的主权规定

正如我们所看到的那样，当马基雅维利仍未彻底说明国家概念，而只是陈述了为了赢得归属未定的权力地位（principatus）的技艺性指导时，他也就同样没有处理那些进一步与国家概念相联系的问题。然而他却密切注视着意大利各城市和国家中领导权的形式。但主权引起了一场国家之间的比较，在这场比较中，一个与许多统治权并列的统治权首先清楚明白地作为**至高权力**（*suprema potestas*）产生了。这在意大利这样一个颇令人抱怨的权力中心的分散状态中仍不成问题，虽然马基雅维利最终期盼一位在宽泛意义上统一这个国家的拯救者。

马基雅维利同样很少关注合法性问题。之所以如此，是因为人们在这件事情上接受了马基雅维利鉴于人民的支持而作出的考虑：君主们如何赢得人民的支持，他如何维持群众的偏爱，以及人们如何通过散布恐惧而将有可能出现的反抗镇压下去。这又是属于权力技艺的判例法，而没有回答立法权的基本原理问题。

然而在半个世纪之后，在法国国王身份的周围，主权的疑难成为了主题。为了引入让·博丹杰出的解决方案，我们在此可以忽略一些确切的情形①。无论如何，博丹有权要求成为第一个定义**主权**（*la souveraineté*）的人，到他为止没有人——没有法学家和哲学家——思考过主权这个问题②。拥有主权的权力，其展现的第一个要素是它的耐久性（perpétuelle）。没有这个要素，权力就会受到

---

① 比较 R.施努尔（R.Schnur）：《16 世纪教派内战中的法国法学家们：一篇关于现代国家之产生的论文》（*Die französischen Juristen im konfessionellen Bürgerkrieg des 16. Jahrhunderts. Ein Beitrag zur Entstehung des modernen Staates*），柏林，1962 年；H.克瓦里奇（H.Quaritsch）：《主权》（*Souveränität*），柏林，1968 年；以及 J.富兰克林（J.Franklin）、R.基塞（R.Giesey）、J.萨尔门（J.Salmon）等人的论文，刊于 H.登策（H.Denzer）（编辑）：《让·博丹》，慕尼黑，1973 年。

② 《共和六书》（1583 年版），第一卷，第 8 章，（G.迈雷编辑），巴黎 1993 年，III。

更迭的威胁,并且我们就会再次站在马基雅维利所描述的那些关系的面前。因为在任何种类的权力考验中,幸运女神(Göttin Fortuna)总是一个不可信任的伙伴。**在某种程度上主权会祛除幸运的影响**。

第二,与他的臣民和参与者不同,主权者必须凌驾于法律之上(excepté en termes de droit)。罗马独裁官们的唯一统治权受时间所限,并不适合用来作对比,因为他们异常的地位并不是指派给他们的,并且会在某个阶段之后自行终结。与此相反,主权者只承认上帝在自己之上①。没有"代理人"(lieutenant)可达到这样的地位。

与上帝的类似性组成了主权的核心。于是,后来霍布斯的解决方案考虑了这一点,他使主权者凭借众人的契约作为他们唯一的代表而得到安置。而博丹从根本上放弃了以利维坦的形态模仿上帝创世这样一种完全人为的构想。博丹的主权者直面上帝,并且在没有分有上帝之神学庄严的情况下接受了来自上帝全能的独特规定。规范性的约束,理性的预先规定,由其他方面的开始,经由契约的合法性——所有这些东西他都不需要。

这种与上帝的世俗化了的关系将主权者与单纯的僭主分开了,僭主只是作为靠财产生活的人而将国家视为其战利品而已②。但这种"能够为所欲为的"无限制的意愿力量,就像在柏拉图的《高尔吉亚篇》中已经预示的那样,为主权者所用。他以这种套话伴随着他的命令:因为这是我们的荣幸(car tel est notre plaisir),"是为了向人们暗示,拥有主权的君主(prince)之法律虽然以良好且深刻的理由(raisons)为基础,但仍只取决于他纯粹与自由的意志(sa pure et franche volonté)"③。即使博丹这个经常在二手文献中被引用的主张——主权不可违反"上帝和自然的法律"——也只能被视为套话④。因为上帝概念自身是在意愿上得到充实的,就像在后期经院哲学的唯名论的学说中常见的那样。上帝并不做理性命令的事情,而是根据这个活动,上帝所命令的事情就是理性的。博丹以旧约圣经的立场证明道:谁蔑视拥有主权的君主,谁就同时在蔑视上帝,因为上帝在尘世的形象(l' image en terre)就是君主⑤。按照这种说法,上帝形象的

① "它是绝对主权,它什么都不承认,只承认根据上帝而来的它自身"(Celui est absolument souverain, qui ne reconnaît rien qui soi après Dieu)(同上书,第114页)。

② 《共和六书》特别有一章处理了这种与僭主的差异(第一卷第4章)。

③ 同上书,第121页。

④ 同上书,第122页。

⑤ 《共和六书》,第一卷,第10章(同上书,第151页)。

学说(Imago-Dei-Lehre)集中到了人类一般(Menschen überhaupt)之上——这就像霍布斯在与传统一致的情况下将要利用那个理论那样——单单集中在那个超越一切法权主体之上的主权者的身上。这个非中介的、不容许代表的超越关系赋予主权学说以其独特的属性。

仍需要将近两百年的进一步的发展过程,主权的荣誉才由一个卓越的个人——君主——过渡到作为整体的**人民**(*Volk*)。也就是说,人民在近代早期的国家思考中并没有扮演本质性的角色。在有关统治合法性的利益中,那份将所有未来的法权主体包括进来的社会契约,要求的只是自由活动者的复数性,即一种处于自然状态中个人无序的多样性。这里并没有真正的实体(Entität)以人民的名义发挥作用。

与此相反,在与契约思想的辩论中,卢梭将人民的自我构成提升为主题。在他的《社会契约论》(*Contrat social*)的开头,论战的矛头就指向了格劳修斯(Grotius),托马斯·霍布斯应该同样也是题中之义。在一份契约中,人民将自己托付给国王或者主权者,他们的这份契约观明显跃入了一个重要的阶段。因为作为一个统一体,人民的构成必然先于任何这种契约的缔结①。"因此,在考察人民选出国王这一行为之前,最好还是先考察一下人民是通过什么行为而成为人民的。因为后一行为必然先于前一行为,所以它是社会的真正基础(Avant donc que d'examiner l'acte par lequel un peuple élit un roi, il serait bon d'examiner l'acte par lequel un peuple est un peuple. Car cet acte, étant nécessairement antérieure à l'autre, est le vrai fondement de la societé)"②。

卢梭在他《社会契约论》(1762年)该处的论证似乎并不属于思考的中心。然而这一论证提出了一个逻辑上的预设,这个预设必然先于自普芬多夫(Pufendorf)③开始的、在两个互相接续的契约上延伸开来的社会秩序奠基的过程。首先,被假定的自然状态中的零星个人有意且有约束性地通过契约联合成这样一个社会。接着,这个整体鉴于国家政体而通过一项决议,于是这个构成起来的社

---

① 在接下来的论述中,我将援引我的论文:"按照卢梭而言的人民自我构成的活动与按照黑格尔而言的法治国家的宪法"(Der Akt einer Selbstkonstitution des Volks nach Rousseau und die Verfassung des Rechtsstaates nach Hegel),刊于吕迪格尔·布伯纳:《政治哲学研究三篇》(*Drei Studien zur politischen Philosophie*),海德堡科学院文集,海德堡,1999年。

② 《社会契约论》,第一卷第五章[中译文参考了《社会契约论》,何兆武译,北京:商务印书馆,1980年,第17页——译者注]。

③ 萨穆埃尔·冯·普芬多夫男爵(Samuel Freiherr von Pufendorf,1632-1694),启蒙时代德国自然法哲学家,历史学家和自然法与万民法学家。——译者注

会才有意将自己托付给一个领袖①。普芬多夫想到了这么远的地方。而在此之前，就像卢梭所批评的那样，人民必然以某种方式产生了。

“人民通过什么行为而成为人民”(l' acte par lequel un peuple est un peuple)——这就是说，人民并不总是先于一切立法而作为自然的量(Größe)存在。人民之所以成为人民，需要一项原始的自我设立的活动。这并不意味着仅仅给一起过着艰难困苦生活的个体的复数性贴上这样的标签：众人所在之处，应有一致！(wo Viele waren, soll Eines sein!)对于这项活动来说，那种位于公意中心地位的契约缔结并不在考虑之列，公意作为一切个人意志向“共同自我”(moi commun)的明确的献身，开创了一个“道德与集体的共同体”(corps moral et collectif)。因为这个道德共同体直接形而上学地改变了这个处境，所以像动物那样生存着的人们共同利用他们的理性时，自我中心论就由于决断而是伦理的。这一点，如卢梭所强调的那样，“在人类中产生了一场最堪瞩目的变化”(produit dans l' homme un changement très remarquable)，即产生了一种使化体(Transsubstantiation)②，然而它却没有神学的背景③。

这项设立人民的活动并不意味着划时代的转变，而是指一个构造过程，在这当中，主体和客体同时发生。人民——而没有其他人可供考虑——在其存在的总体性中作为人民而出现。但由此，在仍需缔结社会契约的意义上，人民并不被视为法律的泉源和国家形成的有意的作者。因此，人民的地位仍被低估了。我们不必去评价各具体种族天然的丰富多彩，就像赫尔德稍后将它作为人类通往人性的形成道路上的各个步骤记录下来那样。人民在自然法的基本原理思想中并不是历史的量，比如“法兰西人民”或“英国人民”。人民是一个政治主体，人民可期待它会出现在作为制宪权的结果中。

1789年法国大革命前夜，西哀士教士(Abbé Sieyès)④著名的宣传小册子提出了这个问题：“什么是第三等级”(Qu' est-ce que le tiers état?)？他在这里仍

① 萨穆埃尔·普芬多夫，《论人和公民根据自然法而来的义务》(*Über die Pflicht des Menschen und Bürgers nach dem Gesetz der Natur*)(*De Officio Hominis et Civis juxta Legem naturalem*, 1663)，第二卷第六章，第七节以下(Kl.路伊希的德文版，美因河畔法兰克福，1994年)。

② 宗教术语，指使圣餐中的面包和酒变成耶稣的肉和血。这里指的是卢梭所说的公意使众人成为人民。——译者注

③ 《社会契约论》，第一卷，第六章、第八章。

④ 埃马努埃尔-约瑟夫·西哀士(Emmanuel-Joseph Sieyès, 1748-1836)，多称西哀士教士，法国天主教会神父，法国大革命、法国执政府和法兰西第一帝国的主要理论家之一。西哀士的《什么是第三等级?》成为大革命的宣言。——译者注

然使用了等级的语言；由国王路易十六（Ludwig XVI）召开的各等级的全体会议（Generalversammlung）应该在凡尔赛（Versailles）转变为人民会议（Volksversammlung）。当时，处于贵族和教士（Adel und Klerus）等级另一边的第三等级在社会和经济现实的转折中仍完全没有享受特权。因此，西哀士只能这样来回答自己挑衅性的问题：虽然第三等级是一切（tout），但它在政治秩序中意味着一无所有（rien）。而这个“一无所有者”突然要求了什么？“去做点什么”（À être quelque chose）。对人民怀有善意的教士在这个程度上发出了号召。法国大革命的动力立即表明，这微薄的“什么”（Etwas）即使不作为纯粹的高调，也应得到极具讽刺性的理解。第三等级实际上是一切，它也想合法地成为一切，并由此必然将那两个优先于它的等级推入一无所有之中。

西哀士使用的词汇，以“人民”（peuple）替换了第三等级，并且将它与“一个完整国家”（une nation complète）相提并论。一个没有负担的国家概念得以提出，它包括了一个国家公民的总体性，也就是说，包括了国家制度的实在基础。法国1795年的“宪法”业已坚决地说道：“1. 法兰西共和国是统一且不可分割的国家。2. 法兰西公民之全体是主权者”。[(1) La République française est une et indivisible. (2) L'universalité des citoyens français est le souverain.] 西哀士及其后人那里的抽象词汇仍未涉及19世纪意义上的“民族主义”（Nationalismus）。

然而，从逻辑上说，现代立宪主义（Konstitutionalismus）产生于人民主权（Volkssouveränität）①这个阶段。当主权由统治者转移到人民身上时，我们无法辨认出其他立法机关。因为在人民之外，在“完整的国家”之外，人们并不期待有什么关系重大的事物。在人民中得到表达且由人民出发的**公意**，通过契约使所有成员有义务只以普遍的方式意愿普遍的东西。集团或等级之利己主义的一切特殊利益，君主们的特权最终都破产了。在这个由此产生的法律真空（Rechtsvakuum）中，成文的宪法出现了。法国大革命之后的那些最令人思想激动的年代见证了各类宣言文本的过度生产。计划制定者的幻想是不知道边界的②。在漫长的协商后，这个最终通过的结果完全不同于一个按照古老的柏拉图-亚里士多德样式，在君主制、贵族制及其退变形式之间传统的状态规定意义上的政体。如今**一份书面写下的文本**为将来具体形成的立法给出了那些**不可动摇的原**

① 比较彼得·格拉夫·基尔曼斯埃格：《人民主权》，斯图加特，1977年，尤其是第149页以下、第153页。

② 比较St.里阿（St.Rials）（编辑）：《人权和公民权宣言》（*La déclaration des drois de l' homme et du citoyen*），巴黎，1988年。

则。在这份文本中,立法的工作最终得以检验,这对现代国家的透明性来说贡献巨大。

英国的北美殖民地宣布与本土脱离关系,这种特殊境况促使人们勇于直接且毫无先例地记下应该有效用的东西。成文宪法的这部值得称赞的历史始于1776年的弗吉尼亚州(Staat Virginia):"弗吉尼亚善良人民的代表,集中在全体和自由的大会上,制定了一项权利宣言……"此后,马萨诸塞(Massachusetts)和纽约以及之前的殖民地陆续制定了宪法。在纽约出现了独一无二的局面:像麦迪逊(Madison)、汉密尔顿(Hamilton)、杰伊(Jay)这样颇有影响、富裕的、精通经典文献的公民,借助类似新闻文体的方式推动了关于宪法原则的公开的思想交流。由此产生了关于一份与临时决定分离的,在古代观念方面受到培养的,承担国家未来整体责任的推理思考的独一无二的文件(《联邦党人文集》,1787年)。在国家新建的原初境况中,明智且高瞻远瞩的头脑们以关涉者的名义考虑,他们将来想要怎样的统治。就自由的交往而言,人们能够设想什么样更美好的东西呢?无论如何,1949年德意志联邦共和国基本法要求尊重的起源处于占领者的命令之下,以及1945年一切国家政权崩溃这个总体否定的标志之中。由此产生的结局,即"德国人民在其各州中……通过了这个基本法",能够在1990年通过各新的州的"加入"而重新统一中被证明是出色的。

而对人民这个虚构的实体,一些法学家出于某种怀疑而这样论证道:主权和法治国家同时出现。马丁·克里勒①主张:"对一个主权者的设想是针对宪政国家的革命性的炸药"。"在宪政国家中并没有主权者:宪政国家恰恰在历史上和概念上意味着将国家主权划分成为国家机构和国家法律的全体"。由此,在近代,这个谋求合法性的漫长过程就过渡到了合法秩序自身的独立自主,它源始地就是合法性努力的对象。对合法性的期待由此就不是同义反复了吗?

在即将来临的**国际社会**(*Weltgesellschaft*)的时代,值得人们记住的是,主权源始地意味着这个关于一个处于卓越性上升序列中无法超越的顶峰之假设。在不受法律保护的人之上是自由的公民,在公民之上是一切种类的统治权、君主、选帝侯——按照历史的发展过程。这个序列的最高者预设了可比较的地位,这些地位在他面前是较低的,但在各自地位上又都高于那些较低级别的人。只能在由本地(Lokalen)经过区域(Regionale)直至民族(Nationalen)这一览无遗地维度中,这个优越性的等级(Superioritätsskala)方可于时间上和空间上得以达成。

① 《国家学说导引》(*Einführung in die Staatslehre*),莱茵贝克,1975年,第112页、第116页。

因此,主权思想内在地与民族国家有关联。

在这样一个外延广阔却可理解的为政治设想力、为实际交流、为实施统治并为有效管理而存在的领域的另一边,出现的是不确定者。空间和时间限制的固定每天都显示在现代国家的组织中。没有这样的关涉,国家概念将自行解体。这个出自孟德斯鸠和伏尔泰启蒙运动时代的术语**民族精神**(*Volksgeist*),黑格尔很早就在他的政治思考中使用了它;它是一种可塑造的特性,这种特性并不显示一种走上日耳曼歧路的浪漫派的蒙昧主义。**民族精神**(*Esprit de nation*)是一个严肃的西方舶来品(ein seriöser Westimport)①。

法国人总是习惯于为了其特殊立场而要求人性一般(die Humanität überhaupt)。与法国人的这种革命沙文主义(Revolutionschauvinismus)不同,世界历史层面上的民族精神应以**复数**形式来思考。众多民族精神在互相竞争中力求实现现代法权的国家原则,它们构成了**作为世界法庭的世界历史**(*Weltgeschichte als Weltgericht*)之舞台,就像黑格尔在引用席勒的一句名言时完全谨慎且毫无过分夸大地表达的那样②。在民族精神的斗争中,一种命中注定的有限性的辩证法完成了,它不用从末世论上推迟到"末日审判"(Jüngsten Gericht)而使人世间的法权范畴实质化。

然而,实际的趋向明显超出了各民族国家、它们有关战争的争论及其在洲际范围内促成和平的平衡的竞争,这一竞争符合19世纪欧洲的范例。以欧洲为名的"国家联邦主义"(Staatenföderalismus)打开了世界历史的新篇章,我将在结语部分对此表明态度。但人们可看到的仍处于实验阶段的欧洲"超国家"的构想早就被那些超前思考的头脑们超越了。不过他们并不肯定近代乌托邦的传统,因为在真实存在着的(苏东)社会主义倒塌之后,人们就不再对它抱有信任。一个"国际社会"越来越有力地处处感受到召唤,它符合康德历史解释的世界主义目的(kosmopolitischen Telos)以及他"永久和平"的预期③。它应当将这早已通过经济事实得到决定的"全球化"转向崭新的法律和政治的理解,这种理解或能够阻止和补偿普遍化市场事件的潜在减少。

---

① 这里的意思是说,民族精神这个术语是从法国被引入到德国的。——译者注

② 黑格尔:《法哲学原理》,第340节。席勒1786年的诗歌具有这个独特的标题《听天由命》(*Resignation*)——比较1999年斯图加特黑格尔大会(Hegel-Kongress)的会议记录《世界历史—世界法庭?》(*Die Weltgeschichte-das Weltgericht?*)(编者:吕迪格尔·布伯纳,瓦尔特·梅施),斯图加特,2001年。

③ 关于这些代表性的工作请参看格奥尔格·岑克尔特(Georg Zenkert)深思熟虑的书评:《作为和平策略的政治》(*Politik als Friedensstrategie*),刊于《哲学评论》1999年第46期。

卢曼学派(Luhmann-Schule)形式主义的行话容许任意的扩展,比如这个学派对于“国际社会”进行了理智的分析①。此间显示的是,在近代国家观传统中被做成功能性条件的那些如主权、宪法、合法性和政治秩序等概念的本质性的边界,在瓦解或向无规定者的过渡中得到领会。未来才将表明,什么东西可当场具体地得以现实化,什么东西是知识分子们无所依托的幻想的功劳。

现在已不必讨论的是,在我们移居太空之前,我们政治义务的有限场所必然是且仍将是地球。没有人能够知道,我们在宇宙中是否可能偶然遇见“邻居”、“外来者”、“竞争者”或“与我们相同的人”。当我们从行星层面上(planetarisch)过度延伸我们熟练的、经受历史考验的范畴之前,首先必须使政治上成功的国家政权之基本成就得以全球化。在“各民族精神”历史性限制的另一边,存在着什么类似“人类之主权”(Souveränität der Menschen)的东西吗?显然并不存在,因为这个优越性的必然的比较等级展开了,在这种情况下,顶端地位和总体性,即无限的充分权力和所有主体没有例外的到场同时一致地出现。这种“超级权力”(suprema potestas)必然不会“针对”可想与可见的竞争者而得以贯彻,在这种情况下,所有人“处境相同”。一个真正的权力比较变得抽象空洞。

从国际社会这一方面提供的合法性出发,我们同样会走向空虚之中。因为当取决于“所有人”同意并同时假设另一边根本不再存有任何候选者时——这些候选者既能博得同意也可遭到拒绝——,极为众多的数十亿人的纯粹此在(das pure Dasein)与法律所需要的辩解汇合在了一起。所有偶然在此且瞬间增多的人们,根据事实本身(ipso facto)提供了唯一可支配的法律理由。于是,一项根本上不容忍任何选择途径来获得同意的立法就变得根本没有必要。一个合法制定、官僚机构彻底理性化的国际社会,事实上被指派在无限的分工交换之中。当维持生计的机遇并不取决于这样一个国际社会而被给予时,也就不存在**自然状态**(*Naturzustand*)了。所有人总是或此或彼地处在一个地球上,在这里并不存在潜逃、流亡或躲避。这就已经从自身出发而不必通过一条社会契约的道路去强求人们可设想的最广泛的行政管理。没有组织方面的宏大结构,继续简朴生活下去的细小计划就一点都不能得到保证。

之所以鉴于这种全球性而取消国家在政治上奠基性的功绩,是因为国家组织统一性的那种“周遭世界”(Umwelt)根本上不再存有了。一种来自这个“周遭

① 比较克劳斯·施蒂希威(Klaus Stichweh):《国际社会》(*Weltgesellschaft*),美因河畔法兰克福,2000年。

世界”的偶然性侵入了这个建立起来的秩序体系，而这种偶然性处于以某种方式质疑该秩序的地位。因为所有的洲、帝国和文化在任何视域中都不再可以被感知，而从对它们的想象出发，传统的欧洲中心论（Eurozentrismus）引出了鉴于其自身的怀疑论的论证。所有视域都由统治性的法律体系所收纳。像启蒙与所谓野蛮人那样构成的对比性经验（Kontrasterfahrungen）在任何地方都不可寻得。理性主义已确切地获得了胜利，并且对于这副“金钟罩”（eherne Gehäuse）也不再有任何外部的透视。文化的牢笼不停地围困着一切候选者，不允许有人从所谓的另外一边感知这些栅栏杆（Gitterstäbe）。于是它们完全变得不可见了。因此，在一种严格的意义上，人们也根本不再能够描述这种国际社会。

第九章　利维坦神话及其反对者

1.

众所周知，托马斯·霍布斯对流传的学院亚里士多德主义的评价极差。这个弊端始于大学在知识领域中的那个无可非议的地位："罗马宗教、罗马法律和医学"占据着较高级的系科。"至于哲学的研究则不过是罗马宗教的婢女而已。由于唯有亚里士多德的权威在这里流行，所以这种研究便不是正式的哲学（其本性不取决于著作家），而是亚里士多德学（Aristotelity）"①。语词代替了现实，书本代替了自然，听从权威代替了自身思考——霍布斯唤起了那个时代常见的这些针对经院哲学传统负担的指责。

接着而来的就是对自亚里士多德开始写起的政治哲学的毁灭性的攻击。"他们从亚里士多德的市民哲学（Civill Philosophy）那里学会把平民国家以外的各种类型的国家（如当时雅典的情况）称为**僭主制**。他们把所有的国王都称为暴君……他们还把处于民主制下的人们的状况称为自由。僭主原来指的不过是君主。……冒犯人民的事情不是别的什么，乃是他们之被统治这一点并不是他们中的每个人自己认为合适的，而是公共的代表——不论它是一个人还是一群人的集合——认为合适的；也就是说，他们受到一个独断政治的统治：由于这一点，他们给他们的上级冠以邪恶的名字；他们不知道（也许直到内战后不久）没有这种独断的政府，这种战争必将永远持续下去；使法律具有力量和权威的是人和武力，而不是语词和允诺②。因此，这就是亚里士多德的《政治学》的另一个错

---

①　霍布斯：《利维坦》（1651 年），第四部分，第四十六章（沃勒编辑，剑桥 1904 年版，第 496 页）。［中译文请参看《利维坦》，黎思复、黎廷弼译，北京：商务印书馆，1985 年，第 545 页。——译者注］

②　这一点须特别注意，因为在维特根斯坦影响的语用学宽阔的足迹中，人们新近想要按照"允诺"（Versprechen）这个模型来解释社会契约，它被视为具有结果义务的特殊语言行动。这种解答显然太过于薄弱了！

误：在一个秩序良好的国家中，应当处于统治地位的不是人而是法律”①。

这一位于《利维坦》第四部分标题为“论黑暗王国”（*Of the Kingdom of Darkness*）的结尾处很少为人读到的段落，恰恰处于这部内容丰富的完整著作的终结章。与其他提出传统批判的地方相比，这一段话更清楚地包含了：在一个总体上糟糕且偏离思想的大学组织框架内，作为天主教之谦卑婢女的亚里士多德主义所不幸产生的东西。亚里士多德主义赞扬人民的自由并取消了作为僭主的君主的资格。它沉湎于这种法律统治的观念而产生了这样一种错觉：并不应通过人和武力，即不应通过垄断的权力而使秩序得以遵守。只有内战的事实才能明白无误地使托马斯·霍布斯的同时代人们醒悟过来。这个影响深刻的历史经历超过一切令人崇敬的理论。内战的持续推进含有这样一种可怕的设想，以至于对亚里士多德学说所作的意识形态上的歪曲最终在它面前解体了。

凭借这个扼要的提纲，我们就位于疑难的中心了。当传统以经典作家的名义论述那些与任何个人以及全体人民的应该正确理解的利益相违背的观点时，它基本上就欺骗了我们。今天的人们想要听到的是，自由在民主制中存在着，并且法律的领导权是法治国家富有价值的成就。我们希望听到这一点恰恰由于过去这个具有各种极权主义和战争形式的世纪所造就的种种经验。我们坚决引证“以史为鉴”。霍布斯并没有给出某种不同的论证，然而他却陷入相反的结论之中。为了使这条格言显得可疑，以下这种确定就足够了：以史为鉴的主要是单义的事物（Eindeutige）②。未经思考就接受那些极为人尊敬的哲学家们悦耳动听的理论，诱骗人们持有那些把他们引入歧途的观点，直到一种真正的战争经验使人们不得不清醒过来。比如当统治权令他们厌烦时，人们喜欢听到的东西——就像引文注意到的那样——通过直截了当的现实接触才得到驳斥。

霍布斯想说的是，相比统治者的恶名来说，更重要的是对他的和平功能的认知。轻蔑地议论“僭主”只能鲁莽地造成自己无法去预想君主制的好处。这就是说，权力集中于主权者那里而不是其他什么东西，才是对于法律可靠性这个问

① 同上书，第505页末。［中译文请参看：《利维坦》，黎思复、黎廷弼译，北京：商务印书馆，1985年，第555—556页。我改正了原译文的一些错误。——译者注］比较：B.沃尔夫尔斯（B.Wolfers）：《闲言絮语的哲学：托马斯·霍布斯对亚里士多德的批判》（*Geschwätzige Philosophie. Thomas Hobbes' Kritik an Aristoteles*），维尔茨堡，1991年。

② 关于这一点请参看吕迪格尔·布伯纳：《关于这条格言的思考：以史为鉴》（*Betrachtungen über die Maxime, aus der Geschichte zu lernen*），刊于施特凡·约尔丹（Stefan Jordan）（编辑）：《历史之未来：对21世纪思潮的历史思考》（*Zukunft der Geschichte. Historisches Denken an der Schwelle des 21. Jahrhunderts*），柏林，2000年。

题的解决方案。然而我们可以看到,从一开始,绝对国家的支持者就处在守势之中。但是错误的学说在一种威胁生命的亲身经验中破灭了。霍布斯自己处于他的时代之中。拒绝传统及其根本上的误入歧途意味着那种直接的冲动,即基于对种种真实关系和初始条件的知晓——而一种自然科学可实现这一点——原本地构思这唯一理性的国家建构。正如修昔底德对自己的战争分析所作的评价那样①,就这一点而言,与时代相关的理论同样也是"永久的财富"②。另外需提醒的是,霍布斯翻译了修昔底德的《伯罗奔尼撒战争史》并彻底把它当作与他同时代的对应者进行研究:"通过关于过去行动的知识教导人们,且使他们能够当下明智持身,对将来则未雨绸缪"③。

2.

无关于那场在自然科学始创时代司空见惯的反经院哲学的论战,同样也无关于以史为鉴,霍布斯独立思想最引人注目和最富有启发性的表述之一出现在《利维坦》简短的**导论**中。首先在那里,他不用神话的次重音(mythologische Nebentöne)就唤起了上帝的创世,并将它无条件地等价于"作为一种技艺的自然"。上帝凭借这种技艺创世并掌控世界。直接紧挨着这个**创世思想**(*Schöpfungsgedanken*)的是**模仿**—构想(*Mimesis* -Konzept),它恰恰是一笔与圣经学(Bibelkunde)并列的古代遗产。在创造一个"人造的动物"(Artificial Animal)过程中,人"模仿"上帝。当然,古代的原理是:技艺仿效着自然。在委托给作为源始创造者的上帝时,技艺与自然的这种关系,由模仿重复一个自在存在自然的各种情况转向了这个原本的创世模仿。由此,这个模仿不再是纯洁无邪的。因为与上帝同等地处于其最固有的能力中,这一点必然有资格在神学上变成罪恶。正像伊甸园中的那条蛇所预告的那样:"你们将像上帝一样"。因为最早的人们相信了这条蛇,所以他们逃离了唯一真正的上帝信仰,永远失去了伊甸园。

这些神学背景在霍布斯的文本中并没有得到详细说明,但对于当时的读者来说肯定是明白的。现在文艺复兴的天才美学(Genieästhetik)业已将"**另一个**

① 修昔底德:《伯罗奔尼撒战争史》,第一卷,第一章。

② 这里借用的是修昔底德的那句名言:"我的著作不是只想迎合群众一时的嗜好,而是想垂诸永远的"。——译者注

③ 霍布斯:《著作集》,第八卷,摩尔斯沃思(Molesworth)编辑,伦敦,1843年,第VI页末。

上帝”（*alter deus*）的形象与艺术家和诗人上帝般的创造才能联系了起来（莱昂纳多[达·芬奇]、史伽里日①等人）。然而，在霍布斯国家构想这个情况中，没有美学的而只是技艺的方面发挥作用。其中的这个差异暂时应该不会太碍事。康德关于天才的定义概括了一个整体的发展过程，在这个定义中，他强调了一种发明之独特性与遵守规则之模仿性之间的差异②。

于是，按照《利维坦》思想的初始地位，国家完全不同于按照亚里士多德所说的人类的基本自然状况（Naturverfassung）。国家是一种技艺的艺术作品，一个理性的发明，一场普罗米修斯式的向上帝之全能的挑战，简短说来，就是人类文明的杰作和顶峰。首先映入眼帘的是笛卡尔鉴于各动物而提倡的自动体学说（Automatenlehre）；他的意思是，如此这般的生命过程可看作一台自动不断运行的机器。但机器的运作并不能使霍布斯感到满足，虽然所有后世都指责他危险地将国家组织与一台齿轮组（Räderwerk）混淆在了一起。德国观念论圈子中的贬低性的评价具有“紧急状态的和理智的国家”（Not-und Verstandesstaat）的内容。

这个“人造者”超过了机器这类事物，它仿效着人——“那个大自然有理性且最精美的作品”。这里不用回归到基督教教义的上帝形象学说（Imago-Dei-Lehre），理性本身的突出地位就可得到颂扬。上帝的宽容允许一种与他相同者出现在其创造过程中；但并不是这种宽容，而是“作为创造者的人类”（*homo faber*）给出了技艺性国家构想的范本③。人再一次造就了人类：“利维坦被称为**共同体**（*Common-wealth*）或国家（拉丁语为 Civitas）”。这里最终出现了这个明确的**国家概念**（*Staatsbegriff*），我们曾徒劳地以这种明晰性在马基雅维利那里寻找它。国家处在罗马市民社会（Civitas）的连续性之中，并且获得了“公益”（Gemeinwohl）这个新的规定性，它不再只以“res publica”[拉丁语：公共事务]来意谓公共的事务。

首先，为了这个**闻所未闻者**（*Unerhörten*）的缘故，霍布斯把一个神秘的名字赋予了对它进行描绘的创见。在《旧约·约伯记》中④，与贝希摩斯（Behemoth）

---

① 尤里乌斯·恺撒·史伽里日（Julius Caesar Scaliger，1484–1558），意大利人文主义者，诗人和自然研究者。在当时新的自然科学兴起的情况下他仍维护亚里士多德主义。——译者注

② 比较：《判断力批判》，第 46 节末。

③ 关于这个方面请比较新近出版的：J.克莱施（J.Kreische）：《霍布斯和斯宾诺莎那里建构主义的政治理论》（*Konstruktivistische Politiktheorie bei Hobbes und Spinoza*），巴登-巴登，2000 年。

④ 40：14-25；41：25。

并列的利维坦是陆地上巨大的动物，只有上帝自身才能在它面前显示出优势地位。“在人世间上无人能与它相比；它被造就得无所畏惧”。引用这个在圣经的其他地方未被叙述的形象①是出于这样的动机：去促成一个未预料到的神圣的联系。一个强有力的存在者，它高于一切并因此自身毫无惧怕。赫拉克勒斯(Herkules)、阿特拉斯(Atlas)、朱庇特(Jupiter)、索尔(Sol)②是古代宝库中关于国家比喻的可供选择的可能性。霍布斯有目的地选择了一个空虚的圣经象征，因为它在一些读者中并不唤起通常的想象。这种空虚则逐渐通过接下来的构造理论得到充实。然而《利维坦》中仍留有令人感到奇怪的东西。谁能够在人世间毫无恐惧地生活？尽管有卡尔·施密特③有关的研究以及大量新近的解释尝试④，我还是认为选择这个有异国色彩的庞然大物是一个天才的文学想法，它与作为创造物之冠的理性人类完全没有共同之处。[《利维坦》]“导论”中其他从创世出发，通过模仿、技艺、自动、理性直到公益和罗马市民社会的论调听起来却稀松平常。从中产生的一头谜一般的怪物至今仍是对我们的挑衅。

这个人造的人比自然的人大得多、厉害得多。这恰恰就构成了它的优点，因为它是为了保护和捍卫自然的人而被发明和设想的(intended)。与在一台僵死机器那里的情况不同，主权在这里相当于使一切人生活着、运动着的那个灵魂。公职人员们对应于四肢，一个运动只有借助于它们才能进行。奖励和惩罚代表了感觉神经系统。接着还有其他的比喻。这个人造人的任务(Business)即“salus populi”[拉丁语：人民的安全](the people's safety)处于中心地位。由此，这个参照城邦之幸福的公益概念变成了一种纯粹的安全保证。当不再能深入其背后的对于保护的兴趣处于支配地位时，“好的生活”就根本不再有效了。为了保证一种持续的法权安全的缘故，这整个技艺作品得以存在，它将我们所有人一起从自然状态中解放了出来。

---

① 比较《旧约·约书亚书》，27:1。

② 这四者都是古希腊罗马神话传说里拥有巨大神力的神或英雄。其中：赫拉克勒斯是古希腊神话中的英雄，宙斯之子；阿特拉斯是古希腊神话中的大力神，巨人族反叛奥林波斯神失败后，阿特拉斯被罚站在地母盖娅的身上擎住天父乌拉诺斯，以免他和地母做爱；朱庇特是罗马神话中的主神；索尔是罗马神话中的太阳神。——译者注

③ 《托马斯·霍布斯国家学说中的利维坦》(*Der Leviathan in der Staatslehre des Thomas Hobbes*)，汉堡，1938年。

④ 比较R.格洛(R.Groh)：《研究世界之非神圣性：论卡尔·施密特政治—神学的神话和人类学》(*Arbeit an der Heillosigkeit der Weil. Zur politisch-theologischen Mythologie und Anthropologie Carl Schmitts*)，美因河畔法兰克福，1999年。

3.

利维坦通过契约和协定(Pacts and Covenants)而获得生命。在这当中,它像上帝的谕令(Fiat)或**按照我们的样式造人**(*Laßt uns Menschen machen*)[①]。通过这种不会引起误解的创世类比,国家的起源被置于接近一种“无中生有”(creatio ex nihilo)的状态中。国家的形成并不先于和它相同的东西——既不在一种来自社会性最初开端的推进发展意义上历史地先于,也不由于假设如“国家”之类的观念预先存在而逻辑—存在论地先于。由此,我们站在了取得合法性的决定性策略的面前,而取得合法性对于国家总体——尤其在与古代城邦生活形式有区别的情况下——是典型性的。因为存在一种在所有参与者中达成的明确的和约束性的约定,只要每个人都同意,这个结果就被视为合法。

所有霍布斯的后继者们,无论是像卢梭那样提出社会群体的意志构想(公意)的批判者,还是像帕森斯及功能主义的系统理论那样忠实于其轨迹的人[②],**都通过社会契约达到了国家之建立**。这一点对于罗尔斯或哈贝马斯实际的建议来说也依然适用。在**自然法与国家科学**[③]那些新的支持者中,唯有黑格尔明确地,凭借强有力的理由保持了与契约论的距离。这一点在后文中将成为主题。国家的立法基础是一个并非天然而是人工建立的政治秩序形式,这一秩序形式预设了一个所有人明确社会化的虚构的契约;无论如何,在这个国家的立法基础上,存在着与亚里士多德的“政治动物”的本质区别。关于这明显始于智者之术的契约论解决的尝试,亚里士多德在他的《政治学》中毫不疑虑、毫无犹豫地确定:国家中共同体的生活具有一个伦理的维度[④]。因此,在任何立法中,法治使达到德性这个目标成为判准。否则城邦的法律就无法和协定(συνθηκη)区别开来,比如两个国家为了互相帮助或由于贸易优惠而签订的协定。在这些情况中,在有限影响范围中所确定的利益引导了这些协定。利益能够改变,因而它在任何情况下都不能构成各国家间持续的共存。

当我们现在将这个国家间契约的模型联系到定居在一个地方的人们时,我

---

① 《旧约·创世纪》,1:26。

② 至少通过否定的方面忠实于霍布斯,比如:尼克拉斯·卢曼:《社会之法律》,美因河畔法兰克福,1993年,第21页、第192页、第355页。

③ 这是黑格尔1821年《法哲学原理》的另一个标题。

④ 《政治学》,1280a5以下。

们就会将契约限制在一片一目了然的领土上(τοπος)。然而这并**没有**建立一个**城邦**。为什么呢?因为尽管地点上邻近,参与者们仍然"在分开生活的情况下互相交往"(**χωρις**)。这幅图景非常准确地预示了作为契约论基础的近代个人主义所提出的这个政治问题:人们在分开的情况下共同生活下去,并且一种人造的器具,一种就像在独立国家之间可设想的契约促成了这个社会的团结一致。但是公民们不能这样来为自己主张那种与国家相同的独立自主。他们不是一个城邦的市民,而是每个分离的"政治单元"。

亚里士多德的意见在以下这个意义上未能切中问题:近代契约论模式①并不完全把个人当作各独立的城邦,而是当作精于算计的利己主义者。众所周知,这个样式出自罗马的**私法**(*Privatrecht*),在那里,契约作为法权个人之间一种常见的司法活动而出现。然而,在自然状态中不能预设法权状态,因为这个原子化的过程(Atomisierungsvorgang)并没有得到阻止。每个人为自己而生活着,而社会却远离他内心的自然兴趣。为了有说服力地提出霍布斯式的要求,首先必须出现一种附加的戏剧化的描绘:摆脱自然状态!(Exeundum e statu naturali!)霍布斯对作为**普遍战争**(*universalen Krieges*)的原初自然状态进行了生动形象的描写,而这一附加通过这种描写而产生作用。在社会化之前,一个本质上相比较于法权状态而突出的状态,允许每个人任意(ius naturale)[拉丁文:自然权利]使用他的力量和自由②。于是,在自然状态中,存在着一项每个人对所有人的源始的法权要求。这似乎是悖论,但如果没有这个预先规定,那能够被带入一个契约,也就是一个正式交换业务中的东西就不可支配了。通过每个契约参与者牺牲的"任意"以及由此牺牲他无约束的自由,我们缔结了这项契约。

当然,关于这一点必须在"源始的境况"中嵌入一个诱因:**自然法**(*lex naturalis*)。它同样先于一种被建立起来的法权状态。自然法以源始的和自然的方式使每个人有义务将自身的生命保存放在高于一切的地位上。这就是说,当生命的促进得到了肯定时各项威胁也应得到消除。作为自然状态中能动用的最后的资源,**自我保存**(*Selbsterhaltung*)的本能发挥了作用。这意味着一个最小的量,它为了可预见的未来而单纯延长生存或使生命连续化。为了明天或后天而保持生存,而不是去实现幸福意义上的一生统一的生命计划。作为关于人性的

---

① 详细论述请比较 W.凯尔斯廷(W.Kersting):《社会契约论的政治哲学》(*Die politische Philosophie des Gesellschaftsvertrag*),达姆施塔特,1994 年。

② 以下是《利维坦》第十四章(拉丁文术语在括号中给出)。

教化，作为天资的完善或类似的事物，某种进一步的专门训练并不与自我保存联系在一起。自我保存直接由自身得以说明，因为没有一种生物在正常的、非病态的配置情况下会倾向于否定自身的生存。另外，在这最后生存的基础上[①]，动物无法与人类区分开来。后者突出的只是**理性**的天赋：通过聪明使用工具去达到原初的目标，关于德性却没有言及。

为了这个证明过程，处于《利维坦》中心地位的第十三章论及了"关于人类幸福与苦难的自然状态"。鉴于自然的"人类状态"，幸福与苦难紧密地处在一起。出发点则是自然给予我们身体与精神天赋的平等。从整体上看，较小的差异似应被忽略。在这种原始境况中，名声不佳的强者的自然权利并无一席之地。这个位于思想过程开端的抽象的**平等假设**（*Gleichheitsannahme*）是本质性的，并被判为高于其他假设，因为我们必然无法接受同样基于这个假设的非对称性。这种任何人都能实现他目标的希望产生于所有人行动能力的平等分配，以及自由获取一切的权利（ius naturale）。由此出现了一种**时间因素**（*Zeitfaktor*），它无限延长了指向未来的原始状态。也就是说，希望（hope）首先在现成财富短缺的情况下造就了敌对者[②]。谁预料到一个机会，他就会反对那些也许会从他身上夺去那个机会的竞争者。于是，借助于理性，在展望未来中，一种冲突图式（Konfliktschema）就建立了起来，它完全不再围绕着关于希望和妒忌的具体动机。恰恰自动形成的是为了消除竞争者的策略，人们凭借其他人的支持而对竞争者进行遏制。谨慎地设法自我保存这个**自然法**赋予的义务，不可阻挡地产生了一种客观的尖锐化；通过抢在到来的危险之前采取措施，由此将普遍的战争状态提升为不可控者，这种尖锐化与简单的维持生计的预先操心（Subsistenzvorsorge）相距甚远。

4.

也就是说，**理性**（*Vernunft*）是这样一种东西：它在自然状态中使人**野蛮甚于动物**（*wilder als ein Tier*），因为动物只是出于饥饿而吃食，并会防卫攻击者。由于他面向未来，所以人已经觉察到明天的饥饿，而且在战役与同盟实际发生之前

---

① 关于这一点请参考列奥·施特劳斯的这本书：《霍布斯的政治哲学》（*The Political Philosophy of Hobbes*），牛津，1936 年，第二章。（德文译本现刊于施特劳斯：《著作全集》，第三卷，H. 迈尔编辑，斯图加特，2001 年。）

② 同上书［《利维坦》］，第 82 页。

就为其操心。因此理性增大了偶然性："最糟糕的是，人们不断处于暴力死亡的恐惧和危险中，人的生命孤独、贫困、卑污、残忍而短寿"①。与政治幸福完全相反的图景出现了，在这里，虽然我们在混乱的自然状态中一同得过且过，但我们必须在自私自利的孤立中，勉强支撑起并从各方面保卫最低水平的生存。长此以往，我们可能一同变得不只是**不幸福**。只要这些孤立的主体从"自然权利"(iux naturale)——要求一切的权利——和"自然法"(lex naturalis)——命令所有人进行自我保存——两者的结合那里夺走了那种秩序和可靠的保护的话，我们就不容拒绝地陷入了最深重的苦难之中。此外，从中并不产生对任何人的指责。这个自然给定的处境完全就是这样的。

说挖苦的话(Zynismus)在这里意味着我们看上了乐善好施的选择方案。但是并没有来自彼岸的力量帮助我们于困境之中，既没有上帝也没有某种拯救者。我们依靠的是我们自己，并且必须单单由自身的力量来克服这个困难的处境。"道德意识"在我们情感的心理状态中得以确定，但这个妨碍生命的自然状态并不回归到须通过对一种"道德意识"的评价而得以平衡的厌恶人类(Misanthropie)。18世纪就这样采取了反对霍布斯的阵线。弗朗西斯·哈奇森(Francis Hutcheson)、亚当·斯密和其他人颂扬仁爱(Philanthropie)的天性。康德最终正确地反对了一种取决于情绪的道德情感化(Sentimentalisierung von Moral)。对他来说，只有出自纯粹理性并反对一切本能和倾向，才产生普遍有约束性的"伦理法则"(Sittengesetz)。

在《利维坦》中现存的只是"估计到最坏情形"的系统化尝试。这个最坏情形是一项理性构造的条件，而完全不是一种世界观。我们生存的天性始终不渝地强迫我们达到一次彻底的**骤变**(*Umschlag*)，而我们只能将此归功于我们的理性。在孤立状态中，理性悖论式地驱使我们进入不幸，但在联合状态中，我们都赢获了幸福的展望(commodious living)②。在这种态度的骤变中，"自然权利"和"自然法"古老的联结现在为了幸福而产生影响(第十四章)。这个使一切有裨益的东西都适宜于自我保存的基本义务采用了一种奇特的形式：自愿放弃这项对任何事物的权利，也就是为了实现和平和在这范围内的自我保存而牺牲自由，当且仅当其他人也这样做的时候。

这个放弃自由的**交互性**(*Wechselseitigkeit*)构成了缔结契约的唯一致命弱点

---

① 同上书[《利维坦》]，第84页。

② 同上书，第86页。

(Achillesferse)。一旦当主权者通过契约得以任命时,他就会由于其权力的垄断而为了未来持久地操心于法律的安全。究竟是谁又是为什么跨出了缔结契约的第一步呢?"但是如果其他人都拒绝放弃他们对任何事物的权利,那么这个人也不用放弃他的权利,因为否则的话他也会遭到这样的猜测:他的意图并不是寻求和平,而恰恰是自愿呈献自然法所不要求的东西供人掠夺"。这个只因欺骗性的希望而没有理由的自身的任务,必然显现为荒谬的活动,因而在理性计算中遭到排除。这种生存的严峻无关于和平主义的变化无常(pazifistischen Launen)。

在这里,霍布斯出人意料地诉诸了福音书和那一条人尽皆知的"一切人的法则:己所不欲,勿施于人"(Law of all men:quod tibi fieri non vis,alteri ne feceris.)。这个由自然权利的态度向通过契约达成的和平解决办法的棘手的**过渡**,显然必须通过外部的通告或规则而获得支持。因为还没有固定的权利可产生效用,可想而知它就会倒退回利己主义。就这一点来说,出自理由和毫无怀疑预期的理性推导,明显不能够在那片分开自然状态中原子化、斗争性个人的深渊上架起桥梁。

另外引人注意且经常被观察到的是,在缔结契约中放弃自由并不是双方完全一样地实现的。因为契约双方通过我的放弃并不再额外赢获权利,而只是不像往常那样单方面谋求我的赞同、我的权利。他自己也完成了同样的放弃,因此,当这份契约不作为所有契约方的权利向一个**第三者**(*Dritten*)的让渡而详细开列时,从各个方面的**法权义务**(*Rechtsaufgabe*)中将产生出一种虚空。这个第三者就是那个主权者,它通过一切契约参与者这一方面所有权利的联合,牢牢掌控无人再能战胜的、有效的最高权力。由此,这个第三者自身不再作为契约的参与者,而是作为不受任何契约义务约束的受庇护者(der Begünstigte)而出现。这个主权者来自各方面参与契约这一点,此间,为了这个主权者例外的、相当于人间上帝的地位,立法的需求得到了满足。任何将来会服从法律的人从一开始就这样同意了。

总要强调的是,缔结契约并不是历史的事实,而是一种服务于巩固权利的虚构。那么,自然状态也不是一个不知怎么地先于契约的历史阶段。自然状态必须被解读为法权状态的**反面**;在法权状态中,我们所有人都进入了社会化之中,而不会陷入选择、同意和也许完全不一致的处境之中。自然状态以阴暗的色调描绘了没有法权情况下人类的共同生活。我们并肩生存着,仿佛我们是分开的,正如亚里士多德所表达的那样。我们只知道利己主义,而利己主义的理性却永远无法足以促成共同体。因此，我们必然被迫经由内战的潜在经验达到态度的转折。

一个戏剧化描绘的态度转折矫正了我们粗暴的利己主义，并且用它**被启蒙**之后的形式替代了这种利己主义。当自身的兴趣并不指向如荣誉和贪婪这些非公益性的目标，而是被提醒要记得其自我理解的最后裁决时，它就会认识到自我保存不折不扣地是第一位的价值。如今，一种聪明的自我保存的策划不再使用一切人反对一切人的斗争，而是使用了这个技艺的、出于危急而发明的权利工具；它预告了每个人生存的安全，以及没有减弱的对未来的希望。另外，我们存在着充分的动机去研究这幅图景的忽然改变。霍布斯理论的基础是一种实在的维度（Realdimension）。对于权力真空范围内无人看守的时刻来说，比如在类似革命或无政府状态等情况中，我们感觉到自己一下子重新回到了自然状态之中。自然状态就是这样的东西：它存在时，法律就不存在。我们使陷入迷梦的自我保存之力重新活跃起来，怀念与人友好的法权状态。某种通俗的艺术形式，如侦探故事或北美西部惊险电影，玩弄了——附带地说，成功地玩弄了——这类极限经验（Grenzerfahrungen）的吸引力。在通常情况下最终胜利的是秩序。

5.

利维坦是在关于契约模式的漫长阐明过程中出现的，它的最后的定义是一个至此还未有过的**国家定义**（*Staatsdefinition*）。上文已经叙述过权利让渡给一个权利人这种特殊的形式，而这个权利人并不是契约的参与者，并因此在他这一方面不受契约的约束。而这个权利让渡的特殊形式**为**同意契约的**众人**设立了**一个代表人**。"当众多人由一个人或一个人格（one Person）代表时，众多人就成为一个人格（One Person）；这之所以成立，是因为得到了众多人中每个人个别的同意。因为是代表人的**统一性**（*Unity*）而不是被代表者的**统一性**使人格为一（Person One）。并且这个代表人承担着这个且唯一的人格：在众多人中统一性不能以其他方式来理解"①。

这个代表的逻辑②是霍布斯借以用来克服这个问题的诀窍：从自由活动者

① 同上书[《利维坦》]，第113页（第十六章）。

② 关于这一点请比较哈梭·霍夫曼（Hasso Hofmann）从很远地方讲起的、非常不同的研究：《代表》（*Repräsentation*），柏林，1988年第三版。

的复多性中，政治统一性应如何建立。这个古老的问题在古代就已经产生，比如柏拉图就以统一性的形而上学原理来进行回答，而这个原理在哲人王的手中又被称为“善的理念”。亚里士多德批评了这个形而上学的解决方案，并坚持自由和平等的人们的自我统治；此间，在时间延伸的过程中，由复多性向统一性的过渡，通过由统治向被统治变换中的交替而形成。因此，多数的统一在程序上作为执政者与被统治者的同一而完成。可见，这个事实上“民主制”的建议与所有个别意志联合成公意这样理性掌控的强制集中相去甚远；卢梭业已开始将不可避免的极权主义的结果赋予公意。尽管这样，当今人们却将卢梭看作民主之父。

然而，霍布斯的国家定义出自这个代理人（Stellvertretung）的逻辑，在这里，一个人合理地代表着众多人。在这个契约中，每个人都在任何其他人都会做同样事情这个预设下，将他自由的权利让渡给这个代理者；由于这个契约产生了一种权威，一切参与者的国家在共同体中被给予了这种权威。因此，唯有这个权威具备这么多的权力和力量（Power and Strength）。“通过他造成的恐惧，他就能形成他们所有人的意志，对内谋求和平，对外互相帮助抗御外敌。国家的本质就存在于他身上。它（用定义来说）就是**一个人格，众多的人通过相互订立信约使他们每个人都成为这个人格行为的作者；最终他可在其认为有利于大家的和平和共同防卫的情况下运用全体的力量和手段**。携有这个人格的人就称为**主权者**（*Soveraigne*），并被说成是具有主权权力的；其他的每个人都是他的**臣民**（*Subject*）”①。

复述一遍：由所有人共同缔结的契约配置了一个作为所有人代理者的具有联合权力和力量的裁决者。对这个代理者的恐惧（terror thereof）按照代表人的任意形成了所有人的意志。代表人的意志不受约束。这使他成为主权者，完全类似于博丹毫无支撑地在一个契约论基础上已经规定的主权者那样。如果这个意志也不受约束，那么他普遍的目标就被确定了：内部政治的和平与外部政治的防卫。如果合法的基础遭到破坏并终结于僭主专政的深渊之中，我们就不允许代表人超出这一点之外。人们想起了霍布斯鉴于僭主权力已说出的那个警告。博丹的轻率（Frivolität）使主权者说出了这样的话：“因为这是我们的荣幸”（ar tel est notre plaisir），但这不是《利维坦》的格言。

由于这个代表的逻辑，每个人自动作为公共行动的**合作者**（*Mitautor*）而发挥作用。私人个体与权力体系的分开根本找不到出发点。我们谈论这个作为单

① 同上书[《利维坦》]，第十七章，第119页。

数形式被加冕的“人格”的代表人,并不是因为他在马基雅维利那里君主角色的意义上是一个放肆的莽汉,或在黑格尔的君主立宪制中是一个主体,一个处在社会金字塔顶端的统治者、国王。人格在去人格化的言说方式中恰恰就是国家自身的代理。

国家是人格,不是生活形式。这一点使得近代的构想作为专门用来服务于公共秩序的创造,明显与古代市民伦理统一体分离开了。从这种国家的人格化出发,人们后来推导出了各种各样的有害性;但国家的人格化绝对不是以下这种意义上的误解:将一套齿轮组(Räderwerk)与人类尊严可替换的承载者混淆起来。它恰恰直接指出了政治的同一性。一切个体联合成为这个政治同一性,并应在其中再次认识自己;由此,在**法权主体**和它的**代表人**即主权者之间,不可能出现任何异化。

此间,这个同一性问题,也就是多成为一的问题,并没有采取卢梭后来为了一举补偿契约中出现的**异化**而选择的弯路。卢梭在一切人臣服于一个主权者这一情况中认识到了自由的彻底丧失,而代表的逻辑只是掩盖了这一点:“主权是不能代表的,同理主权也是不能转让的;主权在本质上是由公意所构成的,而意志又是绝对不可以代表的;它只能是同一个意志或者是另一个意志”①。在组成我的社会存在的真正契约中,我至少可以放弃作为我的最大财富的自由,而这一最大财富远远高于动物式的自我保存。个别意志向公意本质性的转变必须代替这笔财富而发生。当我们使这个意志原理永久存在并变为一个共同体时,我们就可以不去考虑我们个人在知识、等级、能力和行动力等方面的诸多差别了。因为在这个纯粹原理的层面上,我们不想要任何规定性的东西;规定性的东西产生于某些处境之中,它引起了对这些处境的各不相同的解释,并且它要求具有相应的手段或另外的前提。

这个被设想为统一之源并被提升为社会契约之形态的“公意”,在一条**通过一个形而上学者的弯路**(*Umweg über ein Metaphysicum*)上解决了这个关于多之政治同一性的紧迫问题。霍布斯的代表逻辑,如它似乎精巧策划的那样,在它这一方面具有一个理性的组成部分。每个法权主体能够在主权者中重新认出自己。然而,按照卢梭,通过创造一个超经验的、反个人主义的、但又不在制度形式中得以具体化的普遍性,这种契约性的意志联合提出了一种转变;在这种情况下,最后的抽象与完全不确定的意愿能力有关。卢梭遵循的这个动机昭然若揭。

---

① 《社会契约论》,第三卷,第十五章。

个体与国家之间的那种差别——也就是那个由代表所中介的那种差别——必须得到禁绝。在公意之"共同自我"中,我根本不是缔结契约之前的那个我了。不在其他地方而只在意志这一点上,这个不间断的相同先于意志的具体活动而在确定的行动形态中得以确立。

6.

这个绝对的非中介性的代价颇高。在《社会契约论》中已经出现了强迫做违心的事、监察、思想意识训练、公共的宗教仪式和狂热崇拜统一象征等所有设置。对它的批评产生于1792年法国大革命恐怖的后果中,而且这种批评后来一再出现,直至具有极权主义这个极端形式的20世纪。由青年阶段神学—政治的文本到以**法哲学**形态出现的柏林讲演的成果,慢慢成熟的黑格尔的反思吸收加工了大革命时期的结果。此间黑格尔的主导性动机是:为了从制度上建立那种在历史上实现其自由的各个主体生活于其中的生活形式,通过一种来自其独立自主的国家的退化,消除由卢梭主义所提出的理性主体与这个普遍者总体相同(Pauschalidentifikation)的各种困难。而这个总体相同一再出现在康德的道德哲学中。

在卢梭把霍布斯式契约中放弃自由视为不可接受时①,在《社会契约论》关于"立法者"(Législateur)这很少受到重视的一章中(第二卷,第七章),一个对于这些系统性困难非常重要的证明出现了。在其共同体中得到领会的绝对空虚的意志原则是无法规定的②。为了这个政治秩序根本上得以形成,需要一种"天才的"中介环节来达到具体的现实那一边。而"公意"就是这个政治秩序的合法性来源。为此我们就需要立法者。这个立法者像梭伦、吕库古或加尔文那样占据了一个完全具有独特魅力的等级,因为虽然他不是主权者本人或其代理人或行政官员(magistrature),但他的眼中只有公益(Gemeinwohl)。

在公意纯粹的执行中,没有契约的参与者,没有屈从于法律的人,没有利益的代理人,一句话,没有异己的要素,有的却是一条由意志通向其适当内容的传送纽带(Transportriemen)(如果这个比喻不至于过分机械的话)。这一条传送纽

① 关于这一点请比较吕迪格尔·布伯纳:《何种理性有益于社会?》(*Welche Rationalität bekommt der Gesellschaft*?),美因河畔法兰克福,1996年,第117页以下。

② 关于这一点请参看黑格尔《法哲学原理》(1821年)"导论"中的细致分析。

带领导着众民族，它处在争执之外并在几个世纪的漫长生活中发挥作用。“为了发现对各个民族来说最好的社会规则，就需要有一种能够洞察人类的全部感情而又不受任何感情所支配的最高的理性；它与我们人性没有相似性但又能从根本上认识人性；它自身的幸福虽与我们无关，然而它又很愿意关怀我们的幸福；最后在时势的推移里，它照顾到长远的光荣，能在一个世纪里工作而在另一个世纪里享受。要为人类制订法律，简直需要神明”①。

这位立法者似乎像一个哲人王那样使人们能够在他们自己不能获得的法律之下，过着合乎人性的生活。因为当他们已笼统地给出自己的辩解时，他们的配置却并不适宜真正的立法。通过一个意志想象中的产物——在其中每个人都是他自身并且所有人都成为一个人——我们首先达成了对于这个半神（Halbgott）所设立的用于一切民族的任何规则的同意。但如果现在这个半神是斯大林我们该怎么办呢？霍布斯式的代表逻辑，并没有动摇个人对其处在国家各条件下不断持续的独立性的信念。这里有强迫，但它是透明的，且就这点而言它是理性的。卢梭不考虑强迫的解决方案，而以立法者的名义从背后竖立了摆脱一切控制的力量。

在公意与立法者的共同作用中（*Zusammenwirken von volonté générale und législateur*），卢梭的设想才有了一个轮廓；它超越了对政治自主性和道德化诉求的着重声明。人民总是希望善，但又不能真正认识它和谈及它；人民在体系上依赖于那个总解释者（Generalinterpreten），他先于他们说出什么是恰恰立即须做的事，这一事实表明了一个突出的弱点。在证明为合法的普遍者与合法表达的特殊者之间，在这中介间隙（Vermittlungslücke）中挤入了所有的要求权位者（Prätendenten）。他们在人民明确的委托中规定了他们认为对人民有好处的东西。世界性的教士特权阶层、群众的干部和先锋者、以言语（而不是武器）从事解放运动的代理者、国际间革命的旅行推销员（Commis-voyageurs）、“老大哥”和“人民之父”——卢梭富有创造性的观念联结为社会学的一种新构成铺平了道路。

智者们曾是政治野心家们的培养专家，他们常常出生于希腊城邦文化的边缘地带。启蒙运动的知识分子们非常坦率地把自己称为“哲人”（les

① 德文翻译来自H.布洛卡尔德（H.Brockard）。［这里作者在正文中使用了《社会契约论》的法语原文，而在这个脚注中给出了H.布洛卡尔德的德文译文。现统一在正文中以中文译出，注释中的德文译文略去。中译文参考了《社会契约论》，何兆武译，北京：商务印书馆，1980年，第49—50页。——译者注］

philosophes）,他们经常出入于巴黎的沙龙,赢获了没落贵族的倾听。在新闻业、人民教育、工人训练和操纵公众意识等方面的人类活动的幕后策划者（Schreibtischtäter）,这个对19世纪和20世纪而言全新的类型,可依据卢梭的观点而得到。

第十章　历史思想之前孟德斯鸠的历史主义

孟德斯鸠的遗稿以《我的思想录》(*Mes Pensées*)为题编辑出版。在这份关于笔记、思想断片和突发奇想等内容极其丰富的汇集中,可看到他在能设想的最广区域中,对有教养者能反思的各种对象进行了有见解的评论。从拉罗什福科到尚福尔(Chamfort)①和里瓦罗尔(Rivarol)②③这些 1789 年法国大革命的同时代人,法国道德学家们出版了一批《准则与反思》(*Maximen und Reflexionen*);它们为编辑零散思想的遗稿提供了典范④。近代道德学家们⑤以他们的方式探讨了出自亚里士多德主义传统的古老的明智学说。在 17 世纪作家的圈子中,拉布吕耶尔(La Bruyère)⑥通过翻译亚里士多德学生泰奥弗拉斯特(Theophrast)的《性格论》,明白无误地表现了启蒙道德学家对那种明智学说的依赖性。

与其他许多人一起,孟德斯鸠已然在他的思想录(*Pensées*)中表达了**政治之一般准则**(*Allgemeine Maximen der Politik*)⑦。其中的第四条和第十九条写道:

---

① 尚福尔(Chamfort),真名塞巴斯蒂安-罗克·尼古拉(Sebastien-Roch Nicolas,1741-1794),法国格言作家、道德学者。曾担任路易十六妹妹的秘书,还是雅各宾俱乐部成员。——译者注

② 安托万·德·里瓦罗尔(Antoine de Rivarol,1753-1801),法国政论家、新闻记者、讽刺诗人、道德学家。自称里瓦罗尔伯爵(Comte de Rivarol),来自意大利贵族家庭。里瓦罗尔在法国大革命期间支持君主政体的传统主义。——译者注

③ 比较 Fr.沙尔克(Fr. Schalk)(编辑):《法国道德学家》(*Französische Moralisten*),苏黎世,1991 年。

④ 《我的思想录》(H.里特作了德文翻译),慕尼黑,2000 年,第 171 页。

⑤ 在我们的时代,维特根斯坦的众多笔记从其遗稿中逐渐进入公众视域。凭借这些笔记,维特根斯坦展示了一个出人意料的类似情况。无论如何,对于那些把他们的英雄视为一个逻辑学家的正统维特根斯坦主义者们来说,这些笔记是出人意料的。因为他内心里一直是一个宽泛意义上的"道德学家"。遗稿的编辑,逐步推动这个[逻辑学家的]固定形象缓慢的转变。请比较马丁·戈斯曼(Martin Gessmann)海德堡大学授课资格论文。

⑥ 让·德·拉布吕耶尔(Jean de La Bruyère,1645-1696),法国哲学家、道德学家。——译者注

⑦ 《我的思想录》,第 171 页。

"人们不该希望通过**法律**来招致那能够通过**伦理**得以实现的东西",和"人们不应该做任何不合乎理性的事情。但人们绝对应该避免做**一切**合乎理性的事情"。我把这两条准则当作研究孟德斯鸠政治理论的出发点。他的著述生涯始于《波斯人信札》(*Lettres persanes*)(1721年)。以处于法国首都巴黎花花世界中的两个波斯人这一情形,这本书改变了启蒙运动喜爱的主题:即"外邦人"眼中对欧洲中心主义的批判反映。卢梭晚年**善良的野蛮人**(*Guten Wilden*)这一虚构支持了如狄德罗、雷纳尔(Raynal)①、伏尔泰等作家的思想,它使上述这一主题流行了开来。这个驱动力直至今日转向"第三世界"的异域主义(Exotismus)仍产生广泛影响,尤其是在"第二世界"消失之后。

凭借一部简短的著作《罗马帝国盛衰原因论》(*Considérations sur les causes de la grandeur des Romains et de leur décadence*)(1734年),孟德斯鸠迎合了对启蒙时代来说同样重要的关于各伟大帝国衰落的思考。爱德华·吉本(Edward Gibbon)的巨著《罗马帝国的衰亡》(*Decline and Fall of the Roman Empire*)(1765年)属于这个语境。黑格尔早年曾经研究过孟德斯鸠和吉本;正如他青年时期的著作所证明的那样,黑格尔是以下这种历史观点的继承人:将各伟大帝国的上升与衰退看作关键事件而对其进行说明②。

1748年,孟德斯鸠的代表作在日内瓦出版后立刻获得了成功。这部著作名为《论法的精神》(*De l' Esprit des Lois*),它拟订了一个关于立法问题宏阔的文化史的框架,这个立法问题自古代以来,尤其自柏拉图以来就作为政治之最重要的事情被提出。政治原则性的工作是权威地颁布各项法律来约束一切法权主体,而**精神**(*Esprit*)这个概念将一个全新的声音带入了对政治之原则性工作的理解之中。**立法**作为人类形成秩序的活动而受到关注,它或者跟从自然,或者进行反对自然的"实证的"设定。因此,无论是在类比自然必然性的意义上,还是在与此必然性竞争的意义上,法律来到了自然的规则逻辑(Regelungslogik der Natur)的身旁。贯彻理性被视为法律力量的核心。

然而,孟德斯鸠在**精神**概念下所理解的东西,并不是在一切从其历史语境中抽象出的立法过程中的理性普遍的有效性。在反对那种历史精神之形成的理性

---

① 纪尧姆·托马斯·弗朗索瓦·雷纳尔(Guillaume Thomas François Raynal,1713-1796),又称雷纳尔神父(abbé Raynal),法国作家、启蒙运动时期文人。——译者注

② 比较我的演讲:《处在世纪转折的黑格尔》(*Hegel an der Jahrhundertwende*),刊于吕迪格尔·布伯纳、瓦尔特·梅施(编辑):《世界历史—世界法庭?》,1999年斯图加特黑格尔代表大会会议记录,斯图加特,2001年。

主义的精神概念中，存在的恰恰是天赋理性和各种给定情形的状况。从这个起源中派生出了各**民族精神**（*Volksgeister*）这个标准的表达；它从伏尔泰[①]开始经过赫尔德直至黑格尔，将法国启蒙运动与德国的回应在历史思想中联结了起来。精神表明了一个纯正启蒙运动的来源[②]。

在消除了意识形态批判的苦恼之后，这一主题更加无拘无束地得到了开展。立法活动与权利关系重大且决定着政体，在近代理性主义基础之上，孟德斯鸠拥护一种在具体的现实世界条件下关于立法活动的**历史的**观点。而向后追溯的话，这些条件总已由气候、地理情况、某个民族的风俗习惯，即由各经验前提的框架所决定；这些经验前提合乎其本性地必然先于一切法律的理性（Gesetzesrationalität）。因为立法活动总发生在各种境况的地基之上，对于这些境况没有人具有支配的权力，并且它们也不能被“法律”所废除，而它们却为法律事实上的“颁定”提供了不可缺少的背景。

我们可以历史地谈及这一考虑，因为它给予那些既不能明确地设定，也不能有计划地改变，还不能在目的论动力中排除的各种因素以应有的承认。同时，这种历史主义活跃于18世纪晚期产生并建立的历史思想的准备阶段[③]。那不勒斯修辞学教授詹巴蒂斯塔·维柯（*Giambattista Vico*）的人类学的文化考古学（anthropologische Kulturarchäologie）走在了前面。历史主义对其自身前历史的反思很晚才重新记起了他。维柯预言了**新科学的原则**（*Principi di Scienza Nuova*）（1725年），它服从近代革新的规则。然而，为了突出**人民共同的本性**（*natura comune delle nazioni*），他反对占统治地位的笛卡尔主义方法的精神特质（Methodenethos）的“批判”态度。人民（Völker）共同的本性——这里还不能在革命后的语词意义上谈论“民族”（Nation）——意味着一项对各人民性格的研究，这项研究建立在严肃接受比如“真的荷马”这样古老文化档案的基础之上。

回溯历史主义的历史编纂学，维柯在其中扮演了赫尔德之先驱的角色，虽然此间确切的依赖性仍不清楚[④]。最终，赫尔德以持久的影响描述了综合作为一个变化着的总体的人类之形成史；它通过民族、历史偶然性、弯路与歧途等这些

---

① 比较他的恢宏巨著：《论各民族的风俗与精神》（*Essai sur les moeurs et l' esprit des nations*）（1756年以下）。［本书的中文译名一般简略译为《风俗论》——译者注］

② 比较E.博尔克（E.Böhlke）：《民族精神，孟德斯鸠的政治哲学》（*Esprit de nation, Montesquieus politische Philosophie*），柏林，1999年。

③ 关于这一点仍旧可以参看弗里德里希·迈内克（Friedrich Meinecke）：《历史主义的兴起》（*Entstehung des Historismus*），《作品集》，第三卷，慕尼黑，1965年。

④ 比较以赛亚·柏林：《维柯与赫尔德》（*Vico and Herder*），伦敦，1976年。

具体形态而自我实现。一个目标的定向(Zielorientierung)存在着,但向着目标的努力(Zielstrebigkeit)却遭到否定。赫尔德在康德那里的延续是对一个朝向世界主义法权状态的发展过程的历史草绘①,而在黑格尔那里的延续则是鉴于权利的实现而对各民族精神或国家间竞争的包罗万象的世界史观念的草拟②;在真正的意义上,历史主义开始形成于赫尔德及其后继者。

关于孟德斯鸠的《论法的精神》,我们可以说,这部充满思想的作品持有一种在历史思想正式胜利之前的历史主义。因为正式的历史主义出自这个基督教构想的世俗化:一个由上帝控制的处于创世和末日审判之间的救赎事件,连同处于绝对开端与绝对终点之间的天命之功能。卡尔·洛维特(Karl Löwith)③权威性地描述了这个超验参考系(transzendenten Koordinaten)逐渐消除的世俗化过程,它在北非教父奥古斯丁与路易十四宫廷布道者波舒哀(Bossuet)之间足足存在了一千年。伏尔泰、赫尔德和黑格尔在这里占有其鼻祖的地位。当孟德斯鸠在须历史规定的精神背景面前,凭借他的法律理论登上国际舞台时,这一发生于18世纪末——类似于雅斯贝尔斯和科泽雷克(Koselleck)④所描述的“轴心时代”(Achsenzeit)和“鞍峰时代”(Sattelzeit)中的——启蒙运动的深刻结果,还尚未得到。

自一场由美学向政治变化的**古今之争**(*Querelle des Anciens et des Modernes*)的文艺复兴开始,与古代进行比较的模式就提供了各种论据。马基雅维利和霍布斯打出了政治牌。佩罗(Perrault)⑤、丰特奈尔(Fontenelle)⑥以及其他人则在各艺术领域中进行了相应的思考。然而涉及实际政治方面的事情时,那个时代

① 《世界公民意图中一个普遍历史的观念》(*Ideen zu einer allgemeinen Geschichte in weltbürgerlicher Absicht*)(1784年)。

② 《法哲学原理》,第340节。

③ 《世界历史与救赎事件》(*Weltgeschichte und Heilsgeschehen*)(1949年),德文译本:斯图加特,1953年。

④ 莱因哈特·科泽雷克(Reinhart Koselleck,1923-2006),20世纪最著名的德国历史学家之一。他的研究重点包括史学理论、概念史和语言史。代表作有著名的博士学位论文《批判与危机》(1954年)、《概念史》(2006年)等。他还是著名工具书《历史基本概念:德国政治—社会语言历史辞典》(9卷,1972—1997年)的编者之一。——译者注

⑤ 这里指的是佩罗兄弟中的弟弟夏尔·佩罗(Charles Perrault,1628-1703),法国作家、法兰西学院成员。他是一种新的文学体裁通话的奠基者。1687年,他在法兰西学院宣读的诗篇《路易大帝的世纪》(*Le siècle de Louis le Grand*)中提出人类文化史不断发展的,今人不必盲目崇拜古人,而应超过古人。由此挑起了著名的“古今之争”。——译者注

⑥ 贝尔纳·勒博维埃·德·丰特奈尔(Bernard Le Bovier de Fontenelle,1657-1757),法国作家、哲学家,博学多才。在古今之争中,丰特奈尔站在佩罗一边,支持今人应该超过古人。——译者注

的英国却被视为典范。在这一点上，孟德斯鸠与伏尔泰和他的《英国人信札》(*Lettres anglaises*)(1734年)以及其他作家——包括德国启蒙作家——取得了一致。

无论如何，以英国政治秩序体系这一典范为方向，孟德斯鸠带来了对于各状况差异基础性的关注。这意味着，并不存在那些人们为了概括和原理研究而能够牺牲的可以忽视的量。在这个问题上，最为人所知的就是孟德斯鸠引入了“权力分配”，他为此在身后享有永不磨灭的荣誉。他无法毫无蓝本地凭空想象立法权、行政权和司法权这三种权力的互相制约，用以抵抗某一方面不当的优势。这些有条理的区分恰恰出自一个依情况而定的对英国各关系的分析①。就这方面而言，孟德斯鸠学说最为人所知且持久的影响，归功于作者很讲究重视各处境和境况的特殊性；在这些处境和境况下存在着具体的法律，并且按其义务本性，也总必然存在这些对于行动者的具体的法律。

在1959年早于他马克思主义信仰的一项研究中，路易·阿尔都塞(Louis Althusser)介绍了一个在很大程度上获得接受的解释：“宣布**孟德斯鸠是政治科学的奠基者**，这是一个被认可的事实。奥古斯特·孔德这么说过，涂尔干也这么说过，没有人曾严肃地对这个判断表示过怀疑”(C’est une vérité reçue de déclarer *Montesquieu le fondateur de la science politique*. Auguste Comte l’a dit, Durkheim l’a redit, et personne n’a sérieusement contesté cet artêt)②。如果业已说明的对实用学科的兴趣——孟德斯鸠围绕着法律的中心扩展了这一兴趣——想要的是在政治学领域向合规则性的结构性还原，那么阿尔都塞就正当地驳斥了涂尔干③；因为恰恰是这个对于历史民族之丰富的意识被唤醒了。与此相对，阿尔都塞引证了卢梭④。卢梭已经说明了——与其同时代自然权利不同，孟德斯鸠满足的是——“去处理已建立的政府的实际权利”(de traiter du droit positif des gouvernements établis)。也就是说，这是完全不同于“去处理政治权利之原

---

① 《论法的精神》，第十一章，第六节。

② 阿尔都塞：《孟德斯鸠：政治与历史》(*Montesquieu, La politique et l’histoire*)(1959年)，巴黎1974年，第11页以下。

③ 比较E.涂尔干：《孟德斯鸠和卢梭：社会学的先驱》(*Montesquieu et Rousseau. Précurseur de la Sociologie*)，巴黎，1953年，第16页、第56页以下。(该书的第一部分是对涂尔干以拉丁文写成的博士学位论文的翻译)

④ 《孟德斯鸠：政治与历史》，第27页。

则”(de traiter les principes du droit politique)的一项任务①。卢梭的判断是完全准确的。历史的考察代替了原理的研究。

在他著作的**前言**里,孟德斯鸠说出了他的意图:“我建立了一些原则。我看见了:个别的情况是服从这些原则的,仿佛是由原则引申出来的;所以每个民族的历史都不过是由这些原则而来的结果;每一部个别的法律都和另一部法律联系着,或是依赖于另一部更具有一般性的法律。——当我回顾古代,我便追寻它的精神之所在,以免把实际不同的情况当作相同的,或是看不出外表相似的情况间的差别。——我并不是从我的成见,而是从事物的本性中推演出我的原则的”②。

这个从**各种成见**(*Vorureilen*)中解放出来的信条属于方法论上的最低限度,并相当于一笔最低保障金(Pflichtleistung)。因为只有在撇开作者先入为主的意见这一情况下,事情真正的本性才显露出来。更准确地说,法律的各项原则被嵌入了各种情况本身就引人注目的各类特殊性之中。为此,所有民族(或按古旧用法为人民)的历史构成了,并且是依序地构成了这个背景。可以看到,一部法律与另一部法律联系着,或者在一个等级制度中处在一个更高的法律之下。在这一观念中,那些来自古代的经典案例必须依其“精神”而得以觉察,因为否则的话,事实上不同情况之间的类比就会出现,它们将歪曲真正的觉察。

在一个启蒙运动的时代(temps des lumiètes),人们倾向于夸大这种谨慎;对此,**前言**进一步作出了阐述,只有极高天赋的人,才可成功地一下子领会一个国家的整个政制(toute la constitution d' un état)。人们必然“天生”就与这样一个天才一同生活。然而如果通过对各种情况明智的顾及能成功加强各法权主体的忠诚性的话,就像国家的掌控者们在颁布规章之前扩充他所需要的知识那样——那么该作者就将是“最幸福的人”(glücklichste Sterbliche)。面对以理性为目标的时代,通过为谦虚作出的辩护,一切既不能普世主义也不能原则主义得到阐释的具体化过程,在政治全体生活中重新找到了其必要的位置。

在这些说明之后就可以理解,孟德斯鸠为什么**没有**建立从合法性证明到主权的**连贯的国家理论**。孟德斯鸠与他偶尔引用的霍布斯之间相隔了一个世纪。对于他而言,国家的奠基不再意味着是首要的问题。但“精神”——法律在精神

① 《爱弥儿或论教育》(*Emile ou de l' Education*)(1762年),第五卷(M.劳奈的版本,巴黎1966年,第600页)。

② 中译文参考了《论法的精神》(上卷),张雁深译,北京:商务印书馆,1961年,第37页。——译者注

的语境中发挥功能——提出了一项新的任务。相比一般的概括,细节的研究对于使人们理解各不相同的政体来说具有更加决定性的贡献。就这一方面而言,可理解性(Verständlichkeit)以一种直接的方式确定了公民的角色,并由此服务于这个秩序。孟德斯鸠的“历史主义”——请原谅我这个用词(sit venia verbo)——是一门**为了现代国家理论的法律释义学**(*Gesetzeshermeneutik zugunsten der Theorie*),但并没有设定先驱者和自己的战线(Protagonistenstellung und Kampflinie)。现在需要与之斗争的既不是经院哲学,也不是亚里士多德主义。这些战役早就打响了,而必然没有揭露宗教上支撑着的统治的蒙昧主义。启蒙运动的成熟阶段并不需要这么做。但处于其同类者行列中的狂热理性主义,似乎已令这个来自波尔多(Bordeaux)的深思熟虑的男子感到担忧。

在一些毋宁说是对自然状态及自然法与实证法之间差别的常规答辩之后,孟德斯鸠令人毫无准备地开始论述这个经典的政体的三联式(Trias):共和政体、君主政体、专制政体(Despotie)(第二章,第一节)。对他来说毫无疑问的是,我们不必认出一个统一国家组织的原始类型(Urtyp)。他完全远离利维坦神话式的拔高。在这样一个宏大计划的事物上必然有许多人民(peuples)(第一章,第三节),他们各不相同。这里所感兴趣的并不是一个理想型的普遍化。这一政体的三联式使人联想起古代的分类。此间令人注意的是,在这三联式下,与地地道道政治秩序相对的类型(Gegentyp),也就是在古代业已遭到蔑视的僭主政体作为专制政体而出现。在专制政体中,单独一个人“既无法律又无规章地按照他自己的意志和情绪(Capricen)”起着作用,而君主(Monarch)总归要遵照法律执政。

贵族政体(Aristokratie)在这里以一种独特的方式作为与民主政体并列的政体而出现;而按照传统的方式,贵族政体处于单独统治(Einzelherrschaft)即君主政体,和人民统治(Volksherrschaft)即民主政体之间。在民主政体中,人民具有“主权”;而在贵族政体中,只有“一部分人民”(une partie du peuple)执政。这一点使贵族制—寡头制的少数统治者与多数被统治者之间的不平衡失去了那种尖锐性。作为“贵族阶级”(de noblesse)的贵族介于单独统治者即君主和人民之间。在没有中介的情况下,专制者(Despot)断然攫取他的机会(第二章,第四节)。另外,类似的情况也适用于教士这个中间阶层。“对于专横既然没有其他阻碍,那么这个阻碍总是好的;因为既然专制主义给人类带来可怕的危害,那么这个能够约束专制主义的害处本身也是好处了”(第二章,第四节)。因此,该书一开始就预示着关于各权力制衡的观念即将来临,它似应在后文中上升到有效的地位。

如在贵族政体中那样，在共和国中，体系的稳定性并不只在于类似著写的规章，而也在于伴随着的各法权主体的**思想意识**（*Gesinnung*）。这就是经常被引用的“品德”（vertu），共和国公民的德性；它的确是必要的，有助于［公民］不只是被动地遵守，而且主动地维护法律。品德展现的是一个关于公民奉公守法的古旧用语。跃入我们眼帘的是，在马基雅维利文艺复兴时期的术语中，**德性**（*virtù*）对于具有权力本能的君主是有好处的。在孟德斯鸠那里，公民德性的大量扩展已使这个君主的理想很大程度上民主化了。在这个地方人们可以加上所谓博肯福尔德—命题（Böckenförde-These）①，即：在不存在不可计划的公民责任心的情况下，法治国家纯粹由它自己和它的演绎理性出发，只能不充分地发动负荷力（Tragkräfte）；思想意识，或按亚里士多德的说法，作为公民所练就的仪态（Habitus），必须添加进去。由此，各制度结构也在历史的社会生活中得到奠基与延续。

按照孟德斯鸠，君主制已然被禁止去信任品德。相反，“最完好的机器”（la plus belle machine）架设在根本上另一种德性，即“荣誉”之上（第三章，第五和第六节）。“荣誉”（Honneur），按照亚里士多德的看法，是公共承认的政治行动目标（τιμη［希腊文：荣誉］）；而现在启蒙思想家以典型的方式将它称作一种“成见”。野心这种民众的成见将一个君主式的、围绕着宫廷这一中心的社会秩序会集了起来，正如德性这种责任感将共和国公民们会集起来一样。

但是，好公民（bon citoyen）的这种以对荣誉的期待为基础的贡献，并不通过直接的相同化，而是通过剥夺君主的权利（Mediatisierung）得以实现：爱国家是为了国家，而不是为了对自己地位的认识（第三章，第六节）。这种意向与优越地位、特权和高贵出生一同而来。这类因素确保了个人的一种优先性，因为在君主政体中，野心（ambition）被视为完全合适。在共和国里，出人头地的欲望却是有害的。简短说来，就像个人之主观的态度产生影响那样，这取决于各种政体之外部的决定因素。

与此相比，建立在主体恐惧（crainte）遍布之上的专制政体显然变得突出了，个人的勇气和野心立即遭到压制（第三章，第九节）。专制政体以及罗马皇帝统治的案例有助于说明这一点。但［孟德斯鸠］并未对之言及的是，从空间上和时

① 例如，请比较恩斯特-沃尔夫冈·博肯福尔德：《作为世俗化过程的国家之产生》，刊于《国家、社会、自由》，美因河畔法兰克福，1976年，尤其是第60页；另外还有：《法治国家的各项前提》，刊于吕迪格尔·布伯纳，《政治哲学研究三篇》，海德堡，1999年。

间上将专制主义的危险阻挡在现实世界的边缘。因为“人就是一个生物服从另一个发出意志的生物”(第三章,第十节)。

这似乎是一种甘愿服从的人类学;文艺复兴晚期,蒙田(Montaigne)英年早逝的人文主义朋友,一个名叫艾蒂安·德·拉博埃西(*Etienne de La Boétie*)①的人提出了这一点。在他令人惊异的著作《论自愿为奴》(*Discours sur la servitude volontaire*)(1578年)中,拉博埃西冷静地确定:属于服从关系的总有两个人,并且处于服从地位的人并不只是可悲的牺牲者,而在某种程度上也是合作者。黑格尔的主奴辩证法——采纳了来自亚里士多德和霍布斯的许多题材——似乎在这一点上得到了回应。

关于从英国引入的三权分立还得多说一句。我们并未看到系统的诠释(Exegese),或至少一篇关注英国宪政史的论著。在这种情况下,法的“精神”导致的是三种权力(pouvoirs)区分为:立法权、行政权和司法权。就一整全系列的各个实例而言,已然得到彻底研究的是:各权力互相之间如何发生关系或互相混合。无论如何,人们徒劳地寻找一种说明,就像黑格尔后来说明(并进行批评)的那样②:出于“怀疑”,各权力在交互否定和平衡的意义上互相对立而置。演说的最高目标是一种调节(tempérer)的形式。

当人们考察对于自己的法庭审判时,这第三种既非颁布法律又非执行已颁布法律的权力恰恰缺少一个充分的地位:“可以说,是不可见的和不存在的”(pour ainsi dire, invisible et nulle)。因此,严格说来剩下的只有两种权力。显然,另一方面,关于所有三种权力集于一手的可怕设想渗透了出来。作为结构性的对比,“东方的专制政体”,即土耳其苏丹(Sultan)的专制政体,出现在了视域中。“他统治着一个恐怖的专制国家”。

从根本上说,孟德斯鸠在各种情况的框架内对立法的推理思考,就像我们上文所由之出发的那些道德学家们一样,可同样算作欧洲明智传统的历史。鲁道夫·菲尔豪斯(Rudolf Vierhaus)③写了一篇“孟德斯鸠在德国”的影响概况,提到了很多名字。黑格尔肯定是这个杰出的推进者。在这个准备工作之后,我们将转向黑格尔。

---

① 艾蒂安·德·拉博埃西(Etienne de La Boétie,1530-1563),法国法官、作家、思想家。近代法国政治哲学的一个重要奠基者。他和法国著名思想家、散文家蒙田的亲密友谊为世人所熟知。——译者注

② 《法哲学原理》,第272节。

③ 刊于《J.里特纪念文集:哲学家论坛》(*Collegium Philosophicum*),斯图加特,1965年。

第十一章　黑格尔的国家概念

在19世纪从1815年至1848年德国三月革命前的时期中(Vormärz),黑格尔的学生们关于对这位大师的法哲学进行自由的还是复辟的解释之激烈争论逐渐消失了;而在19世纪初,“回到康德”(Zurück zu Kant)这句口号在马堡(柯亨、那托普)或海德堡(李凯尔特、文德尔班)学派教条的新康德主义中表现了出来。此时威廉·狄尔泰(Wilhelm Dilthey)站在历史学家的距离上,开始对仍未得到研究的“黑格尔的青年史”(Jugendgeschichte Hegels)产生兴趣。我们把对黑格尔青年时期著作的认识归功于狄尔泰的这个历史回顾。二十世纪伊始,狄尔泰的学生诺尔(Nohl)编辑了黑格尔青年时期著作,编者将这些著作归入了神学的基本习作(theologische Fingerübungen)(1908年)。后来,马克思主义者格奥尔格·卢卡奇(Georg Lukács)在斯大林统治下流亡莫斯科时,将这一观点作为“反动的传说”(reaktionäre Legende)予以拒绝,并且试图突出强调黑格尔青年时期著作之经济—政治的核心①。

有一点早就已然确定的是:没有对黑格尔早期观念的合适理解,我们就不能赢获对法哲学这一代表作毫无偏私的看法。起关键作用的是以下这个论点:在不考虑体系之总体发展以及他建构的方法问题的情况下,恰恰是黑格尔这本1821年题为《法哲学原理》(*Grundlinien der Philosophie des Rechts*)的晚期著作提供了对作者青年时期希望的兑现。因此,这个论点反驳了那个人们长久抱有的观点:作为法国大革命友人的早年黑格尔所唤起的那些希望,被作为普鲁士奴仆的晚年黑格尔所背叛了。当然我们要以事实的论述开始。

在洪堡(Humbolt)新建立的柏林大学里,黑格尔盛年时的法哲学在其副标

① 格奥尔格·卢卡奇:《青年黑格尔:论辩证法与经济学的关系》(*Der junge Hegel. Über die Beziehungen von Dialektik und Ökonomie*),苏黎世,1948年。

题中就说明，它仅仅是一份“用作它讲课的纲要”（Grundriß zum Gebrauch für seine Vorlesungen）。这使我们想到：与受大规模小书册制作和印刷机器影响的时代不同，在图书仍是一种稀有商品的那些时代，学生们做了很多课堂听讲笔记。为了独创的哲学思考公开登场，观念论者们总体上批评那些可供使用的手册，虽然康德也评论性地阅读了这些手册。成为柏林大学首任校长的费希特，在其平步青云之初也是以这个惯例开始的①。另外，笔记这类事物（Nachschriftenwesen）使今天的我们能够将来自黑格尔不同讲课轮次中关于法哲学的很多异文，与印行的文本进行比较。这不仅满足了语文学的好奇心，也在这种情况下，有助于在面对卡尔斯巴德决议（Karlsbader Beschlüsse）②之后出现在普鲁士的书报审查时，形成对这位教授之地位的判断。然而，我并不去理会这些专家们的讨论。

1.

首先我们需要回顾黑格尔**青年时期的著作**（*Jugendschriften*）。它们摇摆于论文和提纲或随记之间，从未考虑面向一个广阔的受众。我们后来者总是知道得更多，因此就更容易将初学者时期自我理解之漫无头绪的境况，置于一门须根据分析过去情况（ex post）而重建的目的论之中。就自身而言，这些文本业已明白无误地预示了一个天才的头脑。在图宾根、伯尔尼和法兰克福这些早年时期，黑格尔首先作为神学院毕业生，随后又作为家庭教师写了内容广泛的材料；在其粗糙的形态中，这些材料勾画了一个全面的关于自由人类的生活形式的构想，这种生活形式回应了其时代之变化及急迫。

当黑格尔结束其学徒时期，跟随比他年轻但早已成功的朋友谢林到耶拿（Jena）开始学院生涯之际，他在一封著名的信中概括道：“我的学术教育由人们

① J.G.费希特：《全部知识学的基础：作为他听众的手稿》（*Grundlage der gesamten Wissenschaftslehre, als Handschrift für seine Zuhörer*），莱比锡，1794年。

② 1819年3月23日，大学神学系学生卡尔·路德维希·桑德（Karl Ludwig Sand）刺杀了俄国作家兼沙皇代理人奥古斯特·冯·科策布（August von Kotzbue）。随后，在奥地利外交部长、后来的国家总理梅特涅（Klemens Wenzel Lothar von Metternich, 1773-1859）的提议下，于1819年9月20日法兰克福联邦议会通过了卡尔斯巴德决议。此决议主要包括四项法案：1. 执行权的安排（Exekutionsordnung）：联邦有权在各邦执行权力，在发生动乱的情况下进行干涉；2. 大学法（Universitätsgesetz）：设立大学学监，监视大学生和教授；3. 出版法（Pressegesetz）：严查一切印刷品；4. 纠察法（Untersuchungsgesetz）：在美因茨设立联邦中央机关，纠察革命颠覆活动。——译者注

各种次要的需求开始，在这之中，我必定被推向科学，少年时代的理想必须同时为了反思形式而变成一个体系；现在我问自己：当我仍在从事这项工作时，为了介入人类的生活，我要找到的是怎样的一种折返（Rückkehr）”（1800 年 11 月 2 日致谢林的信）。这个体系产生于对青年时期的理想进行形式转化的各种努力，而这个影响公众生活的愿望持久不变。后期的法哲学为此提供了证明。

我们必须设想一下 18 世纪最后十年中知识界的初始境况。两股力量尤其对德国的讨论产生了影响。其一，有启蒙倾向的人们极其准确地觉察到法国大革命的结果，他们就像热心的观察者那样在莱茵河的对岸感受着这个发展过程。例如，费希特在德国公众面前匿名出版了为大革命正当性所作的辩护，而图宾根神学院的学生们就怀着热情对此进行了学习。第二股共同在当时代留下烙印的力量出自康德的思想革命；这一思想革命不仅仅像今天常见的那样，主要被理解为对传统形而上学和与此相联系的自主主体的解放进行解构（Destruktion），而是说，在当时读者的眼中，康德打开了一条通往哲学之完美的、充满希望的道路，合作架设这条道路必然是值得的。年轻观念论者们的所有看法都显示了这个接受的形式①。

相比较神学院里他的两个思想上的同仁谢林与荷尔德林而言，在黑格尔这里，与一种进步的，即康德式论证的神学的激烈冲突额外出现在了中心地位；这种神学在现代的面具之下仍然秉持古老的独断论（Dogmatismus）。令黑格尔所烦恼的是这样一个事实上令笃信启蒙者感到痛苦的问题：在面对其他文化选择时，基督教一度所意味着的爱和宽慰的宗教，如何能够作为神学处在一种科学化的知性统治之下。现代精神异化的命运（Entfremdungsschicksal），如何使生于精神性（Spiritualität）的基督教之原始精神堕落为“实证性”（Positivität）、僧侣等级固化、教条教义固定呢？对于一个处于 18 世纪风格中坚定的无神论者来说，这里根本没有什么问题。因为于他而言，宗教被看作简单的人们的迷信。在这之中，由孟德斯鸠开始，经过吉本直至卢梭的历史衰退的幻想（Degenerationsphantasion），加强了对一种由反思工作（Reflexionsarbeit）在个人、集团、共同体和国家同一性中所撕开的间隙的抱怨。在它所有的进展中，现代精神都未解决这个没有强迫而进行社会化的道德问题。

---

① 例如：J.G.费希特：《论知识学的概念》（*Über den Begriif der Wissenschaftslehre*）（1794 年），前言：“至今笔者的内心里依然相信：人类的知性不能超过康德——尤其是在他《判断力批判》中——所处的那条界线；但他从不为我们规定此界线，而是把此界线作为有限知识的最后界线告知我们”。

于是,对于想要在他的世界中找到头绪的年轻的黑格尔来说,历史的诊断(historische Diagnose)添加到了西面邻国政治革命的改变冲动,和从遥远哥尼斯堡传来的理性基础批判之中;它扩展了思想的内务(Gedankenhaushalt)。一个出自希腊和基督教幸福来源的幻影已经逝去,它以对比的方式对应于不幸当下的实际痛苦。在古老的德意志帝国及其注定要没落的已分裂成的许多小国之预兆中,占上风的纷争不和(Entzweiung)砍伐着同时代人意识中的根基。在这样一种时代联系中,哲学必须重新经受考验。

宗教由源始促进生命的能力僵化为了一种抽象的教义理论(Lehrgebäude);而通过与**宗教之历史命运**的批判性辩论,黑格尔将历史的主题阐释为体系上整全的对象。政治的利益于整个一代人而言是共同的。但这还不会产生哲学家。在来自过去的统一生活形式这个背景面前,否定论的(negativistische)时代诊断才赋予从事当下实际研究以一种继续推动的动力,它使思想不会静止下来。这是因为,他为自己创造了一个哲学体系,这个体系使一切知识形态统一地相互联系,并由精神的中介力量得以发展自身。

当然,这个体系的构造并不像我们所知道的数不尽的专门科学中的任何一种那样,意味着专业同事们脱离众人的抽象事业。按照前文所引黑格尔致谢林的那封信的答复所言,体系的工作应使重新深入人的真实生活得以可能。这已经说明了这两个图宾根挚友以神学语言所表达的口号:"愿上帝之王国到来,愿我们不会无所事事!"(Das Reich Gottes komme und unsere Hände seien nicht müßig im Schoß!)①这里存在着世界历史终结期望情绪(Enderwartungsstimmung)的其中一个来源,而这一情绪受到了19世纪进一步的影响。因此,我们可以从源始的精英(Elite)对未来感到确定的意识立场,来解释已动员起来的大众之社会的和政治的观望态度(Attentismus)。

2.

作为青年时期著作的结果,一方面,黑格尔专心致志于实质的认识,它对似应成为他最终体系的一个百科全书式的体系来说是必要的。对1800年后耶拿时期的阶段研究进行成功整理后的卷帙,显示了一个体系者构思的尝试。但另

① 黑格尔致谢林的信,1795年1月末,刊于约翰内斯·霍夫迈斯特(Johannes Hoffmeister)(编辑):《黑格尔往来书信集》(*Briefe von und an Hegel*),汉堡,1961年,第一卷,第18页。

一方面,在他批判性的研究中,黑格尔说出了自己对当时代哲学的看法,并且也接受了它的最重要的观点。黑格尔谈到了一种在时代中表现出的"哲学的需求"①。这条线索导致了关于黑格尔历史思想的广阔视域,而这位作者第一本著作的出版就展示了其历史思想的结果。我指的是1807年的《精神现象学》,一部永不褪色、对于解释来说谜一般的著作②。刚刚过去的这个世纪,从海德格尔和法国学派直到马克思主义派别,都对这部著作给出了判断:黑格尔**在这本著作中**写下了他的各种洞见之本质性的表达;其他著作可以忽略不计,包括那部反动的法哲学。

对于处在由19世纪向20世纪转变时的狄尔泰来说,早就被视为确定无疑的是:作为历史思想家的黑格尔仍然活动着,而作为体系者的黑格尔却在一个由各门科学打上烙印的时代中,不再具有发挥影响的机会了③。事实上,[精神]现象学所围绕的这个谜团就是**历史与形而上学**之间的联系。一个与另一个不能分开。因此,读者能留心这个消失点(Fluchtpunkt)是正确的做法。否则他就会陷入以下这个常见的危险之中:站在当代各种利益的角度上,将一篇经典文本当作一片采石场(Steinbruch)而予以利用。

当然,《精神现象学》并不是这里的主题。但是,《精神现象学》精心设计所形成的方法——黑格尔借助于此方法为形而上学的开端做好了准备工作——却教导我们:正如传统形而上学那样,如果完全**没有一种时代联系**,实质性的哲学看法同样不会太长久④。每一种哲学都处在其时代之中,这似乎是一种平庸的观察。法哲学的序言如下表达了这个关系:"哲学的任务在于把握存在的东西,因为存在的东西就是理性。就个人来说,每个人都是他那个时代的产儿;哲学也是这样,它是**被把握在思想中的它的时代**(*ihre Zeit in Gedanken erfaßt*)。妄想某种哲学可以超出它那个时代,与妄想个人可以跳出他的时代……是同样愚蠢的。如果他的理论确实超越时代,并为其自身建立一个**如其所应然的**(*wie sie sein soll*)世界,那么这个世界诚然是存在的,但只存在于他的意谓中——一种虚弱的要素,在其中人们可以随意想象任何东西"。

---

① 《费希特与谢林哲学体系的差异》(1801年),汉堡,1962年,第12页以下。

② 比较新近路德维希·西普(Ludwig Siep)的评注:《精神现象学的道路》(*Der Weg der Phänomenologie des Geistes*),美因河畔法兰克福,2000年。

③ 比较威廉·狄尔泰:《著作全集》,第七卷,第148页以下。

④ 特里·平卡德(Terry Pinkard)在这种程度上认为:"现象学提供了一个关于欧洲社会如何已开始承担辩证法—历史的叙述,而这对于它自身而言是权威性的和决定性的事情"。《黑格尔的现象学:理性的社会性》(*Hegel's Phenomenology: The Sociality of Reason*),剑桥,1994年,第13页。

这段引文必然令没有偏见的受众听起来觉有反感,而它也因表征了作为黑格尔哲学意识形态的基本特点而出名。人们当然承认,把握现实是哲学的任务。但紧接着的那句话“因为存在的东西就是理性”似乎抽去了一切批判的世界观的基础。人们要问的是:现实难道不是理性的对立面吗?或者说,最敏锐的注意力难道不必至少对准这些给定关系中非理性和矛盾的东西吗?在这一点上,比如由阿多诺到哈贝马斯的法兰克福学派,都坚决地反对黑格尔。

现在我们由这个结论可以明显看到,事情并不可能这样简单。因为这种在思想中把握它的时代的哲学,并不完成关于日常事实或各种被认为类似的事情的报告这种**新闻学的**任务。我们并不能意谓任何对现存者的忠实叙述,因为现存者显而易见并不是思想。而按照那句名言,时代应被哲学把握在思想中。因此必须考虑到**表面与实体**(*Oberfläche und Substanz*)、基本倾向与现实性**之间的差异**;或者说,似乎现实的东西与能够由理性来确认其存在合法的东西之间的差异。纯然由于害怕受意识形态的蒙蔽,我们不应由以下这个教条出发:理性根本不存在于历史的保存之中,或者说,一切现实的东西都是纯粹胡说并可因此被彻底否定。这一点会以这样的结果收场:为一个在不可预见的未来中模糊的和解空想(Versöhungsutopie)而指责这个历史性的存在者。

黑格尔关于历史现实的观点看起来是另外一个样子。完全在古代宇宙逻各斯—构想的意义上,它允许理性各个环节进入现实之中。在日常生活各种信息和过往事件的错综复杂中,我们正需要破译这些现实化的理性各环节。因此,在思想中把握它的时代就意味着:

1)给出一个时代的轮廓,而不是在现实性的漩涡中沉沦。这意味着

2)将本质性的东西与非本质性的东西区分开来。于理性而言,没有一个裁决者接受这项工作,因为所有现成的东西都同样催促着要求得到注意。在思想中把握着的东西,因此也就是

3)没有偶然性这种持续伴随现象的历史—结构化的现实。

在这个意义上,我们能够在给定的境况中,将那段挑衅性的引文解读为一种朝着理性方向的要求。与此相反,通过幻想、可希求者、不紧张的和谐、终极正义等领域建造一个如其所应然的世界,证明是对加强现实的深深误解。这里我们归咎于主观的各种意见,它们是任意持有的,因为它们将灵活敏捷地绕开对现实化(Verwirklichung)或历史的实施成果(historischer Implementierung)的硬度测试(Härtetest)。

3.

在这个方面，基于早期笔记的思想轨迹而产生的黑格尔的**政治著作**值得重视。在那里，基督教的“精神”已意味着一切主体之中的统一、生命和爱，而基督教的“命运”却加深了现代精神中的异化。论**德意志宪法**（*Verfassung Deutschlands*）的一些文本（1799—1802）具有更多的优点，而我现在就将对此进行论述。我们可以看到，在临近拿破仑侵略战争之前的[神圣罗马]帝国中，当一定程度上预料到由外面而来的、在这个古老帝国无法长久进行的现代化时，黑格尔对于各种关系状况的准确的历史观察。然而这篇著作基本上并没有引起黑格尔解释者们的兴趣①，因为人们并不能在[黑格尔的]体系中为这一应时之作指定一个位置。此外，这部著作连同伴随的材料，包含着一个对现代国家清晰的，且比后来被嵌入体系中的法哲学更加精辟的构想。对当代的政治理解来说，这部宪法著作占据了一个治外法权（exterritorialen）的地位，即它并不处于体系原则架设的拱顶之下。可惜这些黑格尔并不打算出版的手稿的状态不能令人满意，这与对思想上相互关联的阅读和理解有关②。

另一方面，这绝对不涉及日常的新闻业（Tagesjournalismus），虽然黑格尔在担任班堡（Bamberg）中学校长的整个时期曾从事过这一行业③。对于黑格尔的思想来说，这个由政治—历史一般状态向概念劳作的过渡是反映其特征的；哲学并不由此承担一种不幸的结合（Mesalliance）。孟德斯鸠对“法的精神”的留意已

---

① 其中可以参看 E.维塞尔-洛曼（E.Weisser-Lohmann）、D.科勒（D.Köhler）（编辑）：《宪法与革命》（*Verfassung und Revolution*），汉堡，2000 年。

② 在格奥尔格·拉松（Georg Lasson）（1913 年）和约翰内斯·霍夫迈斯特（1936 年）的费心编辑和 G.莫拉特（G.Mollat）（1935 年）的版本之后，于尔根·哈贝马斯在 1966 年主持了《政治著作集》的重印（苏尔坎普出版社）。接下来我要以此版本进行研究。——波鸿大学黑格尔档案馆（Hegel-Archiv）的历史—批判版依时间先后顺序，细致入微地编排和分开了这些材料（鲍姆、迈斯特编辑，《黑格尔作品全集》，第五卷，汉堡，1998 年），这对研究而言应是一份功绩，而对读者而言却是一个完全成问题的好处。因为虽然各发展史阶段得到了正确的分割，但并不有助于达到思想过程的连贯性。

③ 比较黑格尔致谢林的信，耶拿，1807 年 2 月 23 日：“于我而言，这项建议被当成了一项事业，相比我在这里的逗留而言，它给我带来了更多的东西——这首先是我看到的第一点；——虽然这项事业本身在面对世界时可能显得不完全合适，甚至不全都正派——它至少没有欺诈；这项事业就是编辑政治性的班堡日报”。比较《黑格尔往来书信集》，第二卷，第 148 页。出自《班堡日报》的文本刊印在《作品全集》第五卷，第 391 页以下。

使一切立法的历史境况受到关注。黑格尔中期的工作阶段现在开始了,而他那里的历史主义已成长为一个独立的问题。并不是说,仅仅这个问题需要得到体系性的处理,而是说,没有对这个问题的回答,这个体系自身就毫无依托。

1799 年一篇关于宪法文章的**第一份草稿**(*Erster Entwurf*)承认:"下面的这些书页是一个心灵的声音。它不情愿地与它的这个希望告别:想看到德意志国家从其无足轻重的状态中举立起来。而这个心灵在与它的那些希望彻底分别之前,仍然想要再一次使它总变得更加微弱的愿望苏醒过来,仍然想要再一次真切地享有它对实现这些愿望的微弱的信仰。除了专制政体,也就是无宪法的国家之外,没有国家比德意志帝国具有一个更加低劣的政体,这是一个相当普遍的既有信念;这场由延续着的各项和平谈判(指 1797—1799 年拉施塔特和会①——作者注)所结束的战争,给所有人带来了对这个信念的最生动的感觉——德意志国家宪法的大厦是过去几个世纪的作品;它不是从现时代的生活中被获取的……这座大厦和其各支柱、各花饰都与时代精神分离而立于此世上"②。

虽然还有许多代人从事了这座大厦的建造工作,但是现在正寻找新的形式而找不到故乡的生活离开了这座大厦。一个令人崇敬的遗迹和无法抑制的生命冲动之间的对比吸引了爱国者的目光,他不想看到自己从古代延续至今的伟大祖国彻底陷落。这个关于帝国状态的控诉是陈旧的③。与来自法国大革命军队的对抗使这一现实尖锐化了。似乎只有哲学家才能对各理由的分析以及一份合乎理性的革新计划作出贡献④。

在这种语境中,黑格尔的**国家概念**并不归因于一个处在哲学全体知识百科全书体系中的位置标记。人们可以用主导性的标志,从对处于历史衰落状况中

---

① 1797 年 10 月 17 日,拿破仑与奥地利国王弗朗茨二世签署了坎波福尔米奥和约(Frieden von Campo Formio)。为了实施这一和约,维持神圣罗马帝国与法国之间的和平,1797—1799 年,双方在德国巴登—符腾堡州西部的小城拉施塔特(Rastatt)召开了拉施塔特和会(Rastatter Kongress)。——译者注

② 《政治著作集》,第 19 页末。

③ 记住普芬多夫对这相当于一个"怪物"(Monstrum)的、处于其"非规则的"即无序的宪法中帝国的判断肯定是合适的。请允许我多说两句话。普芬多夫《德意志帝国的宪法》(*Die Verfassung des Deutschen Reiches*)首先是以假名 Severinus de Mozambano,<*De statu Imperii germanici*>于 1667 年出版的。H.丹策编辑与翻译,美因河畔法兰克福,1994 年,VI,§ §1.9。

④ 整体上可比较汉斯·迈尔:《对黑格尔政治哲学的一些历史前言》(Einige historische Vorbemerkungen zu Hegels politischer Philosophie),刊于《黑格尔研究》(*Hegel-Studien*),副刊第九卷,1973 年。

的古老帝国的描述中，将此概念提升出来[①]。“德意志不再是国家”——处在向19世纪转折的那些年代里，由未出版的札记卷帙中经过编辑而得到的这份主要文本(1802年)，恰恰以这个一锤定音般的论点开始。看到以下这点是富有教益的：似乎像一个我们凭借富有创造才能的理性从其中醒来的噩梦，利维坦来自一个虚构的、具有不断增长的生存危险的自然状态的人为起源；就像用魔法之手一般，这一人为起源通过契约将我们置于国家之中。黑格尔的描述就自身而言绝对不是什么文学的虚构，而是在不存在国家合法地位的情况下，对各种给定关系本身进行分析。一度具有权力的帝国成为过去，这是某种完全不同于对一种从未存在过的混乱状态进行修辞学绘饰的东西。与旨在自我恢复的过去的伟大之诉求相比，从一种自然状态与国家建立的这种对峙中，必然产生一种不同的视角。

法兰西共和国的革命军队取得了成功，而黑格尔在与法兰西共和国**斗争性**的辩论中，看到了对逝去的德意志国家政权的最新说明。它就是稳固国家政权和以战争目的得到证明的民族的表达。法国新秩序的优势地位和历史进步，在与神圣罗马帝国其余部分的竞争中得以证明。鉴于这个结果，首先需要的是去“提升这个对存在的东西的理解”[②]。因为法学家用心看护的国家政权概念与一种早就不再符合它的现实之间的开裂，最多在公众中产生苦难与抱怨，而不会通向哲学家的理解。哲学家必须第一个使正确的关系成为现实。黑格尔对此的贡献站在这个时代的正中央。

第一个洞见[③]涉及了德意志的特殊性：在诉诸古代各种自由的情况下抗拒主权的产生；而主权在那些欧洲邻国中却被成功地建立了起来。“这个落后的状态直接出自那种状态：在其中，这个民族并不是一个国家，而是组成了人民”。人民手头现成的各项祖传的法律和任性的权力之繁多，阻碍了民族转变为国家。这个描述虽不新颖，但却切中。只要存在国家概念，那么从其中就可以“推导出一部确定的宪法、一个君主政体等东西”。没有国家概念，人们只能登记列出复多性的“目录”(Urbarium)(就像死去植物的标本[Herbarium]一样)。

似乎即将出现的是基于历史的延迟而作出的“特殊道路”的诊断。因为复制众多小国为了自身而主张的主权原则的结果，就是帝国政体悄悄失去了合法

① 历史学家Th.席德尔(Th.Schieder)将这个片断作为“市民自由主义的危机”之例证进行处理，刊于：L.加尔(L.Gall)编辑：《自由主义》，柯尼施泰因，1985年。

② 《政治著作集》，第25页。

③ 关于这一点的插入部分：同上书，第27页以下。

证明,它实际上变得衰弱了。黑格尔彻底以传统的方式,将真正国家政权的试验视作斗争性的"共同捍卫全部财产"①。但这场战争并没有展现极端的紧急情况。这个平常的现实预先规定了:"这个国家权力的中心、这个政府只完成对于它的规定——组织并保持这个权力——和对它内部与外部安全来说必要的事情。其他的事情让渡给公民们的自由,于是(对政府而言),不用对利处作任何考虑,似乎没有什么东西必须比听任并保护公民们的自由行为更加神圣;因为自由自身自在地就是神圣的"②。

如果有什么东西值得称为一种**自由主义的信条**(*Credo des Liberalismus*)的话,那就是黑格尔这段简短但着重强调的答辩,它为后来法哲学中的表态做好了准备工作③。因为我们即使在柏林大学各讲课中也可看到,如果国家并不提供自由的实现,即并不为"客观"形成的精神开辟空间,那么在体系范畴中而言,国家及其制度就毫无价值。作为反例,可提及大革命之后法国彻底理性化的行政管理,以及在严格规范化的普鲁士中的"生活的乏味"(Lebensdürre);在那里,一个独一无二的"天才",即腓特烈大帝并不掩盖"缺乏科学与艺术的天分",这种缺乏即使在"第一居民出现"(Betreten des ersten Dorfes)④时也引人注意。与此相对,黑格尔给出了他自己的定义:

"因此,我们不仅在一个国家之中区别存在于国家权力手中并必须由它直接规定的必然的东西,和在一个人民社会联系中虽绝对必然但对国家权力来说偶然的东西,而且也要认为:一方面,国家在从属性的共同行动中让人民做主,这样的人民是幸福的;另一方面,一个能由其人民之更自由和非学究化的精神所支持的国家权力是无限强大的"⑤。超出这个组织方面的必然的东西之外,国家不应该干涉个人自由的发展。作为公民的这个"共同的"行为不可与利己个人的特殊主义(Partikularismus)相混淆。

只有这样一个公民组成的人民才具有站在赤裸裸的权利保卫另一边对"幸福"的关系的展望。相应地,国家在实际享有自由的人民那里也有最大的支持。这个定义使我们想起黑格尔既对邻国革命及其结果,也对其不狂热评价普鲁士的

① 《政治著作集》,第 31 页。

② 同上书,第 40 页末。

③ 比较《法哲学原理》,第 260 节:"现代国家的原则具有这样一种巨大的力量和深度,即它使主观性的原则完美起来,成为个人特殊性的独立的极端,而同时又使这一原则回复到实体性的统一之中,于是在主观性的原则本身中保存着这个统一"。

④ 指康德。——译者注

⑤ 《政治著作集》,第 43 页末。

深思熟虑的回应。在拿破仑胜利之前的那几十年里，围绕着受赞扬的无忧宫(Sanssouci)中哲人王[①]，普遍的敬意早已散布开来。康德在他关于启蒙运动的通俗文章中写道，“启蒙运动的时代[是]腓特烈的时代”(1783年)。与这位普鲁士第一居民相反，黑格尔关于乏味和精神的贫困的清醒断定，却真实地发出了另一种声音。

在黑格尔由现象学直到法哲学的稍晚作品中，这个关于革命是“最糟糕且最刺眼的事件”的判断[②]，格外引人注目。普鲁士对柏林教席的评价自然变得更加温和。但在当时拿破仑之后普鲁士的改革时代，人们完全在西欧竞争者们的水平上提出了对一个现代国家的期待；与实行自我管理(冯·施泰因[③])相并列，建立洪堡式大学这个文化上的大举措也属于这一时代。关于这一点，1848至1849年的圣保罗教堂议会[④]的决议给出了证明[⑤]。不管怎样，在临近他逝世前最后出版的政治作品中，黑格尔抛弃了长期使用的英国模型，而将这崭新的普鲁士算作现代欧洲国家的行列之中[⑥]。

至此，我就结束了对这篇宪法文章的解释：它是一份在给定的历史关系中，黑格尔运用其天赋进行概念—体系练习的记录。现在我将转向他后来的法哲学。

4.

1821年的《法哲学原理》推动了一种对制度的思想。我们所生活于其中的

---

① 无忧宫(Schloss Sanssouci)，源自法文的sans(无)-souci(忧虑)。位于德国波茨坦，为勃兰登堡地区最著名的霍亨索伦(Hohenzollern)家族宫殿。1745年至1747年根据普鲁士国王腓特烈大帝的草图，设计建造了这座洛可可式小型夏日宫殿。无忧宫中的哲人王指的就是腓特烈大帝。——译者注

② 例如：《法哲学原理》，第258节。

③ 海因里希·弗里德里希·卡尔·冯·施泰因帝国男爵(Heinrich Friedrich Karl Reichsfreiherr vom und zum Stein，1757-1831)，通称施泰因男爵(Baron vom und zum Stein)，普鲁士王国民族主义和民主主义政治家、改革者。冯·施泰因推行了一系列的改革，鼓励人民参与政治，实施地方自治，改组中央政府机构。——译者注

④ 德国法兰克福圣保罗教堂(Paulskirche)，在1848—1849年用作法兰克福国民议会的所在地。1848年5月18日，国民议会首次在此举行，因此称为“圣保罗教堂议会”。1849年，该议会制定了保罗教堂宪法。由于普鲁士和奥地利的反对，1849年5月30日，设在圣保罗大教堂的国民议会解散。——译者注

⑤ 比较迪特尔·朗格维舍(Dieter Langewiesche)：《德国的自由主义》(*Liberalismus in Deutschland*)，美因河畔法兰克福，1988年，第60页以下。

⑥ 《论英国改革法案》(*Über die englische Reformbill*)(1831年)，刊于哈贝马斯编辑：《政治著作集》，第283页。

这个世界应该不是各种梦境的世界，在其中一个人盼望着这个东西，而另一个人盼望着那个东西，完全按照各种观点和生平遭遇变化着。我们所生活于其中的这个世界，必须由一个秩序的特征支撑着，正如只有法律产生了这个特征。但一切都取决于这一点：这个生活世界将其存在归因于理性而不是偶然性，不是统治的霸权或单纯的习俗，就是说，不是这些外在的起源。鉴于实际趋向而具有论战性的这部作品的序言就是这样宣传的。

用更加老练的话说就是：我们并不接受一个单纯原因事件链的结果作为我们共同行为的领域。各种各样的原因导致了当下的状况，这也许满足了因果关联的理论兴趣，但却无法满足生活世界的实质性需求。为了用各种理论工具来巩固对我们存在其中的那种秩序的接受，人们总能提供的那些历史说明却无法令我们感到满意。同样我们也很少会乐意屈服于这样一个权力：它的合法性证明要么并不现成地，要么没有我们的参与而得到决定。也就是说，同意是各种关系稳定的基础。但是起作用的同意无法源自契约的虚构。我们不希望最后得到如下的教导：现在如其所是的各种事物，基于传统而代表了一种古老的习俗，并因此找到了可靠的公证。在这个方向上，黑格尔猜想了他那个时代历史法学派的论证（胡果①、冯·萨维尼）；如他可能承认的那样，他自己当然与这一学派走得较近。

我们可以这样来概括所提到的三个要求，即我们想要在**我们**能感到**自在自如**（*uns zu Hause*）的地方生活。因为我们生活于其中的各种制度，远远早于我们每个人能作出成年的决定之前就已掌控我们社会化的过程，它们应该是我们的东西并属于我们。就像是可信赖的生活世界，我们无法任意或不管怎样不按规则地与它告别。所有其他形成的关系似乎都处在这个首要的异化预兆之下。我已尝试用简单的话语来表达我认为是黑格尔关于法律与政治理论之核心的东西。这一简化首先避免黑格尔辩证的一体系的术语；而从这个简化中产生了这个观点：站在回忆哲学经典文本的另一边，表达一个实际重新认出的具体建议。

如果我们须将所阐明的东西翻译为黑格尔的专业语言，那么必须说的是：法律的现实展示了精神的一种客观的存在形式。这里涉及的是走向外部、投入到各历史境况之形态中的理性之功绩。它通过所参与和所涉入的各个主体的合作而成为合法的，并因此被视为持久有效的。对于具有具体社会生活的各种制度

① 古斯塔夫·胡果（Gustav Hugo，1764－1844），德国法学家，德国法学历史学派的奠基者。他的思想随后影响了冯·萨维尼，并得到后者的进一步的发展。——译者注

的历史形成而言,其决定性的合法证明的理由是各主体的**一起参加**、**接受领导**(*Mitmachen*, *Geleitetwerden*)和**持续主动的同意**(*dauerhaft aktive Zustimmen*)。这里跃入我们眼帘的是:在各制度之外自由设定主体是完全得不到承认的。现在我们想提出反对意见,说这里存在着一种源始的欺骗(Urtäuschung)。因为,如果各人在这形态的压力下和制度的优先权中成长,他们就不会进入一个不受影响的判断的处境中。他总是未被问询而已经同意了。

由此,我们偶然发现了**自然状态之悖论**(*Paradox des Naturzutands*)。自然状态相信一个粗野的、无秩序的和充满冲突的生存方式先于一切法律。这一点上,近代的法律思想清楚地有别于古代的基本观点。在古代的基本观点中,每个人都是他的城邦的一个公民,并且只有如此,他才能实现他的各种行动,怀着对幸福的展望而过着他的生活。现代的个人与古代的这种实体的伦理生活相对:为了由中立的立场臆想地判断他的利益,并在可能的情况下寻找和那些与他相同的人进行合乎规则的合作,他与整体分别开来并能够站到各种秩序之外。社会契约使我们实现了由自然状态向外跨出的一步,而这被解释为文化的源头。从霍布斯到洛克,从卢梭到康德,所有社会契约的倡导者们对此都作了这样的说明:社会契约是一种必要的虚构而根本不是别的什么。而这种虚构以典型的方式为各单独国家的现代宪法奠定了基础。事实上,所有人协调一致的实际行动并不是历经千难万苦才发生的。因为事实上我们在历史的各个时代中从未在丛林中独立生存过,这通过欧洲启蒙运动的对比形象,即"野蛮人"得以想象。国家的各个组织机构总是预先建立的,而教化就意味着得到社会化而进入这些组织机构之中。

黑格尔是唯一这么做的一位现代作家:他**没有**假设作为合法证明虚构的**社会契约**就作出了对法和政治理论有重要意义的说明①。他只是把契约论看作它所是的东西,而那些契约论的持有者们总是把它冒充为一种为了政治秩序构成的意图而进行的抽象。为了其理论模式的坚固性,社会契约论者们被迫撇开各种历史条件而不予考虑。黑格尔这个历史现实主义者不想为了理论的纯粹性而付出这样的代价。

这一批评不仅适用于已述及的 17 和 18 世纪的这些社会契约的预言者们,而且同样适用于我们同时代的契约论者们,比如罗尔斯或哈贝马斯。他们各自

---

① 《法哲学原理》,第 258 节——对于这一点的一个新的证明出现在《法哲学讲演录》上(柏林,1819—1820 年),林基尔作"后记"(昂格恩、伯恩德利、塞尔曼编辑),汉堡,2000 年,第 34 页。

通过他们的工具引入了所谓的各种理想化(Idealisierungen),它们于是有说服力地使期望的结果得以出现。罗尔斯那里的“无知之幕”(veil of ignorance),或哈贝马斯那里先行的商谈规则,满足了一种非历史假设的相同目标,而清澈纯洁的理性由这非历史的假设流入各种持存的关系之中。进一步发挥这个与黑格尔那里占据上风的历史意识的争论也许是相当有益的①。我在这个地方就停留于这两者的对立中:契约主义的合法证明之虚构与具有制度的生活世界的规范性结构之重构。

5.

最后,我们应将目光投向1821年《法哲学原理》这本书的内在建构。熟悉黑格尔辩证法步骤的人对该书划分为三个部分不会感到意外。但是,与人们在康德作品中遇到的颇受学院约束的内部划分不同,这三个部分具有一个事实的根基。该书开头就是一篇被人骂成晦涩难懂的**导论**(*Einleitung*),它在与康德概念方法(Begrifflichkeit)的含蓄对话中,阐明了作为法之起源的自由意志。第29节使这个结果固定了下来。它写道:“任何定在(Dasein),只要是自由意志的定在,就叫做法”。我们同样看到,法保护着意志,而不是反过来意志产生法。阿克塞尔·霍耐特(Axel Honneth)②最近进行了这个尝试,即由意志概念出发,找到与这场国际性讨论的连接;而这一讨论继续由康德主义主宰着,并使黑格尔的法哲学遭受怀疑。我宁愿从其优点出发为黑格尔法哲学的特点作辩护。而可算作其优点的肯定是制度主义(Institutionalismus),而不太会是意志的分析(Willensanalyse)。

《法哲学原理》一书的**第一部分**③由**抽象法**的一些设定,如所有权、契约等展开。自罗马文化开始——它直到18世纪左右的新法典编纂为止一直影响着欧洲的法律思想——就存在着用来平息人际交往中的争执的各项形式规则的基础。如果我们从共同体日常生活的无驻之流中被抛出,并碰撞上了法学的界限,

---

① 可参阅我在文集《道德观念与伦理共同体》(*Moralität und Sittlichkeit*)中的论文,(W.库尔曼编辑),美因河畔法兰克福,1986年。另外也可参看本书的下一章:“自由主义与制度”。

② 《不确定性的痛苦:斯宾诺莎讲座》(*Suffering from Indeterminacy. Spinoza-Lectures*),阿姆斯特丹,2000年(德文译本,斯图加特,2001年)。

③ 总的来说,下文可参看赫尔伯特·施耐德巴赫(Herbert Schnädelbach)最新的评注:《黑格尔的实践哲学》(*Hegels praktische Philosophie*),美因河畔法兰克福,2000年,第163页以下。

那么我们在今天仍可以别的方式遇到这一法律。抽象法清楚直观地出现在法庭范围之内,虽然对法庭真正的论述后面才出现(219 节以下)。希腊悲剧已从中创作出了一个戏剧片断(埃斯库罗斯,《俄瑞斯忒亚》),并且大量的电影依赖于这种情况。但是我们必须注意的是,这不是正常情况(Normalität),而是特别情况(Sonderfall)。正常的情况是,法的秩序担负着一个社会中各种最复杂的行动过程,而不必着手采取所叙述的这种修正的措施。而黑格尔最后在"伦理世界"(Sittlichen Welt)这个概念中理解这种正常情况。

第二部分在副标题**道德**(*Moralität*)下,首先与康德的立场展开了激烈的辩论,而康德的立场是把道德问题转移到了主观良心的内在性之中。仔细地关注这场辩论似乎也是值得的。但是这里涉及的并不是这种对立的适当性。与康德基础性的对比出现在**第三部分**这个标题中。在**道德**之后紧接着的是**伦理共同体**(Sittlichkeit)①。由词语出发对这一差异作出说明总是困难的。因为就像伦理(Ethik)来自于希腊语单词 Ethos 以及作为 moralitus 的翻译[Moralität]来自于拉丁语单词 mos 一样,古式德语单词 Sitte 影响了"伦理共同体"(Sittlichkeit)②。对于无偏见的眼光而言,这里根本没有显示出什么差异。

然而,关于"伦理共同体"的各类研究,根本的注意力在于"客观精神"的各种形态之上,也就是说,在于这种通过自由的观念,从原则上延伸越过"个人内在自由"(forum internum)的主体性的世界之结构化。而从最宽泛的意义上说,早已言及的各种制度就是这样的。各项制度都是特地指定的。它们不是被任何人平白无故地发现的。它们并不描绘各种自然情况。它们服务于规定的目标,并必须为此而维持效用。因此,制度只能产生于一种理性的劳作,它不会满足于绝对命令之普遍主义那样的笼统的指令。制度好比是"第二自然"。

在我已引用过的、最近公开出版的黑格尔 1819—1920 年冬季在柏林大学开设的《法哲学讲演录》的后记(林基尔作)中,林基尔这样写道:"这个自在国家的组织首先属于宪法,而特殊者的制度也必然属于它;当人们谈论宪法时,人们经常意谓的是这个自为的普遍者的组织。但这个自为的普遍者并不是某个必定只代表自己的东西。个人的自由,这是一个本质性的要点。这些制度本质上属于

① 关于 Sittlichkeit 这个德文词,中文里似乎没有特别好的一个词能够对应翻译。《法哲学原理》中文本译为"伦理"似乎略显空疏。黑格尔所谓的 Sittlichkeit 必须联系到古希腊城邦中的伦理生活进行理解。这里姑且翻译为"伦理共同体"。——译者注

② 关于这一点可参看 K.-H.伊尔亭(K.-H.Ilting)的概念史研究:《自然法与伦理共同体》(*Naturrecht und Sittlichkeit*),斯图加特,1983 年。

一部宪法的整体。人们的意思只是说,顶部必定大概如此这般建立起来,但特殊者却是本质性的东西和基础”①。

理性的劳作侵入了客观的各种情况之中,它对它们进行诊断,作出区别,改造并建立起不同作用范围和结构的行为空间。这些行为空间只是用来使各主体提出的自由要求的实现得以可能。按照黑格尔的概念方式,自由的制度是客观形成的、凝结在具体过程中的精神。当从其他兴趣立场,比如系统功能主义出发解释制度概念的时候,这个开端需要得到确定。根据黑格尔的看法,就其核心而言,法就是在制度上得以保证的自由,而不是其他什么东西。

在这个前提下,该书详述伦理共同体的第三部分又划分为**三个单元**(*drei Einheiten*)。至于哲学的展示而言,这三个单元之间相互转变,并总归在历史现实中相互得到规定。因此,在我们面前并没有某种既有的进化,而是组成一种生活形式完整性的各划分范围的总和。**家庭**(*Familie*)构成了这第一个伦理共同体单元,自有人类思想开始它就被视为社会的基础。黑格尔的看法将亚里士多德主义遗赠给欧洲经济学传统的作为单元的家庭(οικος)学说,与一种受基督教影响的、关于爱和婚姻的精神性合在了一起。在此反映的是对过去几个世纪而言特有的自我认识。也许如今深入人心的个人之定义,为腐蚀家庭这个令人崇敬的制度出了一份力。对此我们仍不甚明白。

市民社会(*bürgerliche Gesellschaft*)构成了伦理共同体的第二个层面,黑格尔面对着城邦传统而将市民社会与国家清楚分开。市场的理性在这里统治着一个“需求的体系”。之所以这么称呼,是因为多亏了私人的需求,这个来回进行、极端灵活的交换流通促成了一个客观层面上的分工和供应体系。需求的满足作为一个分配正义的标志恐怕是完全错误的标注。最本己的需求形态中个人主义之特殊性的进一步表现,为自己获得了这个理性的工具。黑格尔明白(189节),他对最近的发展表示赞许,而在那个时代,由斯密和李嘉图**流行起来的国民经济学**为这一方面提供了合适的分析②。

如果古老的家庭治产术涉及了确保个人自给自足,而它则是政治上自由活动者的基础,那么将经济力量革新地扩展到总体社会水平之上,就会带来一种新

---

① 《法哲学讲演录》,第163页末。

② 关于这一点,请参看克劳斯·李希特布劳(Klaus Lichtblau)那里,对由古代家庭治产术(*Hauswirtschaftslehre*)向政治经济学的过渡所作的见闻广博的评注:《马克思经济学批判的政治形态》(Der politische Gehalt der Marxschen Ökonomiekritik),刊于李希特布劳:《纷争不和的时代》(*Das Zeitalter der Entzweiung*),柏林,1999年,第158页以下。

的社会性结构。私人的利益大量合并起来就产生了一个总体的利益，它就像频繁被引用的“看不见的手”这个隐喻一样采取了有力的措施，而不会在个人的各种意向之中解体。多亏了在交换中全面实现了众多个人特殊需求的满足，不用特地去想，不用明确计划，这些需求就在一个社会的相互关联中交织在一起。而这个社会的相互关联超越于这些需求的个体性之上，虽然它恰恰始于每个本已的需求特殊性。我们完全有理由去赞赏黑格尔对市民社会的分析；当这一分析在以 18 世纪的各观念为起点时，它确实提供了关于现代社会各项关系的，独立和有说服力的分类整理。和先驱性的**社会科学**（*Sozialwissenschaften*）一样，**马克思主义**同样从中获益。

现在，在一切分析的精炼中，市民社会似乎并不是对于伦理共同体各项要求的最后回应。因为虽然市场中的事情发展出了一个真正的体系化的动力，但市场中的事情确实既不被设定为一个政治目的，又不实现国家公民的角色认定。早在我们能**完全通过国家经营**（*vollends in Regie*）运用超越市场上的联合之前，我们就**遭遇**它了。今日的疑难清晰地显现在全球化之中，它站在传统的国家控制的另一边展示了各市场的国际化。市场从政治的规则化中解放了出来，并在全球范围扩展开去，而同样重要的全球政治和组织设立的制度却并没有建立。市场的优势地位是否能在政治上重新得到平衡，当下似乎仍成问题。

不管怎样，黑格尔并不怀疑，作为并不自我负责的社会化场所，市场必然**隶属于**伦理国家的自主性之下；这一场所首次真正满足了我们自由的需求。在这个分界处，黑格尔远离了那些狂热形成的自由主义的趋向。黑格尔写道：“如果国家和市民社会混淆起来，而把它的规定设立在所有权和个人自由的安全和保护之中，那么各人本身的利益就成为这些人联合起来的最后目标；由此产生的结果恰恰是，成为国家成员是任意的事情。——但是国家对个人的关系完全不是这样。由于国家是客观精神，所以个人本身只有是国家的成员才具有客观性、真理和伦理共同体。这个**联合**（*Vereinigung*）本身是真实的内容和目标，而个人的规定却是**过一种普遍的生活**”（第 258 节，着重标记来自我本人）。

将一个与 19 世纪自由主义先驱者约翰·斯图亚特·密尔（*John Stuart Mill*）的对峙摆在面前可能会颇有助益。密尔为了将国家用以保护个人的制度置于边缘处，事实上已将个人置于中心地位。密尔援引了威廉·冯·洪堡；洪堡在法国大革命的影响下，为了个人发展的利处而提出了“国家作用的界限”。如果我们自我反省一下，我们就会确定：在这个特定的意义上我们全都是自由主义者，无论我们承认与否①。

政治哲学现实的争论可在如下这一点上变得尖锐：具有其私人利益的个人是否能充当一切政治设立和努力的出发点与目的地，或者说，存在着号召每个个人都去过的那种普遍的生活吗？达到这一点，个人必须通过**教化**(*Bildung*)，也就是说，通过去掉他所有粗野的、直接的心理状态和喜怒无常的脾气而自我提升。黑格尔显然要求这一点成为我作为我的国家公民而进行生活的前提。需求系统的理解中介已为此做好了准备的工作。但我们不是作为市场中的人或货物交换的参与者而成为现实中自由的人的。这种消费自由只是在生产和销售强制的境域中，以不依赖性和自我独立性来迷惑我们。为了上升到非特殊主义的生活态度，我们需要的是一项自我约束的"艰难工作"②。

与这个流传开来的假相相对，个人只有作为普遍性的成员、作为国家公民才具有客观性、真理和伦理共同体；而国家公民源始地且首要地在交互自由要求的等价情况下，关涉到与其他同类者们的联合——这组成了黑格尔国家观的意义。可以看到，这里力求使古代城邦内的**公民角色进行革新**，它克服了那种利益计算，而从家庭而来的社会契约就固定在这种利益计算之上。另外，人们总要说到黑格尔对他那个时代君主立宪制的态度——而人们经常不断地为此感到恼火——，不管怎样，我要为如下观点辩护：在我们当下围绕着一个充分的政治概念进行争论的语境中，我们应使所提及的黑格尔的建议继续发挥作用。它站在通过经济饱和来直接满足利益的这种做法的另一边，为主体保留了一条通往"普遍生活"的道路；这个"普遍生活"凭借与他人联合的制度性关联，使我们在本己的真理中承担义务。只有作为现存法范围内的公民，人才是自由的。而且，在公开分配现有财富这个方面，只有作为公民，他才超越了作为单纯的要求裁决者(Anspruchsinstanz)或划分的参与者(Verteilungspartner)的角色。

---

① 请看接下来的这一章。

② 更确切的论述请参看蒂尔曼·赖茨(Tilman Reitz)的博士学位论文：《作为自制的市民性》(Bürgerlichkeit als Haltung)，海德堡，2001年。

第十二章　自由主义与制度

1.

自由主义是法国大革命的产儿。它自然了解这一段前史。每当个人以其与生俱来的自由权利引起国家理论考察的注意时,自由主义就实现了一大步。所以我们或可“稍有瑕疵地”(cum grano salis)把霍布斯视为自由主义的第一个代表者。因为促成利维坦的契约产生于个人的利益并依据它而具有尺度。提到约翰·洛克当然是正确的。与处在由“自然状态”走向利维坦开端的那部关于生与死的阴暗竞争戏剧的导演不同,洛克对英国—美国的发展产生了完全不同的影响。

然而首先需要的是欧洲的大变革,它从法国开始,为的是最终与作为政治模板的古老的等级秩序告别,于是剩下的只有作为活动者的人民的集合或自由的个人。现在意见就有分歧了。那些**古老政体**(*Ancien régime*)的拥护者们是保守党人(Konservativen),而从雅各宾派到温和派的各种革命者们,以人民的名义组成了进步党(Fortschrittspartei)。在保守党和进步党两者之间产生的是自由主义。按其名称来说,自由主义已从革命的事件及其内在趋向的逻辑(Tendenzlogik)中引出了这样的结论:为了显著改善各种关系,毫无节制的理性活动以重大历史任务的名义取消了个人的自由。但人们不想把赌注都放在这一点上。

孕育着希望的解放运动会变成失败的过程,只要它终结于一种新的强制之中。因此,自由主义者拟订了这项纲领:“规定国家作用之界限”。威廉·冯·洪堡已经用了这样的标题,虽然他同名的文章意外滞后地直到1857年才从遗稿中得以公开出版。自由主义者们在历史上不得不接受的指导见解在于:作为确保个人自由之工具的现代国家,由于一种固有的延展冲动(Ausdehungsimpuls)

而跃出了这个合适的目标。于是就出现了这个问题:推动这个确保个人自由的工具进行系统性地自我撤回(Selbstzurücknahme)。因为在一个明显缩小了的较短的国家阴影中,个人的自由才赢获了一个真正自我发展的机会,它超出一种匿名的平均主义,或所有人单纯形式上的一视同仁。

早期自由主义者要求国家自我撤回的这个前提唤起了每个人原始的天资;这些天资在有利的条件下蓬勃发展,而在不利的条件下却变得荒凉。19世纪中叶持久伟大的自由的头脑,即功利主义经济学詹姆斯·密尔(James Mill)的儿子、英国人约翰·斯图亚特·密尔在明确援引洪堡的情况下,支持一个完全类似的论点。允许个人在减少官方的强制的情况下发展,与在一个救济、教育和管束的国家的相反情况中相比,整个社会能从中获益更多。即使密尔也必须碰到这个几乎不可能的情况:每个人——男人和女人——在适合的境况中会产生一笔人道主义的财富和一种特点的多样性;而强制国家狭小的容纳范围不会允许这一点。

密尔在这份名为《论自由》(*On Liberty*)的辉煌的自由主义文献中这样写道:"唯一配得上其名的自由,乃是按照我们自己的方式去追求我们自己的好处的自由,只要我们不试图剥夺他人的这种自由,不试图阻碍他们获得这种自由的努力。每个人是其自身健康的合适的守护者,不论是身体的健康、智力的健康还是精神的健康。人类通过容忍各自按照自己所认为好的样子去生活,比通过强迫每个人都按其余人所认为好的样子去生活收获更多"①。但这个前提有理由支持吗?我们所有人都有这样的天赋,以至于在任何情况下,放任去做(Laisser-faire)都比国家干预显示更好的结果吗?在一篇短小的研究《国家宪法的观念,因最新的法兰西宪法而作》(*Ideen über Staatsverfassung, durch die neue französische Constitution veranlaßt*)(1791年)中,洪堡已经涉足了这个问题。这比撰写那篇伟大的、广泛有名的关于**国家作用之界限**(*Grenzen der Wirksamkeit des Staates*)(1792年)的论文还早了一年。然而正如前述,后一篇论文直到七十年后才引起了争论。在涉及邻邦[即法国]人民"国民制宪会议"(constituierende Nationalversammlung)这个方面,1791年的这篇小文章写道:"但现在国家宪法并不能成功,理性——这里的前提是,理性具有不受阻挠的权力去实现它的各项草案——似乎一开始就按照一个既定的计划在建立它;只有这样的一个国家宪法能繁荣兴旺:它产生于有影响的偶然性与迎面径直走来的理性之间的斗争中。这条原理

① 《论自由》(1859年),伦敦版,1962年,第75页末。

于我而言是如此显而易见，以至于我不想将它仅仅限制在国家宪法这个方面"①。

这个引导性前提的明确性看来超出了政治的问题。洪堡后来的教化政治学(Bildungspolitik)②位于这个基础之上。从一开始，洪堡就处在由赫尔德到歌德等人所说明的教化原理的影响之下；这一原理借助于一个不可计划且不能预先看到的偶然性之迎面而来的力量，力求实现个人之自然天性与其理性的培养。**历史主义**作为广泛接受的世界观产生于这些观点之中。就我看来，这里必须开始这项讨论，它的主题是自由主义与制度的关系，或如果我们想这样说的话，是幸运的自由的膨胀对相符合的偶然事情的依赖。值得注意的是，此间所涉及的并不是这个教科书式的关于主观无规定性与客观强制之间的正确平衡的问题。同样也很少涉及先天的自由原理，而康德的法哲学正建立在这个原理之上，并且我们用此原理也可以说："你对自由的知觉终结于触及他人自由的知觉之处"。多元主体在外部相互关系中实现自由的这个共生的可能性(Koexistenzmöglichkeit)并没有造成真正的问题，虽然可能第一眼看上去如此。

由于法国宪法的原因，在洪堡扼要的叙述里，所涉及的是那个历史上正确的时刻即时机(Kairos)；在那时，一个全部社会组织安排的计划必然使改变的打算与当时仍无法控制、并因此称为偶然性的处境相互协调。如果我们愿意接受这一点，那么自由主义中制度形成之谜就不会展示一份更宏阔、更精巧、完全围绕着历史目的论的计划的任务。计划不应**再多**，而应更少！法国的这场实验已经足够清楚地说明了这个尝试的傲慢：单单由理性的力量来管理世界。计划制定者的无限权力必须得到支持——而不是相反，因为事实上不是所有人都被计划好了，或者说，理性经历了一个体系上薄弱的阶段。只有当所有人都处于良好状况之中，他们才不会去动摇从背后产生作用的境况："一个新的宪法应该继往开来"。洪堡如此表达了不可揣度性(Unberechenbarkeit)这个因素。

由此，若任何计划者喜欢的话，更多的决定者将发挥作用。洪堡接下去写道："现在，使这两者联系的纽带在什么地方呢？谁会相信自己有足够的创造力和技巧去编织这条纽带呢？人们仍在如此仔细地研究当下的状态，仍在如此仔细地计算他们在这个状态下可得到的东西，这是不够的。我们所有的知识和认

---

① 洪堡：《作品集》，第一卷(弗利特纳、基尔编辑)，达姆施塔特，1960年，第34页。

② 请比较我联系当下的考察：《洪堡大学——一个不愿逝去的理想》(Humbolts Universität-ein Ideal, das nicht sterben will)，刊于吕迪格尔·布伯纳：《呼喊》(*Zwischenrufe*)，美因河畔法兰克福，1993年。

知都建基于各种普遍的、不完美的和半真半假的观念之上，而关于个体性的东西我们只能有一点点理解，并且在这里，所有的东西都取决于个人的力量，个人的作用、苦楚和享受。如果偶然性发生作用，情况就完全不同了，而理性力求的只是掌控偶然性"①。

凭借这些思考，我们首先站到了一个古老的政治范畴，即**政体转变**（Verfassungswandel）的面前。为了制服任何颠覆活动的突然事件，亚里士多德已经在他的《政治学》中用整整一卷（第五卷）研究了 μεταβολη πολιτειων［希腊语：政体转变］。这个出发点无非就是：每当人们使用一个新的政体时，旧的政体必须消失。此间所有的兴趣都指向了这种革新。但决定新事物在历史上成功的那种真正的贯彻实施却并没有受到足够的注意。因此这个分析的秘密存在于这个过渡自身之中。现在洪堡不必使用传统各政体及其各退变对应者的条目表，比如君主政体、贵族政体、民主政体、僭主政体等等。于是，这个过渡的问题在理想型上完全不能被纳入其中。而孟德斯鸠，政治历史主义的先驱之一，有体系地且坚决地从事古老的国家政体模式的研究。夹在孟德斯鸠与洪堡之间的革命时代已基本上完成了这些理论上的秩序图式。

如果我们要寻找一个填补这里空隙的后革命时期的作者，那么立刻就会想到托克维尔（Tocqueville）这个突出的例子；他晚期的著作《旧政体与大革命》（*L'Ancien Régime et la Révolution*）（1856 年）在涉及洪堡研究的这个法国事件时，持有一个完全类似的看法。新事物的影响越是不剧烈且越是有效，那么各种改变就越是有重要意义，而这些改变业已悄悄地使前任的制度现实化了。但是托克维尔的这个估计"此后最终"（ex post eventu）超过六十年才成为现实。

2.

通过一些例子揭示了标题中的问题——自由主义对制度有何看法——之后，现在我们必须从根本上着手处理这个问题。国家被要求撤回它作出规定的资格和无约束扩展的管辖权，而个人与国家保持距离，使得个人在原则上是单独的。市民社会这种非正式团体的建立，无法阻止这个结果。在其大学的改革中，洪堡将研究者置于"孤独与自由"这个气氛中，而个人的"孤独与自由"在某种意义上被视作一般的生活准则。

---

① 《作品集》，第一卷，第 35 页。

在**有教养的市民阶层**(*Bildungsbürgertum*)的时代,家庭和学校两方面为此做好了准备,今天却很难再见到了。抱有自由主义想法的个人很难再享有他的孤独与自由,他客观上要忍受这一点。在千百万同胞的人群中,大城市的单身家庭(Single-Haushalt)并不引人注意。灵活的就业策略以无名的"职位"(Job)为指导。各种实验式的生活阶段相互接替,无法获得成熟和自主性。日常生活中的享乐主义,旅行圣地迪士尼乐园中多元文化的想象,异国风味的水果、葡萄酒、美食——所有这些都可撤走,没有一样会持久地形成个人。缺乏语境或没有语境的释放,将个人置于一种虚无(Nichts)的面前,而萨特式的存在主义仍想要强迫这种虚无作出一个**保证**(*Engagement*)。例如阶级斗争和解放,剥削与人权,第三世界与自然保护这类重大的和有时代意义的——或更准确地说——末世论的争论问题的表态,可不间断地转换为私人事务,它带着全部无聊的怪味一同成为可交换的或者毫无结果的东西。

只要我们接受洪堡所提醒唤起的偶然性的角色,——偶然性事实上以它表现出的特殊性伴随着一切历史处境——,那么关于一个抽象**原理配置**(*Prinzipienausstattung*)的完美构造和考虑就跃入了眼帘。它名义上是一个新的自由主义为了选择生活立场而制定的。存在主义以某种戏剧艺术,为在虚无主义面前战栗的个体设定了一切选项的任意性,即等价性:毫无所知的个体在不祥的"无知之幕"的背后,计算着未来生活的机遇。而罗尔斯及其无数的拥护者们,把原理配置这个活动理论的抽象交到了无知个体的手中,它并没有任何更加具体的内容。这个建议甚至缺乏存在主义的那种戏剧艺术,而是反映了这种深深的无聊:它照亮了具有公共组织福利的西方中产阶层社会的**正义氛围**(*juste milieu*)。因为在此从构造上回溯到各原理的东西,只是在"公平"(Fairneß)这个词目下所概括的西方人的自我理解。

同样,只要"一切人反对一切人的战争"(bellum omnium contra omnes)从未出现,而只是作为已建立的法权状态倒下的危险而即将发生,一场策划就为托马斯·霍布斯的自然状态奠定了基础。但是在涉及死与生的地方,政治的态度就具有严肃的特点;而当我想要只在社会差异变得对受歧视者有利的情况下,按照罗尔斯的各项原理允许社会差异时,这种严肃从未出现。谁能真正知道这一点,谁又会把这样复杂的均衡视作他生活决定的主要动机?罗尔斯以他的理论产生了反对功利主义的(anti-utilitaristisch)影响,因此他在这里确定,根深蒂固地存在着调节一个总体社会利和弊的功利主义视角,和分配正义(Justitia distributiva)的支配性的收支平衡表。请将你自己置于一个潜在立法者的地位,并且坚守住每个人的利益,防止每个人的损害。**快乐和痛苦!**(*Pleasure and pain!*)——关于这一点,边沁(Bentham)极其朴实的术语是这么说的①。

当罗尔斯在晚期作品中与代表作中的抽象正义计算拉开了一点距离,并给予他自由主义的理论以一个更加明确的政治转变时,他就与洪堡所陈述的思想极其接近了②。他强调,在政治生活的公开看法和政治文化的潜在准备中,必然存在**与人方便的**(*entgegenkommende*)各种条件;由此,公民不仅接受一种道德规划,而且还在自由主义中认识一个在政治上能接受的生活形式。单纯的"暂时妥协"(modus vivendi)才固定化为一个持续的共识。换句话说,我们并不需要"普遍和广博的理论",而是对各种现成境况明智的探究,它们为自由主义提供了独立验证的机会。

于是,当不是计划的类型学,而是各种境况的历史主义占据上风时,洪堡所强调的不可避免的各种偶然性就清晰可见了,因为它们能够给予集中于普遍者的种种变化以具体的生活轮廓。一个新的政体接替了另一个,然而并不是笼统地免除对过去事物的洞察力,因为新的组织吸收了所有知识界。我举几个例子。1989—1990 年之际德国的重新统一以既定处境的并行不悖为出发点:一方面是越来越失去合法地位且经济上近于崩溃的德意志民主共和国(DDR),另一方面是一个心满意足的[德意志]联邦共和国。联邦共和国在无限长的时间里感到有必要去进行财政的、个人的、法律的和其他种类的转移支付,并且今后也会继续这么做。此间,曾经德意志民主共和国精神上的基础结构同时大规模地得到了保护,以至于两方面都没有产生敌意。这曾经是无法解决的任务,它真正与政体转变并肩而立。

南欧的几个国家,西班牙、葡萄牙和希腊,早在几十年前就走上了规范化的道路,并在此间产生了它们各自特别的经验。在 1989—1990 年之际的重大事件之后,曾经的东欧集团(Ostblock)各国家,通过脱离作为第二次世界大战结果的苏维埃霸权(Sowjethegemonie),渐渐地重新找回了自己。所有这些情况在任何地方都没有遵照一个预先制定的计划,和由理性单独规划的模板。在确实明智地尊重各自场合中现成境况的条件下,它们或者一下子或者缓慢地实现,已成功或正在成功。政治学立刻就简化地谈论了"体系的转变"并且完全相信,所有这

---

① 《道德与立法的各项原理》(*The Principles of Morals and Legislation*)(1789 年),I,1。

② 约翰·罗尔斯:《一个具有支配性意义的共识之思想》(Der Gedanke eines übergreifenden Konsenses),刊于《政治自由主义的观念》(*Die Idee des politischen Liberalismus*),编者:W.欣施(W.Hinsch),美因河畔法兰克福,1994 年,第 303 页以下。

些过程都是按照西方的模式通向民主化。即便事情是这样，我们在这片大洲还将经历的东西——政体的变化，在本质上意味着与现成事物的灵活的联系。

为了生动而形象地描写我们容易想到的德国的情况，在此期间作为新首都的柏林充满魅力地吸引着大批联邦共和国的公民，他们想要象征性地占有着新获得的国家政权。每天在任何天气里，人们都能够观察这种努力的愿望。其他的城市，例如莱比锡和德累斯顿，在此期间像沉入遗忘之海的比涅塔（Vineta）①那样投降了。东部的海滨浴场革新了它们的海洋文化（Thalassokultur）。人们欢欣鼓舞地重新发现了各类风景、城堡和场所。那些幸运的偶然事件就是这种性质，如前所述，一个新的宪政系于这些偶然事件之上。根本不存在另一条道路。

与此不同，人们经常听到的是，自由主义必须从国家的境域中，即从一个原则上充满祸害的固定于过去之中解放出来。与此不同，欧盟是自由主义者们必须在其中寻找它制度上完成的场所。这应当意味着尊重那个显然缺乏一个可设身处地理解的合法证明，卡夫卡式的（kafkaeske）、部分腐化的布鲁塞尔的中央行政②，只要它纯粹热衷于官僚机构的自身运行？通过模仿国家议会各党比例代表制（Parteienproporz）并进行言语猜忌（Spracheneifersucht），在没有国民和主权的情况下登台表演的欧洲议会令人钦佩吗？欧盟法院要求它所不具备的资格，因为不存在欧盟宪法，而它只是觉察到这些，因为没有人反对，我们要赞赏那个位于卢森堡，高于一切悬而未决者的欧盟法院吗？《欧共体条约》（EG-Vertrag）的第220条将监督条约的使用预先规定为法院单独的功能。法院的实质并不超出这一点之外。但是众所周知，所有最高法院都倾向于通过生产性的政治形象，使忠实于字面的法律解释丰富起来。

最近欧盟**东扩**（*Ost-Erweiterung*）以现世拯救的口吻得到宣传。我们应当在这一点上决定战争与和平，幸福与痛苦，知礼体面与厚颜无耻吗？这太夸张了！爱沙尼亚人（Esten）、立陶宛人（Litauer）和匈牙利人（Ungarn）最终想要像法国人和英国人历来所是的那样成为爱沙尼亚人、立陶宛人和匈牙利人。对于他们而言，欧盟似乎是达到上述目标的合适手段。总的说来，对于这些国家而言，19和20世纪所拒绝的那些东西，在西欧则自巴洛克时期开始就得到历史的准许了。显而易见，这些后来赶上的国家最先对自身，即对它们的身份认同、少数民族保

① 比涅塔是神话中波罗的海南岸的一个小城。关于比涅塔的神话众多，共同之处是说比涅塔城内的人们过着过分的、骄奢淫逸或亵渎神祇的生活而受到洪水的惩罚，比涅塔因此沉入了波罗的海的海底。——译者注

② 欧盟总部位于比利时的布鲁塞尔。——译者注

护、加强富裕及其与邻国的平等地位感兴趣——无论如何，要比对所有乌克兰人（Ukrainern）、罗马尼亚人（Rumänen）、土耳其人（Türken）及其他满怀希望的候选者感兴趣得多。而这些候选者们将充满渴望的目光投向了这个统一的欧洲。

于是我们要再一次重复本章开头的问题：哪种制度化有益于自由主义？一个化归为最小程度上公共法律保证的国家与个人对立着，而发展自由的有限优势和个人的任意判断无法回答这个问题。对于像阶级斗争和无产阶级的国际主义这类**重大的**、**超越个人的内容**来说，个人责任心的那种可替代性和喜怒无常性已经过时了。罗尔斯的**原理算术**（*Prinzipienarithmetik*）根本上忽略了这个问题，而且由于体系上的反历史性，它在此甚至没有发现任何问题。它只是联系到了偶然性的预先规定，即不为任何自主计划负责的境况；这些境况产生的影响各不相同，并直接标出了一个政体革新在历史上发生时的出发点——这种背后的（a tergo）转嫁保险（Rückversicherung）与不可计划者一同得到了考察。

按照洪堡，这个伟大的创造力要求编织这条纽带；它是自行产生的，因为，相比那些我们基于计划和由理性掌控的改变而进入的关系，依其特点，我们所由之向外运动的关系更为我们所熟悉。因此，这个技巧在于依这种方式对现成的东西进行改变，使它不只是在改变了的标签下延续存在。然而，为了使一个有风险的新事物留有位置，现存的东西也同样很少直截了当地被清除出去。我们共同走上的这条欧洲化道路，一步一步、几十年如一日地向我们指出了洪堡已经看到的这个问题。

因此，那些允许并号称欢迎自由主义的制度并不是加入最低限度国家（Minimalstaat）中的附加的强制，而自由主义两个世纪的运动已留下了这个最低限度国家。然而，那些抱有自由主义思想的主体总归“通过偶然性”所熟悉的各种条件却存在着，因为没有一种行动相当于无中生有（creatio ex nihilo）。并且自由主义应该有意识地接续着这些条件。如果在这之中存在着我对一个苛求问题的朴素回答，那么我必须考虑到一个根本上自然的**异议**。这个异议要求：一个对于自由主义中的制度化来说形式化的、即全面可使用的规则，应在对全新欧盟历史过程的观察之上展开。我的回答分为如下两个部分。

第一，在1989—1990年之际重大转折之后没有遇到上述相关事情的人，就无法真实地理解这个主题。它涉及的是这些并没有经过头脑冷静的知识界安排的境况，它们按具体情况，符合实情地迎合生气勃勃的主体之合理要求的现实展开。

第二，可能有人会提出这种疑虑：这里暗中是在为改良主义

(Reformismus)做广告。是的,这是合适的术语。我将再次引用洪堡的话,不过这次是出自后一篇著作[《论国家作用之界限》]的结论部分(第十六章):"人们总是后来而从不早些将纯粹理论的原则转换为现实,直到这个现实不再妨碍这些原则去表达那些不用任何外来的混合就可产生的结果"①。简单地换句话说:如果不是妨碍而是促进自由之展开的**境况**被**激发**的话,那么自由主义就具有了它的制度。

有些人想进一步为此再添加一个**规范性**特点的要求。在历史发展范围中迎合个人自由之展开的各项制度,也应承担教育的功能。除了存在于个人自我规定境域中得到维护的自由之展开以外,还应该植入一个通向自由之强化或普遍化的动力。这样的话,与其制度特征相应,各项制度就不仅仅提供功能成效的稳定性。它们恰恰应该推动持续的现代化过程,由此,自由的展开并不会堕落为文雅的利己主义者,而是在对共同幸福的兴趣这一方面锻炼了公民意识。

这真是太美好了。但是,当自由主义的各项制度暗含着一种思想意识的完美化时,它们还能被理解为自由主义的制度吗?黑格尔将国家的伦理共同体设定在教化之上,难道教化不是个人单单为了可能出现的情况,能够且必须实现的"艰难的劳作"吗?这个呼吁的目的在于:出于自身的力量去抑制给定的心理状态,在自身中唤醒并保持共同的公民信念。但是,存在着那种其历史目标为"更加多"或"更加好"的历史主义吗?我们必须能够对付这个情况:确保自由的(freiheitssicherender)自由主义并不意味着,将人民群众的水平提升到理想的和普遍主义式扩大的生活组织维度之上的提高自由(freiheitssteigernde)或扩展自由(freiheitserweiternde)的管理。因为这种对于普遍主义暗中有约束性的吸引力,包含了一个公意(volonté générale)的总体性特征。当所有人全部的自由得到确保时,普遍主义才使个别人的自由有效。

历史的自由主义以个人生活质量的名义恰恰反对的是**道德化的让渡**(*moralisierende Überlassung*)。对于以民主宪政代表西方国家的自由主义模式而言,一方面有效的是,西方国家作为对其他处在全球交流中的候选国家而言是值得模仿的案例,它们具有一个事实上的吸引力。但另一方面,基本的**限定**在这里也是合乎实际的,我们在黑格尔国家概念那一章结尾考虑法权的实现具有民族国家性质时,已看到了这种限定。强调自由的个人在自由主义的各种关系中重新认出了自己,这些关系必然在空间和时间中由通观性(Überschaubarkeit)和局限

① 同前引书[《著作集》第一卷],第216页。

性(Begrenztheit)得以标明。由不再可掌控的扩大所产生的不可通观性,要么使自由主义的成就遭受一场不可计算的风险,要么通向一个以人权作掩饰的未来统治全世界的专制政体中①。

① 比较:康德,《论永久和平》(1795年),A62。

结束语　超国家的欧洲？

关于欧洲的著述已经非常多了。19 世纪主要受到民族国家的影响①,而即使有不断增长的民族主义和极权主义之间的紧张关系,20 世纪上半叶的战争时期还是见证了沾有文化色彩的欧洲振兴(Europabegeisterung)的兴旺时期。比如,朱利安·班达(Julien Benda)在 1932—1933 年之际写了一篇《对欧洲民族的讲话》(*Discours à la nation européenne*),在其中他说明了:“欧洲的问题,首要地是一个道德问题”(Que le problème européen est, avant tout, un problème moral.)②。我们似应提及其他那些具有类似信念的作者。

第二次世界大战后,一切可供选择的可能性似乎都坠入深渊而失去了资格,此时开始了欧洲人**政治统一的进程**。尤其是德国人很快表明是热烈地改变了信仰的人(Proselyten),因为他们国家灾难的历史不再容许肯定性的指认。使德国分裂和缩小的剩余部分在一个更加广大的欧洲崛起,在此曾是一件容易的事情,也可望得到同情。直至今日这仍是广泛的基本态度。我们可参考为欧洲联邦主义(europäischen Föderalismus)所作的辩护。德国外交部长费舍尔(Fischer)③在 2000 年于柏林洪堡大学曾经“以私人身份”陈述过这一辩护④。外国人士有理由问,对于德国外交部长来说,对欧洲的目的性作出判断是否合适。

现在,各民族国家的重要性减少了,在它们各自的范围内存在着显得古旧的

---

① 在这丰富的文献中可比较新近出版的:迪特尔·朗格维舍:《德国和欧洲的民族、民族主义、民族国家》(*Nation, Nationalismus, Nationalstaat in Deutschland und Europa*),慕尼黑,2000 年。

② 《对欧洲民族的讲话》(巴黎版,1979 年,第 14 页)。

③ 约施卡·费舍尔(Joschka Fischer,1948－　),德国政治家。1999 年至 2005 年担任德国外交部部长,副总理。1999 年 1 月 1 日至 6 月 30 日担任欧盟理事会主席。——译者注

④ 约施卡·费舍尔:《从国家同盟到联邦:关于欧洲一体化之目的性的思考》(*Vom Staatenbund zur Konföderation. Gedanken über die Finalität der europäischen Intergration*),美因河畔法兰克福,2000 年。

联邦主义。巴伐利亚州的联邦主义,为布列塔尼人(Bretonen)、威尔士人(Waliser)、或加泰罗尼亚人(Katalanen)①提供了一个对抗国家中央集权制的坚强支持。其中,像意大利北部帕达尼亚(Padanien)②——似应包括大体上之前奥地利占领的区域——这些人为划定的区域提出了自己的要求。不用去逐一拼读出一种判例法,现实存在的联邦主义宁可去证实这些离心的趋向。它几乎不可能适合于作为一种力求得到的统一模式。

这种欧洲修辞学(Europa-Rhetorik)就像持久涨潮而不退潮那样无所不在。毫无疑问,在各个方面它却是为善良意志所具有的。怀疑有掩盖起来的背后动机是没有根据的,因为欧洲阻止了迈向普遍主义的这一大步,而普遍主义慷慨激昂地代表了反分离主义(Antipartikularismus)。此外,欧洲的统一有利于阻止战争并确保和平,有利于促进富裕和社会均衡,有利于突出文化和亲疏一致。总而言之,在最终的世界主义(Kosmopolitismus)将地球变好之前,我们就在欧洲政治境域中觉察到,欧洲历史实际上至今向我们所隐瞒的东西,似乎是作为世界历史**居间目的**(*Zwischentelos*)完全受到欢迎的东西。

为了不引起错误的印象,该作者[约施卡·费舍尔]急于为他本人澄清:本人的生平特别由于出身和教育而受到欧洲的规定,也由于职业的选择而保持着世界主义。正如人们所提及的,在其狭小范围的多样性中,亚洲的山麓小丘(Vorgebirge Asiens)构成了一个人们必然喜欢、值得钦佩的集合。最最开始,**语言认识**展示了这个无法比较的民族世界,在此,我们传统所谓死去的语言的影响并没有被遗忘,因为这些语言在一切活着的语言中带来某些预先的烙印。然而,当下国际性的交际共同语(Lingua franca),各机场和连锁酒店的伪英语(Pseudo-Englisch),表面上统一的行话在全世界的通行,这些事实都无法产生欧洲人。差异中的统一——在为了欧洲的修辞学中,这句话自然得以表达。但是,在这里实在的可能性和空虚的预言已开始解体。那些总是相同的电视画面,显示着国家领导人们如何必须戴上耳机以倾听一场经过口译的演讲;在这之中欧洲的价值得到了公正的赞扬,但这些电视画面教导我们去丢掉幻想。

按照创建者们的明智之见,1957年《罗马条约》框架内优先在**经济的**层面上对关于欧洲的古老观念进行制度的固定。市场的力量依其本性完成了适应化的

① 布列塔尼是法国西部一个地区。加泰罗尼亚位于伊比利亚半岛东北部,是西班牙的一个自治区。——译者注

② 帕达尼亚(Padania)是意大利北部波河平原地区的一个代称。1990年之后,主张意大利北部独立。北方联盟开始以这一词作为独立的意大利北部地区的名称。——译者注

工作,因为任何交换过程都被拉平了。由经济的优先,人们有理由期待继续深入的均质化(Homogenisierung)。然而,经济的优先地位已长期持续,直到向着这个方向的进步得到采纳,因为站在贸易联盟另一边的欧洲真正应该是或者成为什么样子,实质上却是完全不清楚的。在一切对自由贸易区接续扩展的热情那里,尽管有相应国际社会的影响,但是这一点仍然是不明白的。在此,当我们能获得**普遍的**轮廓之前,我们必须从**特殊者**出发。

因此,法国和德国的接近意味着一个值得钦佩的重大举动。任何有其他不同看法的人只能以同情心跟随、并在很大程度上欢迎这一举动。所谓世袭的敌意可回溯到拿破仑的侵略战争,它的一段前史则在法国绝对主义国王领土侵占时:这就像整个德国的不幸一样都始于三十年战争。然而,与德国不同,在民族政治的核心问题中,法国从来不会放弃一种特权(Prärogative)。与其他较少涉及身份的领域相对,巴黎不会将外交和安全政治置于共同的治理之下。这话听起来虽然不一样,但是关键性的会议磋商合理证实了完全有历史基础的怀疑。基于地理上的优势以及由此导致的连续不间断的民族历史,英国站在与欧洲大陆保持距离的外部角度上,扮演了一个特殊的角色。而且,在完全意识到这种政治自足性(Suisuffizienz)的情况下,英国不会停止地继续扮演着这一角色。

由于来自布鲁塞尔的共同体的支持,南欧各国已逐渐以不同的速度获得了自主性,发展了各国长久以来没有达到的富裕。这些国家如果不久后就放弃这些东西又会怎么样呢?先前东欧集团的所有卫星国——大的和小的,得到晋升的和遭到阻碍的——都从与欧洲的结合中首先显示出民族的团结和生活形式的合适。此间,改良经济与引入政治民主化联系在了一起。普遍意识可能把此二者相提并论。另外,今日没有人知道,巨大的俄罗斯帝国将如何能够应付,更多阵线上种族和宗教的差异作为内部政治改变之后果问题,也就是说,它如何能够应付其纯粹地理意义上的大小。

在简短浏览一下非常熟悉的事实和约定俗成之后,我们将更加尖锐地提出关于欧洲政治本质的问题。如果不单纯期望"所有一切"都属于欧洲政治本质的一部分,且此间西北欧、中东欧和南欧之间文化的和宗教的界限之笼统化凸显了出来,那么官方通过的一系列欧洲条约就无法给出一个更好的解救办法。它们都属于**国际法**(*Völkerrecht*)的范畴。自19世纪至20世纪末,国家在最广泛的意义上就是"民族国家"。在苏维埃霸权垮塌之后,一些国家,尤其是小国家补回了这个发展过程。自1989/1990这个"奇迹迭出的一年"(annus mirabilis)之后,德国这个中欧强国才能为自己决定那些几个时代没有解决的问题。在某种意义上说来,20世纪上半叶出现的混乱,在下半叶中得到了分类整理。

民族国家——黑格尔词汇中复数的"民族精神"(Volksgeister),从制度上造成了个人实现他们自由要求的可能性。在民族国家的范围内,集体的公民才有可能,站在受到腐蚀的利己主义、集团和阶层的个别利益以及全面需求满足的顽固的市场理性的另一边,去过"一种普遍的生活"。现如今对于这种市民角色而言——这是19世纪遗留下来的负担或者说成就——,某个等价者无处可见。将自己实际上和全面地作这般理解的欧洲市民阶层并不存在——这与和平主义—多元文化的冗长话语(pazifistisch-multikulterellen Redseligkeit)无关。从中可产生全体欧洲宪法的超国家的人民主权(Volkssouveränität)并不存在。这里存在着法学家们时而所抱怨的缺乏,对此却看不到什么补救①。因为在这种成功的确定性中——为了他们自己的行当开辟意想不到的将来活动的机会——,我们很容易为了欧洲的规划而争取到这些职业的法学家②。

从法学上看,欧洲并不由各项**国际条约**组成。虽然现存的各民族国家是最终一级的法权主体,国际法却越来越多地蔓延至国内政治。这些民族国家曾经如此,并在以任何方式扩展的情况下依然如此,因为它们完全看不到其他可能签署条约的候选者。谁与谁应当取得一致?是各个国家,而不是个人,公民,忠于信念者,进步人士,正直的人们,争取和平的人,外邦友人,那些爱好富裕,旅行自由,文化交流的人等,通过条约联合起来。就这个意义上说,新近起草的[欧盟]基本法宪章(Grundrechtscharta)③是绝无仅有的一个善意的建议,一个关于很大程度上受到欢迎的各种劝告和值得期许的各种规范的目录表。此间所涉及的绝非一部宪法或与此相当的东西。正如当卡尔·雅斯贝尔斯从巴塞尔(Basel)④

---

① 关于这一点,只要比较一下前卡尔斯鲁厄宪法法官恩斯特-沃尔夫冈·博肯福尔德和迪特尔·格林。格林的意思是,迄今为止的各项条约足以作为合法证明的基础。《欧洲需要一部宪法吗?》(*Braucht Europa eine Verfassung?*),西门子基金,慕尼黑,1994年;而博肯福尔德却远比他更多怀疑地进行了论证[《欧洲走在哪一条道路上?》(*Welchen Weg geht Europa?*),西门子基金,慕尼黑,1997年]。

② 关于卢森堡的欧洲法院不受控制地扩张的角色,请参看弗里茨·W.莎普夫(Fritz W. Schapf):《欧洲的治理》(*Regieren in Europa*),法兰克福,1999年,第65页以下。

③ 欧盟基本法宪章,又称欧盟宪法条约。2001年12月5日,欧盟在比利时莱肯欧盟首脑会议的《莱肯宣言》决定开始制定宪法,并成立一个制宪筹备委员会。制宪工作从2002年2月开始,经过征求意见、研讨和提出制宪建议,6月13日,欧盟制宪筹备委员会的105名成员就欧盟宪法条约草案达成一致意见。——译者注

④ 瑞士城市名。——译者注

出发，将德意志联邦共和国宪法称为一张没有约束力的白纸时[1]，他就犯了这样的错误——顺便说一下，历史已经驳倒了他。任何设法使欧洲宪法生效或试图赋予其效力的谈论时事的作家，都会犯这样的错误。欧盟是且仍然是一个以条约为基础的国家联盟（Nationenbündnis）。我们所拥有且能盼望的最好的东西，就是戴高乐（De Gaulles）提出的**作为祖国的欧洲**（*Europe des patries*）。

正如欧盟并不具有以一种宪法方式实行其主权的国民（Staatsvolk），欧盟也缺少一种**国家观念**（*Staatsidee*）。更多的且在众多方面彻底不同的国家的朴素联合，纯粹就其本身来说并不产生具有新任务的国家；业已存在的国家似乎无法合适地完成这些新任务。个人，他的财产，他在经济、教育和文化中的发展机会，持久的法权保障，公共的福利等事物的存在保证——所有东西都充分令人满意地在民族国家的环境中做好了准备。欧洲化（Europäisierung）在这里并不会带来可能发生的提升。因此，没有人能够唤起全体欧洲政治的公众性，因为并不存在语言共同体以及随之而来的居民的共同体意识。没有这样一种超越先前界限之外的相互作用的公众，批判的媒体就无法发挥作用；这些媒体将共同感兴趣的事件带到所有参与者的面前，供其进行讨论。

欧盟各机构分别位于比利时的布鲁塞尔（欧盟委员会），邻近德国边境的法国的斯特拉斯堡（欧盟议会）和小国卢森堡（欧盟法院）之中。由于欧盟机构的瓦解产生于国家的愿望，也就不能从机构上对全体国家的主权谈论什么了。具有全体主权的合法证明无法在各项国际条约基础上传播开来，这些条约以不同程度在不同主题方面仅仅预先规定了一种资格的转让。根据具体的情况，各国特殊的规划、虚荣心（官方语言的确定）、不断轮转的“欧盟理事会主席”、形式上表决的样式（否定权），妨碍了各项管理任务去实现对事情的理性掌握。普芬多夫曾把**神圣罗马帝国**（*Heilige Römische Reich*）描绘为“怪物”。如果我们允许至今所观察的发展过程保留一个继续走向突出强调[欧盟这个]构想的错误的阶段，那么这个描述也适合欧盟。进攻性的“说服工作”（Überzeugungsarbeit）并不能永远掩盖这一点。

约施卡·费舍尔在“欧盟和民族国家的主权分配”这个宪法问题上说了这个词[“说服工作”][2]。现在人们几乎能够主张、要求、建议一切东西。但主权

---

① 卡尔·雅斯贝尔斯：《自由与重新联合》（*Freiheit und Wiedervereinigung*）（1960 年，慕尼黑 1990 年版），第 67 页、第 96 页末。

② 前引书，第 26 页。

分配自身仍是极其不恰当的，如果**主权概念**应当维持其之前的，也就是根本上的一种内涵的话。从博丹直至现代的各部宪法，主权意味着最高的权力：尘世上没有权力在其之上，它也不可与任何权力相提并论。因为这样的话，在国内政治上将不可避免地导致竞争，也许有可能导致内战，而在外部政治上则会导致霸权的冲突。然而这一点只在这种程度上是正确的，即主权的适用范围历史地保持限定在某一个空间内。法国和德国各自内部的人民主权之所以没有相互插手对方的事情，是因为作为有限大小的法国和德国被包围在确定的和地理上不可移动的边界之内。所有其他的东西都意味着危险的权力延展，而作为新形象的欧盟恰恰应将我们从这种权力延展中解救出来。

不管从哪个角度看，事实上主权并不能被**分开**。可能存在一个国家将所占有的各项规定且准确限定的资格，**让与**各个国际组织（国际刑警组织，与走私、毒品进行的斗争，环境保护，器官移植的中央部门，电子媒体的控制等等）。准确定义的组织利益为其奠定了基础。存在且一直存在着国家间的联盟和条约——尤其是在两个或更多伙伴国之间缔结。比如北约（Nato）这个防卫性联盟就是这样产生的。但是，只有当条约约束的目的明白清晰时，各项条约才站在坚实的地基之上。因此，在源始主导的目的已经达成或不再适宜的情况下，条约就终止了。一个缓慢的，在时间上、空间上和实质上向无法量度者迈进的扩大，破坏了这种约束力，因为每当可以有变化出现时，条约所包括的人与事都会侵蚀这种约束。条约令人不注意地在愿望的设想、希望的宣布、进程的预示中自我转变。我们能够表达所有这一切。法律的力量在任何情况下都不为这类表达所独具。

关于欧洲法①的新近条约超越了古老的、主要从经济上考虑的各种联合。而如果寻求对策者浏览一下这些新条约的话，那么其教益是极其微薄的。这使外行们感到惊讶，因为正式的通知总听起来感觉是强调性的，并且唤起了实质性的进步。1992 年的《马斯特里赫特条约》（Masstricht-Vertrag）②意味着德国重新合并之后的一个转折点。在此条约中，“欧洲人更加紧密的联盟”本身作为目的得以说明（第一条）。这说得还是太少。第二条阐明了“经济与社会的进步”（这

---

① 《欧洲法》（*Europarecht*），格莱斯纳（Gläsner）编辑，巴登—巴登，2000 年。

② 1991 年 12 月 9 日至 11 日，第 46 届欧洲共同体（欧共体）首脑会议在荷兰南部历史名城马斯特里赫特举行。会议通过了《欧洲经济与货币联盟条约》和《政治联盟条约》，这两个条约被合称为《欧洲联盟条约》，也就是《马斯特里赫特条约》。1992 年 2 月 7 日，欧洲共同体 12 国正式签署了该条约，随后该条约于 1993 年 11 月 1 日生效。——译者注

在 1957 年的罗马条约中已生效)。接着是"国际层面上的同一性",再次引起惊讶。向外,也就是面对外部的、并不参加此条约的各个国家时,欧洲应构成一个联盟,而同时"欧盟各成员国的国家身份"得到保持(第六条,第三条)。但如果并没有取消各个民族国家的话,那么它们应该构成怎样的同一性:如何形成,为什么形成,到什么样的程度,纯粹抑或只是部分为了政治领域,以怎样的进程速度,用怎样麻烦的代价?任何新显露的战争的紧张处境都会使这里的非统一性暴露出来。

如果一体化应意味着什么的话,那么它就是为了条约缔结本身而不是其特殊性的允诺。因为所述及的"共同的外部政治和安全政治"还完全不能预料。然而,欧盟理事会仍然应该确定"关于这种发展的共同政治目的的设想"(第四条)。于是,一部没有事先看清目的的条约,处在形式意义的条约约束之外,就这样通过一个特设的行政机关,与后来也许出现的目的设想的撰写联系了起来?我们联合起来,是为了得以联合;我们由之开始的东西,我们后来还会看得到吗?卢梭的"公意"是为了个别意志的联合而创建的。但公意所意愿的东西,是由立法者半神秘性的形象所阐明的:一个像斯巴达的吕库古,或日内瓦的加尔文,或柏拉图的哲人王那样不受契约约束的智慧者[1]。这种契约缔结体系上的空虚使内容的具体性成为一项特殊的任务,它仍外在于契约而进行。欧洲的吕库古在哪里呢?

2002 年,我们最终委任了一个"代表大会"(Konvent)[2],它应当回答这些问题。它的成员是那些值得尊敬但已年老退休的政治家们。单单如此并不能保证这个特殊的合法性:那些应该赋予这不受控制蔓生的"欧盟"以更加清楚和绝对必要的法律形式的人们,绝对需要这一代表大会。谁在这里把这项使命交给了谁呢?谁在这里以谁的名义赋予谁以一部宪法?只要行政的规定居支配地位,就找不到经典意义上的任何人民主权[3]。

但如果没有"主权者"讲话,作为假定的欧盟公民的我们只可听到这种意见。全然值得赞同的建议肯定会登上所期待的目录表中;而人们将避开所有使

---

① 《社会契约论》,第二卷,第 7 章。前引该书,第 127 页末。

② 这里指的是欧盟宪法制宪筹备委员会。欧盟宪法制宪工作从 2002 年 2 月开始,经过征求意见、研讨和提出制宪建议,6 月 13 日,欧盟制宪筹备委员会的 105 名成员就欧盟宪法条约草案达成一致意见。——译者注

③ 比较 I.西登托普(I.Siedentop),《欧洲的民主制》(*Demokratie in Europa*),斯图加特,2002 年,第 146 页以下。

历史经验丧失信誉的令人厌恶的东西。那么近代史自身代替缺席的人民主权——准确地说在其占据上风的解释中——成为法律的源泉。当然，以史为鉴从来不是这样单义性的，似乎各种制度应单单建立在它之上。

责任编辑:洪　琼

图书在版编目(CIP)数据

城邦与国家:政治哲学纲要/[德]吕迪格尔·布伯纳 著;高桦 译.—北京:
人民出版社,2019.1
(法哲学学术译丛)
ISBN 978-7-01-019801-9

Ⅰ.①城…　Ⅱ.①吕… ②高…　Ⅲ.①政治哲学-研究　Ⅳ.①D0-02

中国版本图书馆 CIP 数据核字(2018)第 215755 号

原书名:Polis und Staat:Grundlinien der Politischen Philosophie
原作者:Rüdiger Bubner
原出版社:SUHRKAMP VERLAG,2002
版权登记号:01-2014-5172

城邦与国家
CHENGBANG YU GUOJIA
——政治哲学纲要

[德]吕迪格尔·布伯纳　著　高　桦　译

人民出版社 出版发行
(100706　北京市东城区隆福寺街 99 号)

北京汇林印务有限公司印刷　新华书店经销

2019 年 1 月第 1 版　2019 年 1 月北京第 1 次印刷
开本:710 毫米×1000 毫米 1/16　印张:11.25
字数:200 千字

ISBN 978-7-01-019801-9　定价:49.00 元

邮购地址 100706　北京市东城区隆福寺街 99 号
人民东方图书销售中心　电话 (010)65250042　65289539